丛书编辑委员会

广东社会科学丛书

丛书主编
郭跃文　江中孝

中国历史研究的
传承与开新

主　编　李振武

暨南大学出版社
JINAN UNIVERSITY PRESS
中国·广州

图书在版编目（CIP）数据

中国历史研究的传承与开新/李振武主编. —广州：暨南大学出版社，2023.12
（广东社会科学丛书/郭跃文，江中孝主编）
ISBN 978 - 7 - 5668 - 3736 - 3

Ⅰ.①中…　Ⅱ.①李…　Ⅲ.①中国历史—研究　Ⅳ.①K207

中国国家版本馆 CIP 数据核字（2023）第 112537 号

中国历史研究的传承与开新
ZHONGGUO LISHI YANJIU DE CHUANCHENG YU KAIXIN
主　编：李振武

出 版 人：阳　翼
策划编辑：冯　琳　梁月秋
责任编辑：詹建林
责任校对：孙劭贤
责任印制：周一丹　郑玉婷

出版发行：暨南大学出版社（511443）
电　　话：总编室（8620）37332601
　　　　　营销部（8620）37332680　37332681　37332682　37332683
传　　真：（8620）37332660（办公室）　37332684（营销部）
网　　址：http：//www.jnupress.com
排　　版：广州尚文数码科技有限公司
印　　刷：广州市友盛彩印有限公司
开　　本：787mm×1092mm　1/16
印　　张：14.5
字　　数：311 千
版　　次：2023 年 12 月第 1 版
印　　次：2023 年 12 月第 1 次
定　　价：59.80 元

（暨大版图书如有印装质量问题，请与出版社总编室联系调换）

前　言

　　重视历史、研究历史、借鉴历史是中华民族 5 000 多年文明史的一个优良传统，历史研究是一切社会科学的基础。《广东社会科学》创刊伊始即非常重视刊发历史学方面的研究文章，发表了众多在学术界产生重大影响的研究成果，如李时岳先生的《义和团运动再认识》、李侃先生的《区域社会经济史研究的意义及其方法》、陈旭麓先生的《戊戌维新与文化启蒙》、蔡鸿生先生的《清代广州行商的西洋观》、戚其章先生的《解开丁汝昌自杀的谜团》、冯尔康先生的《皇帝崇拜文化心态研究》、桑兵先生的《中西文化关系的隐与显》等。《广东社会科学》选题重点关注孙中山、康梁维新派、广东地方史、明清经济史、中国近代史、中共广东地方党史等方面的研究，并逐渐形成了重点刊发中国近现代领域研究文章的办刊特色。

　　三十多年来，《广东社会科学》既见证了"史学的春天"，又体验过"史学危机"，现如今党和国家高度重视繁荣发展哲学社会科学，高度重视历史研究，习近平总书记强调："当代中国是历史中国的延续和发展，新时代坚持和发展中国特色社会主义，更加需要系统研究中国历史和文化，更加需要深刻把握人类发展历史规律，在对历史的深入思考中汲取智慧、走向未来。"（致中国社会科学院中国历史研究院成立的贺信，2019年1月2日）为了更好地服务于历史学科的发展，我们特地选编 22 篇有代表性的文章汇集成册，所选文章作者既有德高望重的前辈学者，也有学术造诣深厚的中青年学人，具有一定代表性，大体上可以反映出历年来《广东社会科学》历史学栏目的办刊特色。

　　本书的编辑，仅对收录文章作统一的技术处理，改正个别误植的文字，原文一仍其旧。

　　我们将继往开来，努力办好《广东社会科学》历史学栏目，为史学研究的繁荣发展贡献自身的微薄之力，敬祈学界同仁大力支持。

编　者

2022 年 6 月

目 录

CONTENTS

区域社会经济史研究的意义及其方法[*]

李 侃

在历史学领域，近几年来区域社会经济史的研究呈现出方兴未艾的势头。我想这种现象是适应了改革、开放和建设具有中国特色的社会主义的现实需要。我们常常说中国的社会经济和文化发展很不平衡，各个地区的情况千差万别、各有特点。但是如果对不同地区社会经济的历史状况和历史特点，不作出具体的考察和分析，我们就不可能真正深刻了解这种不平衡给我们现实社会生活所带来的影响。比如在改革、开放和经济体制改革的实践过程中，出现了许多带有地区特点的经济模式，诸如"苏南模式""温州模式"以及其他许多不同的模式，这些不同模式的出现，固然有多种原因，但其中一个很重要的原因就是与这些地区的社会经济历史密切相关。"苏南模式"和"温州模式"，恐怕就很难发生在西北腹地。作为区域社会经济史的研究，不但是有学术价值的科学成果，而且也有助于经济体制改革的科学决策。据我所了解的有限情况，在制订社会科学第七个五年规划的研究项目中，就有不少有关区域社会经济史的项目，其中既有江南地区的，也有华北地区的；既有城镇的，也有农村的。当然也还有许多这类项目虽然没有列入"七五"规划，但也都在积极进行研究，而且已经有了一批有价值的专著和论文相继问世。这些研究的进一步开展，必将给历史学带来新的生机和活力，也必将引起社会的重视。我对于经济史可以说是个外行，这里只是谈一点肤浅想法。

第一，在区域社会经济史的研究中，是不是可以把物和人联系起来考察？研究经济史，固然要着力研究社会经济结构，研究生产力和生产方式的历史状况，要有各种各样的统计数字，要涉及生产、流通和消费各个经济领域和各种经济行业。不过所有这些经济活动，都离不开人的行为、人的需要。一个地区的社会经济结构、经济活动，对那个地区人们的社会心理、价值观念、民风习俗、精神状态、社团组织等，都有巨大而深刻的影响，而在这种构成中，人们精神、文化素质的种种因素，又反过来作用于区域社会

---

* 本文原载于《广东社会科学》1988 年第 1 期。

经济。所以我想，要了解一个地区的社会经济的历史状况，同时也要了解这个地区社会各阶级、阶层人的物质生活和精神生活状况，就是既要见物，也要见人。这个想法也可能并不符合社会经济史研究的对象，不属于社会经济史研究的范围，但是我觉得倒不必拘泥于一个固定的范围，从而限制了自己的手脚和眼界，因为研究区域史和任何专门历史学科一样，不需要固守一定的框架和格式。只见物而不见人的历史很容易显得枯燥沉闷，从而减弱读者的兴趣。越是把社会经济史写得有骨骼、有血肉、有灵魂，就越能客观、全面地反映区域社会经济的历史面貌，也就越有助于人们全面了解这个地区的历史和现状，同时也越能增加这种研究成果的社会效益。

第二，一个区域社会经济史的研究，是不是可以与有关地区的社会经济史适当地联系起来加以考察？区域社会经济史当然要以特定时期、特定区域为主体，但是一个地区的社会经济无论地区特点和历史特点如何，它总不能与其他地区完全隔绝而孤立地进行社会经济活动。而所谓特点，也正是与其他地区相比较而存在，相联系而产生的。社会经济活动，特别是商品经济比较发达的地区，在商品生产和流通、市场销售、原料供给、商品价格、对外贸易、交通运输等方面，都不可能不与其他地区互相联系。区域经济史的研究应该适当地反映出这种联系。为此，可不可以设想，在开展区域社会经济史研究的实践中，各个有关地区也要加强"横向联合"，既有分工，又有合作？在资料的利用、课题的确定、数据的统计等方面，也要区域互相"开放"，互通信息。这样就可以使我们逐渐形成一个强大的研究群体，更好地发挥研究的能量。

第三，可不可以把学术研究与实地调查结合起来，把历史文献、档案、账册、契约、族谱、碑刻种种文字记载与实地调查、访问、回忆结合起来？研究的过程，同时也是一次社会经济的历史调查过程。很可能有许多材料尚未被人发现和为我们前所未知。不过这种调查一定要实事求是，一定要反复核对，尽量做到真实可靠。我们的研究，很可能由于材料的限制，由于认识的限制，不那么全面，不那么准确，甚至可能有些失误，但只要我们有实事求是的态度，这些缺失是会逐步完善起来的。真实是历史学的生命，材料不实，按照主观的意图改塑历史，都将扼杀历史学的生命。这里我们不妨回顾一下当年所谓"大跃进"时期所写的那些"四史"（厂史、人民公社史、村史、家史），我敢说，至少有很大一部分所谓"四史"是虚假的、没有可靠的事实根据的。现在我们再来看看那些"四史"，恐怕都要哑然失笑，因为它们除了反映当时那种空想、浮夸以及"左"的指导思想之外，几乎再没有什么学术价值和历史价值。我们大都是受极"左"思潮损害的过来人，都深切感受到实事求是思想路线的恢复对我们国家和民族的命运是何等重要，对我们的历史科学的发展、进步是多么重要。而区域社会经济史的兴起，也正是实事求是的思想路线在历史学发展中的一个重要体现。

建设具有中国特色的社会主义，这是历史赋予中国人民的上百年的生活主题，是几代人的历史使命。社会主义的中国特色是什么，需要几代人的实践和探索，现在已经有了一些很重要的新认识，还要继续在实践中深化认识，继续认识。这个伟大的历史命题，为理论工作者、实际工作者，也为史学工作者提供了广阔的天地。我想区域经济史的研究，目的之一就是要用历史事实反映区域社会经济的历史特色。全国是由各个地区构成的，全国的特色寓于各个地区的特色之中，没有一个个地区的特色，也就不成其为全国的特色。社会主义的中国特色，是由中国的国情所决定的。而现实的国情又与历史上的国情密切相关。中国的社会主义是由半殖民地半封建社会脱胎而来的。党的第十三次代表大会，阐明了我们现在还处于社会主义初级阶段，这是马克思主义与中国社会主义建设相结合的一个重大的发展。这个社会主义初级阶段的理论，是对中国国情的再认识，对三十多年社会主义实践的再认识，对马克思主义科学社会主义理论的再认识。而且这种再认识，既不能一次完成，也不会到此终止。我想这也为我们研究区域社会经济史提供了一个重要启示。我们对以往中国社会经济史的某些看法、某些论断，是不是也有进行再思考、再认识的必要？比如史学界曾经讨论得很热烈的资本主义萌芽问题，为什么"萌芽"了几百年甚至更长一些，但直到历史进入近代，这个"芽"始终没有长起来？这与中国传统的社会经济结构、政治制度、意识形态究竟有什么关系？甚至可以思考在中国封建社会的机制下，这种"萌芽"是不是可以正常地发展为资本主义。又比如，在近代中国半殖民地半封建社会，资本主义经济究竟占有多大的比重，商品经济究竟发展到什么样的程度，社会生产力和社会消费水平究竟是个什么样的情况；地理环境、自然条件以及人口的增殖，给社会经济造成了什么影响等，我想并不是已经认识得很清楚、很明确了。经过认真的研究，很可能得到新的认识。

总之，区域社会经济史的前景广阔，大有作为。这个工作做好了，大有助于加深了解国情、民情，大有助于区域社会主义现代化建设和经济体制改革，从而增强历史学工作者对建设具有中国特色的社会主义事业的参与意识。我想通过这次很有意义的学术讨论会，一定会大大推动区域社会经济史研究的进一步开展，也一定会给我们的历史科学带来更大的活力。许多优秀的研究成果，不但必将引起国内外史学同行的兴趣和重视，也将会引起从事实际经济工作的人们的重视。历史学在某种程度上游离于现实社会生活之外的状况，将会得到一些改变。

【作者简介】

李侃，中华书局总编辑，编审。

"南通模式"与区域社会经济史研究[*]

章开沅

自 20 世纪 60 年代以来，我们一直从事张謇与南通的研究，80 年代又开始从事苏州商会档案的整理与苏州商会史的研究，这些工作都包括区域社会经济史研究的内容。本文结合"南通模式"问题，谈谈区域社会经济史研究的重要意义。

中国是一个幅员辽阔、人口众多、历史悠久而且各个地区经济发展极不平衡的大国，如果不认真通盘规划、分工合作开展区域社会经济史研究，就很难为整个中国社会经济史的研究提供坚实可靠的基础。这是大家都能同意且已多次说过的道理。但是，还有一层道理却没有受到人们应有的理解与重视。这就是说，如果用个案研究的方法（通俗称之为"解剖麻雀"）在区域经济史中寻求若干具有共性和规律性的认识，反过来也可以对中国社会经济史的整体研究起促进以至某些指导作用。

张謇与南通的研究虽然只限于南通、海门一带的狭小地区，但早在 60 年代之初即已引起许多中外学者的兴趣，特别是 1982 年江苏近现代经济史讨论会在南通举行以后，张謇与南通研究更呈现出蓬勃发展的繁荣景象。首先是正式建立了"张謇与南通研究中心"，随后又在 1987 年 8 月举办了张謇国际学术会议，并且已有一大批资料、论文、专著、图录先后出版问世。在多年研究的基础上，许多学者从不同角度和渠道都接触到一个共同关心的课题——"南通模式"，即南通地区社会经济的近代化可以为整个中国社会经济的近代化提供一个足资借鉴意义的模式。

张謇作为晚清一位状元，他在中日甲午战争以后面临着两种人生的选择。一是借"大魁天下"的难得机缘，由翰林而学政，或外放边疆大吏，或由侍郎、尚书而跻身枢要大臣，这是一条科举文士们所熟悉的学而优则仕的传统道路。但是张謇却在金榜题名之后毅然离开了这条博取高官厚禄的老路，转而顺应时代潮流投身于企业活动，在通海地区创办了著名的大生纱厂、通海垦牧公司以及其他一系列企业与相关事业，逐步形成

---

[*]　本文原载于《广东社会科学》1988 年第 1 期。

一个具有相当实力与规模的大生资本集团。大生资本集团不仅有力地促进了通海地区的社会经济发展，明显地改变了这个地区偏僻落后的面貌，而且还在一定程度上形成一种区域近代化的模式。

概括地说，"南通模式"至少具有三方面的内容。

第一，因地制宜，就地取材，利用通海地区盛产棉花（"沙花"质地优良）的优势，首先创办大生纱厂作为"龙头"工业，继而创办通海垦牧公司为纺织工业提供原料，然后带动机械、食品加工、交通运输、金融乃至第三产业的全面发展。通海地区的社会经济发展，大体上有自己的层次序列，并非一哄而起、缺少章法。

第二，张謇极为重视教育，提出"父教育而母实业"的著名口号。在实践上也是力求教育与实业同步发展或超前发展。譬如他深知社会经济发展必须有地区全局的规划，因此首先培训测绘人员对本地地理情况进行勘测并绘制图表；又抓紧培训纺织、印染技术力量，以求大生纱厂向"全能"方向发展。他把师范教育视为发展国民教育的根本，又极注重职业教育、社会教育乃至特殊教育的全面发展，其着眼点即在于不断提高国民与劳动者的文化、技术素质。甚至他在病逝之前，也没有忘记在经济极其困窘的境况下为男女师范学校购置田地作为校产，这确实表现出大事业家的远见卓识。

第三，南通的近代化具有自己的整体性。张謇很早就把自己在通海地区举办的各种事业归纳为三大部类，即实业、教育（包括文化）与慈善（包括社会福利、社会保障以至若干市政建设），随后又把这三大部类统统归之于地方自治。张謇提倡与推行的地方自治，其范围已大大超过了清朝政府的规定。清朝政府所认可的地方自治无非是作为官治的点缀与补充，所以它颁布的《地方自治章程》明确规定："地方自治以专办地方公益事宜、辅佐官治为主。"而张謇则公开标榜"自存立，自生活，自保卫"，也就是追求以民治为基础的真正地方自治。

张謇自己虽然从来没有说过"南通模式"，但他所从事的实业、教育、慈善三大部类工作，包含着经济、教育（包括文化、科技）乃至政治体制的全面革新。他所努力推行的地方自治，其实质是谋求建立一个完整的近代社会范型，而其终极目的又决非局限于通海地区。他立足乡梓而又放眼全局，不仅谋求南通的物质文明与精神文明超过当时国内其他一千七百多个县，而且还雄心勃勃地谋求与外国的先进地区作文明之竞争。张謇的设想，是以南通为示范，将这种地方自治模式逐步推广到江苏全省，最后推广到整个中国，而用我们今天的语言来说，就是全面实现中国的近代化。

当然，在当时的历史条件下，由于社会环境的恶劣，缺少一个足以支持张謇推行"南通模式"的中央政府与地方政府，所以他的梦想的破灭是必然的。但是，"南通模式"（尽管它并不完善，也并非能够完全适用于全国其他地区）毕竟可以作为今日我国"四化"建设的历史借鉴，而这就说明区域社会经济史研究的重要意义。

在张謇与南通的研究中还碰到一些重大的理论问题，而这些问题的意义也远远超过狭小的区域范围。

以大生纱厂与农村家庭手工纺织业的关系为例，前者的产生、发展并非以后者的破产、瓦解为前提，反而是在很长时间内呈现出一种俱荣俱枯的奇特现象。诚然，外国机纱输入通海地区以后，曾经引起家庭手工纺织业的内部结构变化，即纺与织某种程度的分离。这是由于洋纱色泽光洁，条干均匀，不易断头，而且价格低廉。当地农家以洋纱为经，土纱为纬，织成质量有明显提高的"大尺布"，在东北市场（南通土布的传统市场）颇为畅销。因此，土布市场的繁荣增强了对于机纱的大量需求，而外洋机纱与上海机纱一时还难以满足南通农家手工织布业的需要，于是大生纱厂应运而生并且迅速发展。这种情况一直要到洋布价格低廉到足以在竞争中击败土布（当然也包括当地人民生活习惯与社会心态的变化）才会发生明显的变化，其结果便是土布市场的衰落以及大生纱厂相应地陷入困境。

在外国近代工业产品大量涌入以后，农村家庭手工织布业与土布市场继续长期存在并且在许多地区维持很大的比重，这说明个体经济对于外国资本主义侵入的反应具有两重性：既有抗拒的顽强性，又有某种程度可变的顺应性。从总体上来看，这既说明中国资本主义发展不足，商品货币经济对自然经济的冲击还不够充分，又说明众多农民的极端贫困，必须以高度强化的家庭副业来添补辛勤耕作的微薄收入。家庭手工织布业虽然曾经养育了大生纱厂，然而它对后者却缺少强有力的刺激与推动，因为土布对于机纱的质量规格本来没有什么太高的要求。这种相对封闭型市场机制的落后性与保守性，使长期依赖于它的大生纱厂相对减少了技术与管理革新的紧迫感，因而在全国市场上便不能具有真正的竞争力。一旦通海地区土布业萧条，大生纱厂就很难在通海以及东北传统市场以外的广阔天地中找到新的出路。

大生纱厂与农村家庭手工织布业俱荣俱枯并非南通一地仅有的情况，在其他许多地区也有大同小异之处。这就使我们对于外国资本主义侵入后自然经济瓦解的缓慢过程有了比较真切的了解，从而可以对过去许多论著中屡见不鲜的简单而又空洞的论断进行必要的校正与补充。严肃的历史学者在自己的研究中常常会遇到许多新情况、新问题，甚至还会面临一些新的理论挑战，我们应该勇于探讨这些新的问题，回答新的理论挑战，因为这样不仅可以推动区域社会经济史研究，而且也可以促进整个史学理论与史学研究不断向前进展。

基于以上的认识，笔者深信区域社会经济史这个学科分支一定会日益繁荣，一定会有更为光明的前景。

【作者简介】

章开沅，华中师范大学教授、博士生导师。

明清广东水运营运组织与地缘关系*

叶显恩

广东素以水运发达而著称。明中叶，随着商品经济的兴起，水上运输愈加发展。关于广东水运史的问题，迄今为止尚乏人作系统的专门研究。王洸教授编著的交通海运丛书，也只着重论述清同治十一年（1872）招商局建立后所开创的近代航运业的情形，在此之前的水运虽有提及，但未加详论。有鉴于此，1985 年至 1987 年间，笔者与同事谭棣华、罗一星先生曾着力搜集鸦片战争前广东水运史的有关资料，并亲往珠江水系的干流及沿海各港口作实地考察，搜集有关文物和口碑资料，我们已将初步的研究成果，由笔者任主编，写成《广东航运史（古代部分）》（北京：人民交通出版社，1989 年出版）一书，这里仅就远洋贩运、内河沿海贩运和短途水上运输三个方面，分别考察水运的经营组织，并对它与地缘的关系作一初步的探讨。

远洋贩运经营组织与"嘉靖倭寇"集团

中国有悠久的远洋航运的传统，宋元尤盛。明代至清代鸦片战争之前，一反前朝的开放政策，或严厉实施海禁，或有限度地开海贸易，致使远洋的贩运业在东南亚的地位从明代的勉强维持优势到清代的日渐衰颓，广东固有的水运优越条件和历史传统等长期起作用的因素，不仅得不到发挥，反而被窒息于闭关禁海的政策之下。

在闭关禁海的政策体制下，沿海的商船户只能在政府提供的夹缝中挣扎，即在海防薄弱之处从事走私贩运，或持引票①（引，即盐引；票，即运铁的凭据，曰旗票；隆庆元年，1567 年以后）合法贩运于海外，或连舡结队作武装集团性的贩运。无论是走私

---

* 本文原载于《广东社会科学》1989 年第 4 期。

① 官府颁发的引票是有限额的。始时一年 40 张，万历二十五年（1597）增至 117 张，这是引票最多的一年。

商舶，抑或持引票的合法商舶，一般都以一船为经营组织单位，由一人或数人筹措资金置办船只和商货，即所谓独资经营或合资经营。独资经营者，由出资者本人亲任或指派舶主（船长），合资经营的则推财雄者为"舶主"。明人郑燮曾这样形象地描述舶主与合资者之间共同营运的情形："舶主为政，诸商人附之，如蚁封卫长，合并徙巢。"①船上舵工水手人数视船的规模②而定，一般在十多人至六十多人间③。这些船员是由船主从其家族、亲戚或乡邻招募而来的。船主负责筹办主要的商货，其余的商货由船员自筹随船出海贩卖。④自筹的商货量，按船员在船上的职掌而作出不同的规定，职掌越重要，所带的商货越多。贩卖私货所得的利润，便是他们在船上工作的报酬了。还有一种情形是，除私带商货随船贩卖赚取利润外，还由船主从红利中抽取一定成数来分给船上员工⑤，作为他们工资的一部分，这样，船员不仅是雇员，也是船上商货的主人，甚至是整艘船的主人了。这种互惠的关系，加强了船员的主人感，诚如郭士立（Gutzlaff）所描述：船上管事人员形成一个集团，其主要目的是下海贸易，行船是次要的事。每个人都是股东，有权在船上携带一定数量的货物。不管船到哪里，都可做买卖。什么时候到达目的地，他们并不十分在意。⑥

在清代中后期，竟有众多的小商贩共同营运。嘉庆九年（1804），不到一千吨的帆船，往往由一百多个小商贩集体购置；一千吨以上的商船则常载有两三百个小商贩，小商贩在船上各有其舱位，情形"与广州近郊的墟镇相仿佛"。各个技工，如象牙雕刻工人、油漆画匠、铁匠、金银匠等，各有舱位出售自己特制的商品。⑦这些小商贩出自同一个地城，船上的组织，形同陆上墟市社会组织的移植。

---

① 张燮：《东西洋考》卷9，《景印文渊阁四库全书》第594册，台北：台湾商务印书馆，1986年。

② 明代造船业没有承继宋元发展海上船舶之大势，而是转为增加舟船的品种和数量，提高坚固性能，以及因地制宜，以适用于内河行驶和海防体制的需要。如著名的海商集团首领汪直在高州所造的"舟艇联舫，方一百二十步，容二千人，木为城为楼橹，四门其上，可驰马往来"者，以及海瑞之孙述祖在海南岛所造的首尾28丈、桅高25丈之大舶，是继郑和下西洋的宝船之后所仅见的。有清一代也没有这么庞大的船，多在三四百吨之谱。详见拙作：《明代广东的造船业》，《学术研究》1987年第6期。关于造船所需的金额，请参阅郭松义：《清代国内的海运贸易》，《清史论丛》（第四辑），北京：中华书局，1982年，第103页。

③ （清）黄叔璥：《台海使搓录》卷一"赤嵌笔谈"：闽粤艚船，"每船出海（船主）一名，舵工一名，亚班一名，大僚一名，夹碇一名，司杉板船一名，总辅一名，水手二十余名或十余名"。又据严嵩《南宫奏议》［见《明经世文编》（卷219）］记载："嘉靖年间，潮阳海船二十一只，梢水一千三百名"，平均每船61.9名。

④ （明）周立炜：《泾林续记》，《涵芬楼秘笈》（第八集），民国十四年（1925）商务印书馆刻本。

⑤ 参阅许涤新、吴承明：《中国资本主义发展史（第一卷）中国资本主义的萌芽》，北京：人民出版社，1985年。

⑥ Charles Gutzlaff, *The Journal of Two Voyages along the Coast of China in 1831 and 1832*, pp. 44 - 47，转引自聂宝璋：《中国近代航运史资料（第一辑1840—1895）》（上册），上海：上海人民出版社，1983年。

⑦ 参见田汝康：《15—18世纪中国海外贸易缓慢发展的原因》，《新建设》1964年第8—9期。

至于连舡结队的武装海商贩运集团，是明代嘉靖年间（1522—1566）出现的。从事远洋贩运的海舶，本有结伙结伴的习惯。到了 15 世纪末以后，葡萄牙等西方殖民者相继东来，时时窜入中国海疆骚扰，导致贡舶制度与海上走私贩运之间矛盾的加剧。为了合力反抗官军捕缉，海舶往往结成帮派，推其中的强者为舶头，前往南海诸国或日本从事贩运活动，明人郭震春对这种情形曾作这样的描述：他们"驾双桅船，挟私货，百十为群，往来于东西洋间"①，船上备有武器，本为自卫，但遇到有机可乘之时，他们也劫掠无自卫能力的商船，走上了一面贩运、一面掳掠的道路，又由于葡萄牙人和日本人的插手，后来发展到与官军相对抗。历史上的所谓"嘉靖倭寇"② 就是这样出现的。著名的"海盗"，如饶平林国显、许朝光、林凤，诏安吴平、曾一本，澄海林道乾等，就是嘉靖年间横行海上的漳潮海贩运集团的首领。他们以处于闽粤两省分界处、官府控制薄弱的南澳岛③为根据地，联络闽浙商舶，在海上进行亦商亦盗的活动。他们活动的范围，不仅在东南沿海，而且遍及南洋群岛的海域。这些海商集团都是由许多小集团组成的。他们按垂直的军事组织设有首领和各级头目。但是，首领除对其自身的小集团具有绝对指挥权外，对其他的小集团的控制力却是有限度的。他主要是在各小集团间起协调的作用。各帮派、各集团，是随着形势和利益分配的变化而不断改组，或重新组合的。隆庆元年（1567）实行引票制之后，海禁松弛，海上集团性的武装走私贩运形式衰落了。正如明人谢杰所指出："寇与商同是人，市通则寇转为商，市禁则商转为盗。"④ 这里是就大体而言之的。至于零星的偶发的海寇式的贩运形式是贯穿明清两代之始终的。

内河沿海商船组织与口岸会馆

内河沿海的运输，可分为盐铁运输、水驿运输和私营商船运输三个系统。

盐铁是国家统制的商品。它由封建政府特许的商人承包贩运。在明代，属盐课提举司管辖，清代属盐运使司。贩运过程采取引票制，严格控制商人的盐铁贩运数量和贩运地点。这类型的船户是受制于盐商人的专业队伍。明嘉靖时人东莞盐商陈一教估计，当时广东盐船"大约不下数千，各船水手多寡不等，大约不下数万。此数万人者，勇健精

---

① （明）郭震春：《备楼论》，乾隆《潮州府志》（卷 40 "艺文"）；（明）袁裹：《金声玉振集》"海寇议前"。

② 近年来，经过学者们的研究，已经纠正了所谓"嘉靖倭寇"是外来侵略的传统观点。学者们几乎都认为"倭寇"中固然有真倭（日本海盗），但主要是由中国的海商组成的，其领导权操在中国舶头手中。关于"嘉靖倭寇"的成因，请参阅张彬村：《十六世纪舟山群岛的走私贸易》，《中国海洋发展史论文集》，台湾"中央研究院"三民主义研究所，1984 年。

③ 南澳岛属广东省饶平县。该岛有鸡母澳、宰猪澳、龙眼沙岛、云盖寺澳、清澳等海澳，可以泊船，有险可据。东可通日本，南可通南海诸国，是中国南洋航线上的中继站和转运站。

④ （明）谢杰：《虔台倭纂》上卷"倭原二"，中国国家图书馆藏明万历二十三年（1595）刻本。

悍之夫，俗称之为后生"①。嘉靖以后，因广盐销售地被淮盐侵夺，陈一教上奏疏抱怨说："载盐的船千艘皆无用而停泊于内河，驾船之夫数万人皆无靠而流离外海。"② 指出这些人因无业可就，被迫流离海上，投奔前述的许朝光、曾一本等海商贩运集团，充当其船夫水手，由此可见，这些船夫水手是受雇于盐商，领取工食过活的。但他们并非自由的雇佣劳动者，从"俗称之为后生"可知，"后生"是明清时代为主人所豢养长大的所谓义男、义子之类的别称，与船主具有主仆名分。由于盐铁的贩运有很强的封建性，船上的舵公、水手是按较强的封建隶属关系组织起来的。

水驿是通过水路传布政令和运输官府物资、上供物品的邮传机构。西江、北江、东江和韩江四条主要河流皆设有水马驿或水驿。各水马驿和水驿设有舟船，以供使用。所设之船，是有定额的，且分为站船、快船、小船、红船、浅水船等不同名目。水驿船夫是作为一种封建徭役，签派沿海州县民夫轮流充当的。这一类船户为数不多。

行驶在内河沿海的私营商船是商品流通的承担者。船的规模较远洋海舶小，由个人独资制造并置货贩运者居多。船上的舵工、水手等员役人数，从数人至十多人，乃至四五十人不等。这些员役如同海舶一样，由船主从宗族、乡邻招募而来。他们形成一个依附于船主的小团体。船主和船员间的关系，在一定程度上带有封建的隶属性。盐船使用的"后生"，也存在于私营船商之中。从明代将领俞大猷《呈总督军门张》一文可以得证。俞大猷在此文中说道：东莞县的乌艚和新会的横江船，"其船系富家主造，其驾船之人名曰后生。各系主者豢养壮大"③。这些被豢养壮大的"后生"，对其主人自然有封建的隶属关系了。某一商船往往以贩运某一商货为主，有相对固定的货源地和经销地。据碑文记载，高要县陈延标等九十家船户，专在该县的新江、马安、白土、思福、东安、挞石等地搬运缸瓮、砖瓦、杂货"，并兼往广西梧州、东安、西宁运米，经由高要、新兴、广宁、四会、三水售卖。④ 这显然是由于乡情地谊的牵引，这一地区的船户久而久之，逐步形成经营同一门类的商货和相对固定的行驶航线。行驶同一航线的船户，由于共同克服人为和自然险难的需要，也自当结成帮派。例如，行驶于北江上游的船只，每逢险峡，流旋石逼，需要等候数船来齐，合力拉纤，方能渡过峡口。这些船户势必结成帮派，以便互相救援。

商船户和同一地区的其他人土，常常会同在他们寄居的沿海及沿江岸上建置会馆或天后宫之类的神庙。万历之前，在各口岸建立的会馆寥寥无几。之后逐步增多，清代就更加普遍了。这同内河、沿海长途贩运业之发达成正比。清末 1891 年起，每十年出版

---

① 陈一教：《复通盐路疏》，见《广东文征》（卷八"奏疏"），香港：香港珠海书院出版委员会，1973 年。

② 陈一教：《复通盐路疏》，见《广东文征》（卷八"奏疏"），香港：香港珠海书院出版委员会，1973 年。

③ （明）俞大猷：《洗海近事》卷上，福建省图书馆藏清抄本。

④ 见《奉督宪批行藩宪给示勒石永禁滥封碑》，碑存肇庆府署遗址。

一次商务报告，在第一、第二次所调查的大小 34 座设有会馆的商埠作非正式商埠城市中，有广东省属会馆 37 座，其中以岭南或广东为馆名者 14 个，这些会馆当以广府亦即珠江三角洲的商人为主，加上以广州或广州府属下县名会馆者 4 个，共 18 个，几占全省会馆总数的二分之一；以潮州或其属下县命名会馆者 6 个，仅次于广州府。① 会馆的分布表明了广东内河沿海商船户活动范围之广阔。从珠江三角洲和潮州商船户在各口岸所建的如此众多的会馆看，这两处地区商船户的贩运最为活跃，其势力之雄厚为其他地区所不及。

会馆是所在口岸的某一地区同乡会。创建会馆的目的：一是联络乡谊，通过祭祀神祇和聚宴，为同乡排难解纷，办理善举，以敦乡谊，增强凝聚力；二是分析商情，共商对策，以谋本地区商船户的共存共荣。嘉庆十八年（1813）苏州《嘉应会馆碑记》中写道：

> 姑苏（苏州）为东南一大都会，五方商贾，辐辏云集，百货之盈，交易得所，故各省郡邑贸易于斯者，莫不建立会馆，恭祀明神，使同乡之人，聚集有地，共沐神恩。

> 我五邑（按：嘉应、平远、长乐、兴宁和平镇）之人，来斯地者，无论旧识新知，莫不休戚与共，痛痒相关。②

这里几乎把会馆的功能都谈及了。会馆和行会不同，它不像行会那样禁止竞争，反而鼓励同乡积极进取，并帮助解决遇到的困难。例如，清代上海广（州）肇（庆）会馆，设有金钱借贷的业务，帮助解决商船主资金周转的短缺。③ 又如，嘉庆年间，闽粤商船载货入天津口岸，规定按货物时价定税方能出港。因时价变动无常，往往一时难以估定而延搁时日，但是白河结冰，失去出港之期，商船便遭受损失了。后终由天津闽粤会馆出面与官府交涉，得先以最近三年中货物的平均价格估定。④

没有会馆的沿海、江浒口岸则建有天后宫之类的神庙，它既是某一地区商船户邀神祈福之地，也是船户集会之所。当神诞之时，船户举行拜祭盛典。有关商船户的事宜，皆可借聚会之机予以商议。可见神庙虽无会馆之名，却多少带有会馆之实。

短途运输与疍民

短途水上运输是指在津渡、商埠、口岸等交通要冲的江面或海域上所进行的短距离的客货摆渡。津渡分为横水渡和长水渡。横水渡提供河的两岸来往过渡服务；长水渡则

① 参见何炳棣：《中国会馆史论》，台北：学生书店，1966 年。
② 上海博物馆图书资料室：《上海碑刻资料选辑》，上海：上海人民出版社，1980 年。
③ 参见全汉昇：《中国行会制度史》，台北：食货出版社有限公司，1978 年。
④ 参见全汉昇：《中国行会制度史》，台北：食货出版社有限公司，1978 年。

是河网区市镇间的专线航船。据万历《广东通志》的统计，全省共有津渡 706 处。到了清代末期，有较大的增加，据不完全统计，已增至 1 426 处①，它反映了渡船户的队伍愈来愈大。

津渡中分官渡和私渡两种。官渡由政府征发民夫充船户，形同服徭役，由官府给工食，渡船收入充官饷。有的官员捐资设渡，并购置渡田，以田租收入充当渡船维修费用及船夫工食，这也称官渡。私渡，在明代多由某一宗族或大户出资建置，其收入作宗族活动经费。也有的由宗族设置，免费摆渡，以便利行人，称义渡。私渡多带有封建慈善事业的性质，并非作为一种谋取利润的行业来经营。其船夫由宗族招募。他们行驶的航线，只限于固定的渡口。到了清代中后期，由个人经营的私渡才逐渐增多。有的津渡由疍户承充的，叫"疍家租渡"②。

交通要冲河海水面上的短途摆渡，则主要由疍民充当。广东各州县凡有河海之处，皆有疍户，尤以珠江三角洲河网区为最多。明代约有 50 万人，清代增至百万左右。③ 乾隆（1736—1795）末年，聚集在广州和佛山的"各项船只不下万计"④，其中绝大多数当系疍民的"疍家艇"。疍民"以舟为宅"，终年浮荡于河海之上，他们被编入专门的户籍。仿民户的里甲或保甲制加以编制，由河泊所专管。他们具有适应水上环境的生态和经济特点。一般来说，他们以捕鱼、运输、编竹为业。⑤ 珠江三角洲的疍民还参与了沙田的开发和种植。民国以后，随着海河地貌的变化，沧海桑田，有的疍民已经陆居，从事各种职业。但没有陆居的疍民依然从事传统的行业。大凡生活于交通要冲海河水面者，皆以运输为主。他们一家一艇，一艇就是一经济组织单位。其经营组织的规模，视家中的劳动力而定。平均每艇两人以上。撑船者多是妇女。一般是一人在后站起来操两橹撑水，一人在前面坐撑一橹。他们的子女一旦成长，又可分出去分住一艇，组织小家庭。因为他们既没有采取雇佣劳动的方法来扩大经营，又不断地分家，所以其一艇一家小规模的经营组织形式，经历千百年而未曾变动。他们是据人息的多寡而择地他迁的，但并不等于他们没有相对固定的停泊点。他们也有家族意识，同一家族者，多停泊在同一地方。根据陈序经先生于 20 世纪 40 年代的田野考察，三水县河口的疍民，凡吴姓舟艇停泊在西北一带，邓姓则集中在西南一带。肇庆的疍民也大致按姓氏聚泊。⑥ 有的冬

① 此数是据道光《广东通志》所载，并增补该志所不载者，但这统计是不完全的。咸丰《顺德县志》作者郭汝诚曾指出："顺德县旧志记载，津渡已有 105 处。而道光省志只载 18 处，相差甚远。"

② 有关津渡的详细情况，请参阅拙作：《广东航运史（古代部分）》第 4 章第 4 节，第 5 章第 6 节，北京：人民交通出版社，1989 年。

③ 对疍民人数的估计，众说纷纭。明代人数的估计，系据笔者在《广东航运史（古代部分）》一书中所作的估计。清代人数则采自陈序经《疍民的研究》（北京：商务印书馆，1946 年）一书。

④ 《议详省城佛山地方不许设立船行》，见《广东清代档案录》，"市厘·粮食、海防"。1983 年笔者访问加拿大温哥华不列颠哥伦比亚大学（UBC）时，魏安国教授复印其图书馆藏本赠送。

⑤ 顾炎武：《天下郡国利病书》卷 100 "广东四"，清光绪五年（1879）桐华书屋刻本。

⑥ 参见陈序经：《疍民的研究》，北京：商务印书馆，1946 年。

春分住一个地方，正像春去秋来的燕子一样。乔迁新处也同样聚泊一起。惠州的疍民迁至香港新洲岛后，依然按原来的地缘关系居住。有的疍民也修家谱或族谱，如广州沙南的疍民就修有族谱；也偶有建祠堂者，三水河口吴氏宗祠即一例。修家谱，建祠堂者，为数是不多的，其宗族观念远不如陆上人发达。这主要由于他们缺乏维护宗族和世系的经济基础，即没有如陆上人拥有族田等公共财产，加之身份地位卑下，被划入贱民阶层，备遭贱视，受到种种的禁限，如不准上岸定居，不许与陆上人通婚，不准入校读书，不准参加科举考试，等等。他们浮家泛宅，一叶扁舟，日以渡人为业，即便想读书，也没有机会。不识字，使他们无法谱序其世系亲属关系，久长的世系自然不易辨别了。

在明代，一个区域的疍民多推其骁勇强悍者为酋长，有事众疍民听其号令。因他们身份卑下，受压迫剥削深重，所以富有反抗精神。明正统十三年至景泰元年（1448—1450），顺德县人黄萧养起义期间，疍民酋长称"区疍家"者，就曾率疍船500艘，配合黄萧养围攻新会县城。[1]嘉靖、万历年间，雷州、廉州一带有著名的疍民酋长如苏观升、周才雄，广东中部海面上则有梁本豪、梁本明、马本高、石志和布尚韬等酋长，都曾率疍众出没于海上，从事打劫活动。明末清初，则有酋长徐、郑、石、马等四姓，"常拥战船400艘，流劫东西二江"[2]。海河，乃疍民生活之源。清初强行实施迁海令[3]，断其生路，珠江三角洲的疍民酋长周玉、李荣"以请弛海禁为名"[4]发动起义，参加起义的船只达数百艘。以上可见，疍户在反对封建压迫剥削的斗争中，表现出相当强的凝聚力。

疍民虽属同一种族，却按地域分操广府语、客家语和闽南语。因此，地缘和语缘便成为他们结帮的根据。平时的区域性组织，主要靠天后宫或洪圣庙等庙宇来维护。他们除宗奉五代以内的祖宗外，明清时期就是奉祀天后或洪圣等神祇了。闽粤两省江浒海边无不建有天后宫或洪圣庙。[5]但对一个疍民来说，奉祀哪一神庙却是固定的，除非他迁往别地。因此，神庙便成为他们聚会的场所。例如元朗河流通南坑的中间有一高耸的大树，树之西曰疍家湾，树之东曰疍家埔。他们在大树下合建天后庙作共同奉祭的场所，以后当地的许多约束性的习俗规条都是在那里制定的，正如在该庙树立的《重修古庙碑记》中所说的："假神庙为会所，枋榆成自治之规。"[6]

---

① 道光《新会县志》卷13"事略上"，清道光二十一年（1841）刻本；光绪《新会乡土志》卷3"明代寇乱"，清光绪三十四年（1908）铅印本。

② （清）屈大均：《广东新语》卷18"疍家艇"，清康熙天水阁刻本。

③ 为了防范以郑成功为主力的南明武装力量与东南沿海人民抗清斗争勾联起来，清政府于顺治十四年至康熙十四年（1657—1675），先后颁布5次禁海令，规定将江苏、浙江、福建、广东、山东五省沿海居民内迁50里。在这50里内房屋尽力销毁，"寸板不得下水"。

④ （清）樊封：《南海百咏续编》卷1"移民市"注，清光绪八年（1882）学海堂刻本。

⑤ 《重修大埔旧墟天后宫碑记》，见科大卫等编：《香港碑铭汇编》（第2册），香港：香港市政局，1986年，第581页。

⑥ 《重修大埔旧墟天后宫碑记》，见科大卫等编：《香港碑铭汇编》（第2册），香港：香港市政局，1986年，第536页。

商船帮与地缘关系

如前所述，远洋贩运商舶，沿海内河贩运商船，以及短途营运的津渡、疍家艇，均按照各自的特点组织营运，而且皆按实际之需要组成帮派或社团，以维护共同的利益并对外作竞争。这三种类型的商船经营组织虽各具特点，但都贯穿着一个共同点，即地域原则。

一艘船作为一个经营组织单位的小集团，船主可按亲属原则（包括血缘关系和假拟的抽象亲属关系）作基础组织起来，但仍需以地域关系作补充。至于各商船之间组成的帮派或社团，亲属原则就愈显得不够了。大凡帮派、社团，皆属保护自己并用作对外竞争。亲属原则之不足，必求助于地缘关系了，因此，地域原则便成为商船或社团的主要依据。商船帮或社团的地域范围，是视其势力之大小亦即其势力能否与其他帮派相抗衡而定的。例如，潮州商船于清初已在上海活动。嘉庆年间（1796—1820）建立潮州八邑（潮阳、海阳、澄海、饶平、揭阳、普宁、丰顺、惠来）会馆，作为地域性组织。随着商船势力的发展，潮州八邑会馆内终于分化成三个帮派，即潮（阳）惠（来）帮，海（阳）澄（海）饶（平）帮和揭（阳）普（宁）丰（顺）帮。各帮一俟羽翼丰满足以自立之时，便独自成立公所或公馆。潮惠帮先于道光十九年（1839）成立潮惠公所，后来于同治五年（1866）又建置会馆。从这一事例看，基于地域原则组成的同乡，会呈现出发散式（divergent）演变，产生出新的帮派。但是，有的小地域的帮派，因势孤力弱，需要依附财雄势大的帮派，或需要联合起来时，又呈现出辐合式（con-vergent）的演变。以广东、岭南为会馆名称者就有这情况。珠江三角洲操广府语的商船势力最雄厚，他们往往以岭南或广东的代表自况，用广东或岭南作会馆名，可吸收岭南或广东其他地方的商船以边际群众加入，从而扩大其势力。帮派社团竞争得愈厉害，其组织就愈加严密。帮派、社团的组织形式是因需要而有所不同的。疍民的竞争性不强，其帮派社团也不明显，唯有在政治斗争时，方显现出来。

地缘关系不仅是一黏合剂，它使同地区的商船户组成帮派、社团，而且由于乡情的牵引，贩运活动中也形成地域性的特点。例如，就大致而言，远洋贩运是以操闽南语的潮州商船为主，内河航运则几乎为操广府语的珠江三角洲商船户所垄断了。

商船户本以四海为家，但其地域观念依然如此浓烈。我们看到，他们客居异地时，依然念念不忘桑梓故居，对家乡慈善事业无不解囊相助，依然保持与家乡文化的联结。会馆集会仪式、宴饮、娱乐等，无不沿用故乡的旧俗。他们把寄居外地作为暂时的权宜之计。回归故乡才是他们最终的心愿。所谓"叶落归根""衣锦还乡"，正是这种心态的写照。

在传统的农业社会中，地缘观念使商船团结互济，共同对付封建势力的盘剥压迫。这对当时的贩运活动是起了积极作用的。但是，这种顽固的地缘观念和高度发达的地缘组织，往往妨碍客居的商船户之文化整合于寄居地的文化之中。他们不大愿意向寄居土著居民认同学习，因而也就不能对新的环境作出积极的反应，改变经营组织形式，以求发展。远洋贩运而寄居海外的华人聚一地而居，形成保持华人文化特质的唐人街即一例。地域观念还妨碍超地域的用业缘组织起来的行业组织的出现。例如，贩运之所以长期结合，长途航运明显地从贩运分离出来形成独立的近代航运业，迟至 19 世纪 70 年代招商局成立才出现，这当是其中的原因之一。中国的地域观念是长期形成的。正如何炳棣先生在《中国会馆史论》中指出：它同儒家孝的礼俗和法律，同官吏籍贯限制的行政法，以及科举制度有关。[①] 另外，它同中国社会的乡族组织亦有关系。它加强了小群意识，成为培植区域间互相排斥的地方主义的渊薮。在中国社会经济向近代化过渡的进程中显然起到了延缓阻碍的作用。

顺带指出，一般来说，地缘与语缘往往是一致的。但基于广东复杂的历史原因，就大的语系而言，存在着广府语、闽南语和客家语三种语系。这三种语系的分布与行政区划并非完全一致。漳州和潮州分属闽粤两省，但因同操闽南语，所以由这两地商船户为主建立的会馆，往往以闽粤会馆名之，可见方言原则在商船户的组织中也是起作用的。

【作者简介】

叶显恩，广东省社会科学院历史研究所研究员。

---

① 参见何炳棣：《中国会馆史论》，台北：学生书店，1966 年。

宋初经学的守旧与开新[*]

章权才

一、宋初的政治统一与重建统治思想的客观要求

960 年，赵匡胤以迅雷不及掩耳之势，发动陈桥兵变，后周被推翻。一个崭新的统一的朝代随之而起，是为宋。

赵匡胤建宋，政治局面重归统一。但是，必须指出，这个统一从一开始就具有很大局限性。宋太祖、宋太宗两兄弟虽然经过连年征战，统一了大江南北，恢复了汉唐疆域的大部分，但在四周，仍然是一片战乱。在西部，有党项族建立的西夏；在北部，有契丹族建立的大辽；在新疆有高昌；在青藏有吐蕃；在云南有大理；等等。这些周边的地方政权，跟赵宋政权攻伐作对，使其从一开始就陷入动荡不安之中。

赵匡胤黄袍加身后，以史为鉴，把巩固和加强中央集权问题摆在压倒一切的位置。史载，建隆初，他征询赵普，提出了一个尖锐的问题："天下自唐季以来，数十年间，帝王凡易十姓，兵革不息，苍生涂地，其故何也？吾欲息天下之兵，为国家建长久之计，其道如何？"赵普回答说："唐季以来，战斗不息，国家不安者，其故非他，节镇太重，君弱臣强而已矣。今所以治之，亦无他奇巧，惟稍夺其权，制其钱谷，收其精兵，则天下自安矣。"[①] 赵普认为，要加强集权，就必须压制和打击地方分权势力，办法是把地方上的政权、财权和兵权收拢到中央。这样做，天下也就"自安"了。赵匡胤对赵普的建议是心领神会的，并且是付诸实施了的。历史上有名的"杯酒释兵权"就是一个例证。所以后来朱熹说："本朝鉴五代藩镇之弊，遂尽夺藩镇之权，兵也收了，

财也收了，赏罚刑政一切收了，州郡遂日就困弱。"①

为了维护中央集权，赵匡胤不仅在政治、军事、经济诸方面采取"收"的断然措施，而且在重振纲常、重建儒家思想的统治地位诸方面做了一系列工作。史载，赵匡胤一生征战，以读书爱书为乐，他"严重寡言，独喜观书，虽在军中，手不释卷。闻人间有奇书，不吝千金购之"。周世宗曾问他为何爱书成癖，他回答："臣无奇谋上赞圣德，滥膺寄任，常恐不逮，所以聚书，欲广闻见，增智虑也。"② 他称帝后，不仅自己勤于读书，而且告诫群臣在百忙中不要荒废读书之事。"上谓近臣曰：'今之武臣欲尽令读书，贵知为治之道。'"③ 赵普出身小吏，寡于学识，"上每劝以读书，普遂手不释卷"。

《宋史》本传载赵普"晚年手不释卷，每归私第，阖户启箧取书，读之竟日。及次日临政，处决如流"。"家人见其断国大议，闭门观书，取决方册，他日窃视，乃《鲁论》耳。"《鲁论》是《论语》的一种。汉兴，传《论语》者三家，鲁人传之谓之《鲁论》，齐人传之谓之《齐论》，出于孔壁之书则谓之《古论》。据《汉志》，《鲁论》共二十篇。赵普所学所用，估计就是这二十篇《鲁论》。赵匡胤对赵普的要求和赵普的所作所为，在某种程度上体现了宋初文臣武吏竞相通过读书，提高统治集团政治能力的动向。

赵匡胤对传统儒学是非常重视的。据载，他即位之初，便下令"增修国子监学舍，修饰先圣十哲像，画七十二贤及先儒二十一人像于东西廊之板壁"④。他还亲自为孔子、颜渊写赞词，"命宰臣、两制以下分撰余赞"⑤。

赵匡胤不仅十分重视儒学，而且十分重视儒臣。即位初，他曾说过如下一段话："五代方镇残虐，民受其祸，朕令选儒臣干事者百余，分治大藩，纵皆贪浊，亦未及武臣一人也。"赵匡胤以儒臣知州事，可以从两方面理解：一方面，用儒臣反割据，避免重蹈唐末以来藩镇势重致尾大不掉的覆辙；另一方面，用儒臣清吏治，重建已经败坏的封建伦理纲常。乾德元年（963），赵匡胤下令："诏礼部贡院，所试《九经》举人落第，宜依诸科举人例，许令再试。"⑥ 许令再试，就是企图通过再试，把更多的儒生吸收到朝廷中来，使他们为赵宋政权的长治久安筹谋划策。乾德四年，赵匡胤因后蜀铜镜发现后蜀年号与宋朝有重复事，又提出了"宰相须用读书人"的主张，⑦ 表明他重用儒臣已上升到了更高的层次。

赵匡胤推崇儒学，着重点是推崇儒家宣传的封建伦理道德。开宝元年（968），他

① 朱熹：《朱子语类》卷一百二十八。
② 李焘：《续资治通鉴长编》卷三。
③ 李焘：《续资治通鉴长编》卷三。
④ 徐松：《宋会要辑稿·崇儒》。
⑤ 李焘：《续资治通鉴长编》卷三。
⑥ 李焘：《续资治通鉴长编》卷四。
⑦ 李焘：《续资治通鉴长编》卷七。

下诏云："人伦以孝慈为先，家道以敦睦为美，矧犬马而有养，岂父子之异居？伤败风俗，莫此为甚。应百姓祖父母、父母在者，子孙无得别籍异财，长吏其申戒之。"① 二年，又下诏云："川峡诸州，察民有父母在而别籍异财者，论死。"② 三年，又下诏云："诸道州府，察民有孝悌彰闻，德行纯茂，擅乡曲之誉，为士庶推服者，以闻。"③ 八年，又下诏云："郡国令佐，察民有孝悌力田，奇材异行，或文武可用者，遣诣阙。"④ 赵匡胤多次下诏，对封建伦常三令五申，且用最重的刑罚惩治不忠不孝之徒，目的无他，就是企图通过重振纲常，移风易俗，使赵宋政权得以建筑在更加牢固的社会和思想基础上。

二、镂版印刷的发明与经籍的广泛流播

《宋史·艺文志》载："历代之书籍，莫厄于秦，莫富于隋、唐。隋嘉则殿书三十七万卷。而唐之藏书，开元最盛，为卷八万有奇。其间唐人所自为书，几三万卷，则旧书之传者，至是盖亦鲜矣。陵迟逮于五季，干戈相寻，海寓鼎沸，斯民不复见《诗》《书》《礼》《乐》之化。周显德中，始有经籍刻板，学者无笔札之劳，获睹古人全书。然乱离以来，编帙散佚，幸而存者，百无二三。"

《宋史·儒林传》载：真宗景德二年（1005）夏，上幸国子监阅库书，问邢昺经版几何，昺答曰："国初不及四千，今十余万，经、传、正义皆具。臣少从师业儒时，经具有疏者百无一二，盖力不能传写。今版本大备，士庶家皆有之，斯乃儒者逢辰之幸也。"

《续资治通鉴长编》载，大中祥符三年（1010），宋真宗与资政殿大学士向敏中有一段对话："（真宗）谓敏中曰：'今学者易得书籍。'敏中曰：'国初惟张昭家有三史。太祖克定四方，太宗崇尚儒学，继以陛下稽古好文，今三史、《三国志》、《晋书》皆镂版，士大夫不劳力而家有旧典，此实千龄之盛也。'"

从以上史载，可见唐宋之际藏书和经书流播大致情况，看来后周显德是一个转折点：之前，经书苦于抄写，传世不可能很多；之后，镂版之术发明了，可以大量地印刷，经书的获得和传播从此进入了一个新阶段。

据《宋史·艺文志》载，宋初太祖、太宗两朝，朝廷掌握的图书，其数量毕竟少得可怜。太祖时，只有图书一万多卷，其后削平地方政权，收其图籍，又下诏购其散亡，国家图书馆所藏之书，稍有增益。太宗即位，于左升龙门北修建崇文院，把国家几

① 王称：《东都事略》。
② 脱脱等：《宋史》本纪。
③ 王称：《东都事略》。
④ 脱脱等：《宋史》本纪。

个图书馆的书籍充实进去。另建"秘阁",有书一万多卷。太宗不仅常到秘阁看书,而且要近习侍卫之臣,纵观群书,从中获取教益。

到真宗朝,随着镂版印刷的发明推广,朝廷掌握和社会流通的图书才开始大量增加。邢昺和向敏中回答真宗的一席话说明了几个问题:一,国家掌握的图书已从宋太祖时的一万多卷骤增至十多万卷;二,史籍增长的同时,经籍增长更快,经、传、正义皆具,既全面又系统;三,版本大备,士庶家皆有之,说明图书的掌握已越出了朝廷的范围,读书人以至寻常百姓家,手中都有自己的图书典籍了。这不能不说是划时代的一件大事。

吴澄说:"宋三百年间,镂版成市,版本布满于天下。而中秘所储,莫不家藏而人有。无汉以前耳受之艰,无唐以前手抄之勤。读书者事半而功倍,何其幸也。"这是对整个宋代印刷术发明和发展的评价。它实际上包括两个阶段:第一阶段是毕昇之前,雕版印刷的发明;第二阶段是毕昇以后,活字印刷的发明。毕昇是北宋仁宗庆历时人。他发明的活字印刷弥补了雕版印刷耗时和不够灵活等缺欠,大大提高了效率。

随着镂版印刷的发明,朝廷组织力量,对历史遗留下来的经和经学,进行了一系列的校勘。据载,宋太宗端拱时,诏令国子监镂版孔颖达《五经正义》,以扩大发行面。要镂版发行,首先必须校勘。据《玉海》载,当时参与校勘工作的经学家,《易》《书》有孔维、李说等人;《春秋》有孔维、王炳、邵世隆等人;《诗》有孔维、李觉、毕道升等人;《礼记》有胡迪、纪自成、李至等人。淳化五年(994),李至上言:"《五经》书疏已版行,惟二传、二礼、《孝经》、《论语》、《尔雅》七经疏未备,岂副仁君垂训之意。今直讲崔颐正、孙奭、崔偓佺皆励精强学,精通经义,望令重加校雠,以备刊刻。"① 李至的建议获得恩准。于是,校勘工作扩大了范围,由五经扩大到十二经。又载,真宗咸平元年(998),学究刘可名指出诸经版本多有舛误,比如,《尚书》正义就有多处差误,于是真宗便命崔颐正详校,后来孙奭便改正了94字之多。咸平二年,真宗令邢昺总领校勘之事,叫舒雅、李维、李慕清、王涣、刘士元从中帮助,使《五经正义》的镂版质量又有提高。各经经过校勘而后雕刻颁行,舛误自比唐以前仅靠传钞为少,这对经和经学的流布自有重大意义。而宋代版本为后世所宝贵,其重要原因也在于它经过校勘。

随着镂版印刷的发明,在刊本中出现了疏附于经注的新问题。卢文弨说:"唐人之为义疏也,本单行不与经注合。单行经注,唐以后尚多善本。自宋后附疏于经注,而所附之经注,非必孔贾诸人所据之本也,则两相龃龉矣。南宋后,又附《经典释文》于注疏间,而陆氏所据之经注,又非孔贾诸人所据也,则龃龉更多矣。浅人必比而同之,则彼此互改,多失其真。幸有改之不尽以滋其龃龉启人考核者。故注疏释文合刻,似便而非古法也。"钱大昕也说:"唐人撰九经疏,本与注别行,故其分卷亦不与经注同。

---

① 脱脱等:《宋史·李至传》。

自宋以后刊本，欲省两读，合注与疏为一书，而疏之卷第遂不可考矣。"从注疏别行到注疏合一，有利也有弊。所谓"利"，就是有利于阅读，有利于作为整体流传。所谓"弊"，就是所据版本不同，不可避免地会出现注和疏矛盾打架的现象，这实际给后世增加了校雠的难度。这是治经学史者不可不知的存案。

随着镂版印刷的发明推广，宋代学校教育也随之发展起来。考史，宋初三朝，学校教育一片萧条，教育规模、生员数量等方面甚至还比不上五代十国。例如，后唐国子生有 200 人，而宋初在后周普利禅院基础上建起的中央唯一的学校，生员也不过 70 人。地方教育更加衰败，仍保有公立学校的州县屈指可数。公私书院不超过 10 所，而且往往时办时停。宋初教育不发展，导源于五代十国时期连绵不断的战乱，但跟当时经书的缺乏也有密切的联系。自镂版印刷发明推广后，经籍数量越来越多。真宗以后，朝廷为鼓励地方办学，往往以一套经籍授之。例如，真宗咸平四年（1001）六月，朝廷便给全国每所州县学校颁赐一套九经。朝廷能够颁赐，表明朝廷掌握的经籍越来越多。与此同时，流传到私人手中的经籍也逐渐多了起来。邢昺说"士庶家皆有之"，说明经籍确实逐渐普及。有了足够的经籍，也就必然促进地方以至私家教育的发展。史载到仁宗庆历年间，"州郡不置学者鲜矣"，① 可知州郡办学确实进入了一个新的历史阶段。

三、宋初经学的守旧特征与邢昺经学的二重色泽

宋代经学是一个历史发展过程。前期与中后期相较，存在着迥然不同的情况。陆游说："唐及国初，学者不敢议孔安国、郑康成，况圣人乎！自庆历后，诸儒发明经旨，非前人所及。"王应麟说："自汉儒至于庆历间，谈经者守训诂而不凿。《七经小传》出而稍尚新奇矣。至《三经义》行，视汉儒之学若土梗。"② 陆游和王应麟意见一致，均认为宋代经学应以庆历划线：之前，以守旧为主；之后，发明经旨，别开生面。这种划线，为历代经学研究者所首肯。比如，皮锡瑞在他的《经学历史》中，就以"笃守古义，无取新奇，各承师传，不凭胸臆"十六个字对宋初经学作了扼要概括。

马端临《文献通考》卷三十《选举考》举了一个例子："景德二年，亲试举人，得进士李迪等二百四十余人。……迪与贾边皆有声场屋，及礼部奏名，而两人皆不与。考官取其文观之，迪赋落韵；边论当仁不让于师，以师为众，与注疏异。特奏，令就御试。参知政事王旦议：落韵者，失于不详审耳；舍注疏而立异，不可辄许，恐士子从今放荡无所准的。遂取迪而黜边。"这个例子，说明了宋初经学一仍唐代官学之旧的情况。出现这种情况，关键是朝廷的有力导向，士子失去"准的"的放荡对朝廷建立统治思想毕竟不利。

---

① 徐松：《宋会要辑稿·崇儒》。
② 王应麟：《困学纪闻》。

众所周知，唐太宗时，为了巩固政治统一，诏名儒孔颖达等撰定《五经正义》。以后又逐渐扩大为《九经正义》。"正义"的提法体现了朝廷的价值取向。在意识形态领域，它无疑具有神圣性和约束力，成了经学中判断是非的准绳，谁超越钦定的"正义"，谁就会被目为异端邪说。但是，自中唐以后，情况有了明显变化。随着封建经济基础的变动，随着佛教的广泛传播，传统的注疏之学已不再能适应现实的需要，于是，在意识形态领域出现了变革的呼声。不过，这种变革实践，一开始就存在两种不同的倾向：一种是守旧型的变革，它以韩愈为代表；一种是革新型的变革，它以刘知几、柳宗元等为代表，并以疑古惑经为帜志。两种倾向相互激荡，有时也相互攻讦，一直到李唐王朝的覆灭和五代十国的嬗替。

赵匡胤上台后，面临着重建统治思想的任务。宋初的几个皇帝，不同程度地推行崇儒重教的政策。他们对中唐以来变革经学的呼声，是非之间，也存在自己判断的标准。他们对经由韩愈、李翱整顿鼓吹的孔孟道统问题十分重视。他们组织力量，在校勘《五经正义》的同时，又对《论语》《孝经》疏解。但由于建政不久，百废待兴，还来不及更大规模地开展这方面的工作。当时他们考虑的，首先还是继承问题，即继承流传已久的唐代的经学，继承唐代已经颁行、已经成为定式的《五经正义》和《九经正义》。孙复曾说："国家以王弼、韩康伯之《易》《左氏》《公羊》《谷梁》，杜预、何休、范宁之《春秋》，毛苌、郑康成之《诗》，孔安国之《尚书》，镂版藏于太学，颁于天下。"这里所说，就是指宋初对唐代继承的情况。唐代经学，教本是现成的。唐代的明经取士，也已形成相对稳定的格局。想要在建政之初，控制知识分子以至整个社会的思想，除了继承历史传统外，实在没有更好的选择。这就是"宋初经学，犹是唐学"[①] 的历史根由。

宋初三朝经学家，论其地位和作用，首推邢昺。邢昺，字叔明，曹州济阴人。生于932 年，卒于1010 年。据《宋史·儒林传》本传载："太平兴国初，举五经，廷试日，召升殿讲《师》《比》二卦，又问以群经发题。太宗嘉其精博，擢九经及第，授大理评事、知泰州盐城监，赐钱二十万。"不久，召为国子监臣，专讲学之任。后迁尚书博士，出知仪州。接着，又被选为诸王府侍讲。真宗咸平元年，任国子祭酒。咸平二年，朝廷始置翰林侍读学士，邢昺首当其选。"受诏与杜镐、舒雅、孙奭、李慕清、崔偓佺等校定《周礼》《仪礼》《公羊》《谷梁春秋传》《孝经》《论语》《尔雅》义疏。"后升为工部侍郎，仍兼国子祭酒、侍讲学士，并历任工部尚书、礼部尚书等要职。著有《论语正义》《尔雅义疏》《孝经正义》等经学著作。

邢昺在经学史上是有地位的。他做了三件大事：一，在东宫及内廷，为最高统治者讲述《孝经》《礼记》《论语》《书》《易》《诗》《左氏传》，解答他们围绕经和经学而提出的各种问题；二，与杜镐、舒雅、孙奭、李慕清、崔偓佺等经学家一道，共同校定

---

① 马宗霍：《中国经学史》。

《周礼》《仪礼》《公羊传》《谷梁传》以及《论语》《孝经》《尔雅》等义疏，付之镂版，刊定发行；三，为《论语》《孝经》《尔雅》改定旧疏，对提高这三部书的历史地位作出了重大贡献。

从思想史的角度考察，邢昺的经学无疑具有浓重的守旧色彩，但又不完全是守旧型的。他对汉唐经学也有改造，是唐代经学向宋代理学转换的过渡型人物，其思想也具有守旧与创新的双重色彩。

宋初三朝，最高统治者优先考虑的是如何巩固政权、维护统治秩序的问题，朝廷诏令一批经学家校定唐代遗留下来的《五经正义》，就是企图利用唐代在经学中业已形成的传统力量以维护和巩固现实政权。邢昺是统治阶级的御用文人，他的所作所为，无疑是跟宋初统治者的意向合拍的。《宋史》本传载："初，雍熙中，昺撰《礼选》二十卷献之，太宗探其帙，得《文王世子》篇，观之甚悦，因问卫绍钦曰：'昺为诸王讲说，曾及此乎？'绍钦曰：'诸王常时访昺经义，昺每至发明君臣父子之道，必重复陈之。'太宗甚喜。"这件事已足够说明，邢昺治经所考虑的根本问题，也就是如何维护统治秩序，使赵宋政权长治久安的问题。

评论邢昺的经学思想，主要根据自然是他所撰的《论语正义》《孝经正义》和《尔雅义疏》这三部著作。《论语正义》以何晏集解为主。唐代所传有皇侃《论语义疏》一书，邢疏用皇侃所采诸儒之说，刊定而成。《孝经正义》以唐玄宗御注为主，为之疏者有元行冲。这个疏本在唐代曾立于学官。邢疏取元行冲本约而修之。《尔雅义疏》以郭注为主，为之疏者曾有孙炎、高琎等人，但邢昺认为这些疏不足据，因与杜镐等人共同讨论，别为疏释。从《论语正义》《孝经正义》和《尔雅义疏》三书所本，可以看出邢昺经学的守旧和因袭色彩。从总体上看，他的经学并未脱离唐代官学的窠臼。

《四库全书》把邢昺的《论语正义》收进去时，曾写下一段评语："今观其书，大抵翦皇氏之枝蔓而稍傅以义理，汉学宋学，兹其转关。是疏出而皇疏微，迨伊洛之说出而是疏又微。故《中兴书目》曰：'其书于章句训诂名物之际详矣。'盖微言其未造精微也。然先有是疏，而后讲学诸儒得沿溯以窥其奥。祭先河而后海，亦何可以后来居上，遂尽废其功乎？"《四库全书总目》这段话，是公允的，也是发人深思的。邢昺的经学著作，比如《论语正义》，确系接受了前人的研究成果。它无疑染上了汉唐经学中的某些色泽。详于章句名物训诂，这就是对汉唐以来传统经学的一方面因袭。但是，邢昺经学也有超越，并不能用"因袭"两字来概括。他因了皇侃的义疏，但对皇疏枝蔓部分是有所剪除的。他详于名物训诂，但也"稍傅以义理"。以义理说经，是宋代经学的一大特点，并逐步蔚为一个大气候。但是，考镜源流，它跟邢昺的经学不无关系。邢昺经学实开了宋学以义理说经的先河。虽未造精微，但毕竟"汉学宋学，兹其转关"，他在经学史上所处的承前启后的位置终究不容忽视。

在《论语正义》中，以义理说经的例子是不少的。《论语·公冶长》记录了子贡的一个说法："夫子之文章，可得而闻也；夫子之言性与天道，不可得而闻也。"对此，

《论语正义》作了这样的疏解："'夫子之文章，可得而闻也'者，章明也。子贡言夫子之述作威仪礼法，有文彩形质著明，可以耳听目视，依循学习，故可得而闻也。'夫子之言性与天道，不可得而闻也'者，天之所命，人所受以生是性也。自然化育，元亨日新，是天道也。……其理深微，故不可得而闻也。"在这里，邢昺解释"性"与"天道"，已上升到了理论高度，这就是义理之学。值得注意的是，后来朱熹作《论语注》，对这段话是这样解释的："文章，德之见乎外者，威仪文辞皆是也。性者，人所受之天理。天道者，天理自然之本体，其实一理也。言夫子之文章，日见乎外，固学者所共闻；至于性与天道，则夫子罕言之，而学者有不得闻者。"事实很清楚，邢昺和朱熹对这段话的解释，不完全相同，但也不是迥然有别。两者在理论体系上的相承，仍有蛛丝马迹可寻。

在《论语正义》中，邢昺谈"天"谈得很多。而他的"天"论也明显地具有二重色彩。《论语·季氏》有一段说教："君子有三畏：畏天命，畏大人，畏圣人之言。"邢昺对"天命"作了如下解释："畏天命者，谓作善降之百祥，作不善降之百殃。顺吉逆凶，天之命也，故君子畏之。"邢昺的解释大体上继承了何晏和皇侃的观点，宣扬善有善报、恶有恶报，任何人逃不脱天命的惩处。这是十分明显的客观唯心主义。但在许多段落，邢昺对"天"又作了另一种解释。在《论语·公冶长》解释"天道"时，他阐发了何晏"天道者，元亨日新之道"的理论，指出："天本无心，岂造元亨利贞之德也；天本无心，岂造元亨利贞之名也。但圣人以人事托之，谓此自然之功，为天之四德也。……天之道，生生相续，新新不停，故日日新也。以其自然而然，故谓之道。"在《论语·子罕》解释"子罕言利与命与仁"时，邢昺进一步阐发了何晏"命者，天之命"的理论，指出："天本无体，亦无言语之命。但人感自然而生，有贤愚、吉凶、穷通、夭寿，若天之付命遣使之然，故云天之命也。"在为《论语·泰伯》"巍巍乎唯天为大，唯尧则之"疏解时，邢昺说："巍巍乎有形之中，唯天为大，万物资始，四时行焉。唯尧能法此天道而行其化焉。"在如上众多说教中，可见邢昺笔下的"天"，又往往是自然的天。"天本无体""天本无心"的理论，是跟天有意志的理论针锋相对的。邢昺从事政治和理论活动的时期是北宋初期，这时，赵氏集团刚刚取得了政权。一方面，统治集团急于宣扬政权神授的理论；另一方面，又要打击敌对阶级和阶层借助"天命无常"的理论从事颠覆现实政权的活动。这就是赵宋政权在"天命"问题上的双重标准，这也就是邢昺"天论"具有双重色彩的由来。

《论语·为政》说到"攻乎异端，斯害也已"。对此，《论语正义》作了这样的疏释："此章禁人杂学乱政也。异端谓诸子百家之书也，言人若不学正经善道，而治乎异端之书，斯则为害之源也。"这段话明白无误地表明了统治阶级重建统治思想的企图。在邢昺看来，所谓"异端"，就是"诸子百家之书"。而所谓"正经"，当然就是五经、九经一类。在他看来，只有这些经书所阐明的"道"，才是"善道"，不然就是邪道。邢昺借助《论语》，倡导"攻乎异端"，是不是意味着新一轮排斥诸子百家的运动正在酝酿？这个问题显然很复杂，不能简单作答。但是，在重建统治思想过程中，各家学说要受到甄别，受到检验，有所吸收，有所扬弃，这一点却是肯定无疑的。

四、义理之学的复兴与胡瑗、孙复、石介的经学

在治学形态上，经学有义理之学，也有训诂之学。近两千年来经学发展的历史，就是义理之学与训诂之学相互斗争而又相互渗透的历史。

义理之学比训诂之学来得古老。自孔子删定六经、创立儒家开始，就非常重视义理之学。比如，孔子删《诗》的原则是"取可施于礼义"。孔子修《春秋》，也是突出"义"，他说："其事则齐桓、晋文，其文则史，其义则丘窃取之矣。"六艺删修而成后，人们对六艺的社会功能也有很高的评价，如《庄子·天下篇》说："《诗》以道志，《书》以道事，《礼》以道行，《乐》以道和，《易》以道阴阳，《春秋》以道名分。"《史记·太史公自序》也说："《易》著天地阴阳五行，故长于变；《礼》经纪人伦，故长于行；《书》记先王之事，故长于政；《诗》记山川溪谷禽兽草木牝牡雌雄，故长于风；《乐》乐所以立，故长于和；《春秋》辨是非，故长于治人。"

从经学发展史的角度考察，经学中的义理之学，其发展经历过四个高潮：一是西汉时期，以董仲舒为代表的经学家，阐发经学中的义理，提高儒家经典的价值，使儒学摇身一变，成为经学。二是魏晋南北朝时期，以何晏、王弼为代表的经学家，阐发《易经》中的义理，一纠东汉以来训诂之学的流弊，使经学从理论上再次得到升华。三是两宋时期，以程朱为代表的经学家，为适应封建社会后期统治阶级的需要，一方面挖掘传统经学的理论，另一方面吸收佛学中的理论营养，使经学变为理学。四是晚清时期，以康有为、梁启超为代表的经学家，着眼于维新变法，再次挖掘传统经学的意蕴，使义理之学进一步发扬光大。有的学者把经学中的义理之学，说成是魏晋以后，甚至说成是两宋以后才有的事，这并不符合历史事实。

变革儒学是宋代政治生活中的一件大事。而变革儒学是以复兴义理之学为先导、为着眼点的。两宋义理之学的复兴，存在两个相互衔接的历史阶段：一是北宋初期的准备阶段；一是北宋中期以后的理论建树阶段。

北宋初期的经学，是以守旧为其特征的。所谓"守旧"，就是守唐代官学之旧，就是守唐代《五经正义》《九经正义》之旧。学者的治学与朝廷的明经取士，都存在着守旧的明显特征。但守旧并不是一成不变。事实是，在守旧的掩盖下，存在着立新思潮的逐步涌动。宋初经学中的官学，以经学家邢昺、孙奭为代表。他们的经学无疑具有二重色彩。他们都是由汉学向宋学发展的"转关"人物。邢昺、孙奭后，这种学术转折进一步发展，传统的训诂之学进一步衰微，而义理之学则强化了发展势头。其代表人物就是"宋初三先生"，也就是胡瑗、孙复、石介三位经学家。

胡瑗（993—1059），字翼之，泰州如皋人。他的经学著作，有《春秋要义》三十

卷、《春秋口义》五卷、《中庸义》一卷、《洪范口义》二卷、《尚书全解》二十八卷。其中《尚书全解》，《宋史·艺文志》有载录，但朱熹认为是伪作，可以存疑。孙复（992—1057），字明复，晋州平阴人。他的经学著作，有《春秋尊王发微》十二卷、《春秋总论》三卷、《易说》六十四篇。石介（1005—1045），字守道，号徂徕，兖州奉符人。他的经学著作，有《易解》五卷、《易口义》十卷。

黄宗羲《宋元学案·泰山学案》有个说法："宋兴八十年，安定胡先生、泰山孙先生、徂徕石先生始以师道明正学，继而濂洛兴矣。故本朝理学虽至伊洛而精，实自三先生而始，故晦庵有'伊川不敢忘三先生'之语。"这段话表达了明清时期许多学者对宋初三先生学术地位的评判。宋初三先生是宋代理学的先行者，他们实开了宋代理学的先河，这种历史地位是毋庸置疑的。

宋初三先生都出身于社会的中下层。史载，胡瑗"家贫无以自给"，青年往泰山求学时，"攻苦食淡，终夜不寝，一坐十年不归"。[①] "景祐初，更定雅乐，诏求知音者。范仲淹荐瑗，白衣对崇政殿。"[②] 孙复家亦"贫贱"[③]。石介更贫，"妻子几冻馁"。由于三个人都出身于社会的中下层，他们的处世态度敢说敢为，比如石介，史称他"笃学有志向，乐善疾恶，喜声名，遇事奋然敢为"。又称他"著《唐鉴》以戒奸臣、宦官、宫女，指切当时，无所讳忌"。[④] 反映在经学上，也相互形成了反传统、反守旧的经学色彩。

宋初三先生的经学各具特色，深浅有别，立意也不尽相同，如《宋史·儒林传》就谈到胡瑗"治经"不如孙复的问题。但是，三先生在如下四个问题上是一致或雷同的：

第一，宋初三先生都重视和褒扬经学中的义理之学。朱熹说："安定胡先生只据他所知，说得义理平正明白，无一些玄妙。"[⑤] 这主要是就胡瑗的《易》学说的。胡瑗有《周易口义》十二卷，今存《四库全书》中。陈振孙评价说：胡瑗的《易》学继承了王弼以来以义理说《易》的传统，对象数之学进行了一次大扫除。这个评价是公允的。《宋史》本传说，孙复的经学，"其讲说多异先儒"。又说，孙复的《春秋尊王发微》十二篇，"大约本于陆淳，而增新意"。可见孙复的经学，有标新立异的问题。"新"在哪里？新在义理，用义理说经，从而开辟了经学的新局面。《春秋尊王发微》是《春秋》之学中典型的义理之学。他对"元年春王正月"的解释，提出了孔子作《春秋》，实为"无王"而作的问题，这就很有新意。这个新意，很得欧阳修、朱熹等人的肯定。欧阳修说："先生治《春秋》，不惑传注，不为曲说以乱经。其言简易，明于诸侯大夫功罪，以考时之盛衰，而推见王道之治乱，得于经之本义为多。"[⑥] 在《睢阳子集》中，孙复

---

① 黄宗羲：《宋元学案·安定学案》。
② 脱脱等：《宋史·儒林传》。
③ 脱脱等：《宋史·儒林传》。
④ 脱脱等：《宋史·儒林传》。
⑤ 朱熹：《朱子语类》卷一百二十九。
⑥ 黄宗羲：《宋元学案·泰山学案》。

说了一段话："专守王弼、韩康伯之说而求于《大易》，吾未见其能尽于《大易》也。专守《左氏》、《公羊》、《谷梁》、杜、何、范氏之说而求于《春秋》，吾未见其能尽于《春秋》也。专守毛苌、郑康成之说而求于《诗》，吾未见其能尽于《诗》也。专守孔氏之说而求于《书》，吾未见其能尽于书也。"① 孙复反对"专守"，主张独创，主张有所作为，主张进一步突破传统经学的藩篱，进一步阐明经学的义理。这些说教，旨意分明，铿锵有力，昭示着传统经学中新的一代学风行将开创。

第二，宋初三先生在经学中都重视明体达用。宋神宗对胡瑗有这样的题词："先生之道，得孔孟之宗；先生之教，行苏、湖之中。师任而尊，如泰山屹峙于诸峰；法严而信，如四时迭运于无穷。辟居太学，动四方欣慕，不远千里而翕从；召入天章，辅先帝日侍，启沃万言而纳忠。经义治事，以适士用；议礼定乐，以迪朕躬。敦尚本实，还隆古之谆风；倡明正道，开来学之颛蒙。载瞻载仰，谁不思公；诚斯文之模范，为后世之钦崇。"② 这个评价，是对胡瑗学识和学风的赞许。后世学者用"明体用之学"来概括。③ 所谓"体用"，就是明体达用。这里的"体"，是指孔孟之学的根本，也就是孔孟之道；这里的"用"，是指实践，是指做人做事。强调明体达用，就是反对不切实际的浮虚，也就是反对不入人事的传统的训诂之学。《安定学案》载录了宋神宗与胡瑗高足刘彝的一段对话："熙宁二年，神宗问曰：'胡瑗与王安石孰优？'对曰：'臣师胡瑗以道德仁义教东南诸生时，王安石方在场屋中修进士业。臣闻圣人之道，有体、有用、有文。君臣父子，仁义礼乐，历世不可变者，其体也。《诗》《书》史传子集，垂法后世者，其文也。举而措之天下，能润泽斯民，归于皇极者，其用也。国家累朝取士，不以体用为本，而尚声律浮华之词，是以风俗偷薄。臣师当宝元、明道之间，尤病其失，遂以明体达用之学授诸生。夙夜勤瘁，二十余年，专切学校。始于苏湖，终于太学，出其门者无虑数千余人。故今学者明夫圣人体用，以为政教之本，皆臣师之功，非安石比也。"刘彝贬王褒胡，过于偏颇，是典型的派别之见；但认为胡瑗之学是明体达用之学，这一点是可取的，也是有事实根据的。史载，胡瑗组织教学，分"经义"和"治事"两科，"经义则选择其心性疏通、有器局、可任大事者，使之讲明六经。治事则一人各治一事，又兼摄一事，如治民以安其生，讲武以御其寇，堰水以利田，算历以明数是也"。④ 分"经义""治事"两科，实际上就是明体达用在教学中的贯彻。

胡瑗固然强调明体达用，孙复、石介同样强调体用一致的重要性。石介对孙复作了这样的评价："孙明复先生畜周孔之道，非独善一身，而兼利天下者也。四举而不得一官，筑居泰山之阳，聚徒著书，种竹树栗，盖有所待也。古之贤人有隐者，皆避乱世而

① 黄宗羲：《宋元学案·泰山学案》。
② 黄宗羲：《宋元学案·安定学案》。
③ 黄宗羲：《宋元学案·安定学案》。
④ 黄宗羲：《宋元学案·安定学案》。

隐者也。彼所谓隐者，有匹夫之志，守硁硁之节之所为也，圣人之所不与也。先生非隐者也。"石介否认孙复是"隐者"，实际上就是褒扬他体用一致的入世精神。孙复的经学，以阐发《易》和《春秋》为重点，"先生尝以为尽孔子之心者《大易》，尽孔子之用者《春秋》，是二大经，圣人之极笔也，治世之大法也"。突出《易》学和《春秋》之学，着眼点也是在"治世"、在"用"。

第三，宋初三先生，几乎言必称道统。石介字守道，也就是标榜以坚守孔孟之道为己任。他说："尧、舜、禹、汤、文、武、周、孔之道，万世常行，不可易之道也。"① 又说："为文之道，如日行有道，月行有次，星行有躔，水出有源，亦归于海。"② 欧阳修称颂他："所谓尧、舜、禹、汤、文、武、周公、孔子、孟轲、扬雄、韩愈氏者，未尝一日不诵于口；思与天下之士皆为周孔之徒，以致其君为尧舜之君、民为尧舜之民，亦未尝一日少忘于心。"③ 孙复对于道统也是积极寻求，他说："孔子而下，称大儒者曰孟轲、荀卿、扬雄。至于董仲舒，则忽而不举，何哉？仲舒对策，推明孔子，抑黜百家，诸不在六艺之科者，皆绝其道，勿使并进，可以尽心于圣人之道也。暴秦之后，圣道晦而复明者，仲舒之力也。"④ 宋初三先生推明道统，上与韩愈、李翱的道统说相衔接，下开宋代以后道学的先河。但是孙复的道统说有自己的特点，那就是赞扬董仲舒、扬雄、王通，把他们也说成是孔孟之道的嫡传。石介的道统说也有自己的深度，那就是把道统跟君统相结合，使道统与君统相辅相成，使道统为现实的专制政治服务。

第四，宋初三先生都重视教育。孙复"应举不第，退居泰山，聚徒著书，以治经为教"⑤。"于泰山之阳，起学舍讲堂，聚先圣之书满屋，与群弟子而居之。"⑥ 门人之高第者，有石介、刘牧、姜潜、张洞、李蕴等人，多数是当朝名士。石介"以《易》教授生徒，鲁人称徂徕先生。入为国子监直讲、太子中允、直集贤院，学者从之甚众"⑦。最有代表意义的是胡瑗。《宋史·儒林传》载：胡瑗"以经术教授吴中"，"瑗教人有法，科条纤悉备具，以身先之。虽盛暑必公服坐堂上，严师弟子之礼。视诸生如其子弟，诸生亦信爱如其父兄。从之游者常数百人。庆历中，兴太学，下湖州取其法，著为令"。又载："瑗既居太学，其徒益众，太学至不能容，取旁官舍处之。礼部所得士，瑗弟子十常居四五，随材高下，喜自修饬，衣服容止，往往相类，人遇之虽不识，皆知其瑗弟子也。"欧阳修对胡瑗及其苏湖教法作了这样的评价："自景祐、明道以来，学者有师，惟先生暨泰山孙明复、石守道三人，而先生之徒最盛。其在湖州之学，弟子去

---

① 石介：《怪说》。
② 石介：《与张秀才书》。
③ 欧阳修：《徂徕石先生墓志铭》。
④ 孙复：《睢阳子集》。
⑤ 黄宗羲：《宋元学案·泰山学案》。
⑥ 黄宗羲：《宋元学案·泰山学案》。
⑦ 黄宗羲：《宋元学案·泰山学案》。

来常数百人，各以其经转相传授，其教学之法最备。行之数年，东南之士莫不以仁、义、礼、乐为学。庆历四年天子开天章阁，与大臣讲天下事，始慨然诏州县皆立学。于是建太学于京师，而有司请下湖州取先生之法以为太学法，至今为著令。"①

值得一提的是，宋初三先生的文风都很犀利，充满着批判和战斗的精神，全祖望说他们是"振顽儒，则岩岩气象，倍有力焉"②。他们的矛头，主要指向佛老，指向虚浮不实之学，指向朝廷的腐朽势力。比如石介，史载他"尝患文章之弊，佛老为蠹，著《怪说》《中国论》，言去此三者，乃可以有为。又著《唐鉴》以戒奸臣、宦官、宫女，指切当时，无所讳忌"。在《辨惑》一文中，石介指出："天地间必然无有者有三：无神仙，无黄金术，无佛。大凡穷天下而奉之者，一人也。莫贵于一人，天地两间苟所有者，求之莫不得也。秦始皇求为仙，汉武帝求为黄金，梁武帝求为佛，勤亦至矣，而始皇远游死，梁武饿死，汉武铸黄金不成。吾故知三者之必无也。"他勇攻佛老，奋笔如挥戈（欧阳修语），指责佛老"非君臣、父子、夫妇、兄弟、宾客、朋友之位"，是大悖于人伦道德。石介愤恨晚唐五代文风靡郦，对当朝杨亿之流的批判可谓入木三分，他说："昔杨翰林欲以文章为宗于天下，忧天下不信己之道，于是盲天下人目，聋天下人耳，不见有周公、孔子、孟轲、扬雄、文中子、韩吏部之道。……今杨亿穷妍极态，缀风月，弄花草，淫巧侈丽，浮华纂组，刊锲圣人之经，破碎圣人之言，离析圣人之意，蠹伤圣人之道……其为怪大矣。"③ 他的批判可谓铿锵有力，掷地有声。孙复也有类似的批判，他说："噫！儒者之辱，始于战国。杨、墨乱之于前，申、韩杂之于后。汉、魏而下，则又甚焉。佛老之徒横于中国，彼以死生祸福、虚无报应为事，千万其端，绐我生民，绝灭仁义，屏弃礼乐，以涂塞天下之耳目。……吁，可怪也！去君臣之礼，绝父子之戚，灭夫妇之义。儒者不以仁义礼乐为心则已，若以为心，得不鸣鼓而攻之乎！"④ 胡瑗在《论语说》中褒贬古今取人之道，说："古之人取人以德不取其有言，言与德两得之；今之人两失之。有德者必有言，有言者不必有德。"宋初三先生是由汉唐经学转向宋明理学的过渡型人物。过渡，就必然存在破和立的问题。但是，无论对传统经学的破，还是对新型经学的立，都存在着理论勇气问题。这就是宋初三先生文风犀利、充满批判色彩的根由。朱熹说宋初三先生治经明道，"凛凛然可畏"，其根子莫外乎此。

【作者简介】

章权才，广东省社会科学院历史研究所研究员。

---

① 欧阳修：《胡先生墓表》，见《欧阳文忠集》卷二十五。
② 黄宗羲：《宋元学案·泰山学案》。
③ 石介：《徂徕文集》。
④ 孙复：《睢阳子集》。

近代广东商人与广东的早期现代化*

邱 捷

"中国早期现代化"与"近代中国的商业与商人",都是近年中国近现代史学科比较受关注的论题。在近代,广东是早期现代化"先行一步"和商人势力比较强大的省份,探讨近代广东商人与广东早期现代化的关系,将有助于上述两个课题研究的深化。

一

什么是现代化,有各种各样的理论和标准。笔者接受这样的观点,即"是从一个以农业为基础的人均收入很低的社会,走向着重利用科学和技术的都市化和工业化社会的这样一种巨大的转变"①。

一般认为,清末(19世纪末到20世纪初)是我国早期现代化阶段。而在这个"涉及社会各个层面"的历史进程中,商人是与现代化进程关系特别密切的一个社会阶层。

所谓商人,根据民国初年的《商人通例》,就是"商业之主体之人"。所谓商业,包括:"一、买卖业,二、赁贷业,三、制造业或加工业,四、供给电气、煤气或自来水业,五、出版业,六、印刷业,七、银行业、兑换金钱业或贷金业,八、承担信托业,九、作业或劳务之承揽业,十、设场屋以集客之业,十一、堆栈业,十二、保险业,十三、运送业,十四、承揽运送业,十五、牙行业,十六、居间业,十七、代理业。"除以上各项外,"凡有商业之规模布置者,自经呈报该管官厅注册后,一律作为商人"。②

---

* 本文原载于《广东社会科学》2002年第2期。

① [美]罗兹曼主编,国家社会科学基金"比较现代化"课题组译:《中国的现代化》,南京:江苏人民出版社,1995年,第1页。

② 《中华民国商业档案资料汇编第一卷(1912—1928)》(上册),北京:中国商业出版社,1991年,第167-168页。

从 19 世纪后期以来，中国的有识之士主张同西方国家实行"商战"，主要是投资新式企业。20 世纪初，广东籍侨商张振勋认为：

> 商战之道，必寓商于农、寓商于工、寓商于路矿而后可。盖农、工、路、矿，动需巨本。当此库款支绌，财力困敝，问诸国而国已无帑之可拨，问诸官而官亦无款之可筹，问诸民而民更无力之可顾，除息借洋款外，其能凑集巨资承办一切者，惟赖于商……今欲兴办农、工、路、矿，非藉商力从何而得成效？[①]

张振勋自己就回国投资铁路、航运、银行、矿山和其他实业，著名的张裕酿酒公司（在山东），就是他创办的。广东商人成为清末"商战"的一支主力军。

在广东，新式企业多数是商人投资的。首先是新式工厂。从 1872 年陈启沅创办继昌隆机器缫丝厂开始，二三十年间广东陆续出现了一批由中国人投资的、使用机器的缫丝、造纸、织布、玻璃、火柴、砖瓦、水泥、卷烟、榨油、碾米、食品等工厂，以及一批机器、船舶修造厂。根据民国元年（1912）农商部的统计，全国有"工厂"24 544 家，其中"使用动力的工厂"363 家。我们把广东同当时近代工业较为发达的江苏（含上海）、湖北比较一下（见表 1）：[②]

表 1　清末广东、江苏、湖北工厂情况比较表

省份	使用动力的工厂			不用动力的工厂数	工厂数合计
	工厂数	共拥有机器功率（马力）	平均每厂拥有机器功率（马力）		
广东	136	4 566	33.6	2 290	2 426
江苏	114	13 152	115.4	1 101	1 215
湖北	9	3 406	378.4	1 209	1 218
其他省	104	3 420	32.8	15 786	15 890
全国合计	363	24 544	67.6	20 386	20 749

从上表可以看出，广东是国内"使用动力的工厂"数最多的省份，工厂数占了全国 1/3 以上，列入统计的手工工场的数目也比江苏、湖北多。但广东使用机器的工厂数目虽多，每厂平均拥有的动力却不多（33.6 马力），低于全国使用机器工厂拥有动力的平均数（67.6 马力），这表明广东使用机器的工厂多为中小厂。

"使用动力的工厂"是当时最能体现"现代化"的企业。清末广东使用机器最广泛

---

① 《中国近代铁路史资料》（第 3 册），北京：中华书局，1963 年，第 924 - 925 页。

② 农商部总务厅统计科编：《中华民国元年第一次农商统计表》，1914 年，"工厂"表。

的行业是缫丝业，丝厂都是商人投资的。广州势力最大的商业之一——丝庄，主要业务是为丝厂调度资金、售卖产品（通过洋行），丝庄商人通常也经营丝厂。广州另一实力雄厚的行业是银业，不少银号老板就是丝厂老板。[①] 清末民初，缫丝业是广东的"龙头产业"，蚕丝出口通常占了广东直接出口货值的一半以上，加上其他蚕丝产品，甚至可达80%。[②] 丝业带动了整个广东的工商业发展。

在投资铁路和新式交通运输业方面，广东商人显示了自己的经济实力。20世纪初，广东先后成立三个铁路公司，即潮汕铁路公司（1903年）、新宁铁路公司（1904年）、广东全省粤汉铁路总公司（1906年）。前两个公司主要由广东籍侨商投资，第三个铁路公司创办者是"广州商务总会、广州城七十二行、九善堂"[③]。广东全省粤汉铁路总公司集股4 000万元，到1911年实收股金1 513万元。[④] 当时的人说："中国自古营业，其为最重大者无如今日之粤路公司。"[⑤] 1907年底，在抵抗英国攫夺西江缉捕权的斗争中，广州七十二行商人和梧州七十二行商人联合招股创设两广邮船会社有限公司，"置轮行驶内河及外洋各商埠"，规定"专集化股，不收洋人股份"。[⑥] 在清末，广东是本国人拥有小轮船最多的省份，据1911年海关的统计，当年全国在册的内河"华船"共851艘，其中广东310艘。[⑦] 珠江三角洲各城镇之间的内河航运，基本上由广东的"轮渡行"商人经营。

广东商业的深刻变化在19世纪已经开始，有外国学者甚至认为，在19世纪中国的沿海地区，出现了世界历史上少见的大规模的商业变化，因此，把这场变化称为"商业革命"。[⑧] 在这个阶段，广东对外贸易迅速发展，1880年广东全年的进出口货值为2 800万海关两，到1890年后，增加到约8 000万海关两，1910年接近2亿海关两。[⑨]

近代广东商业的变化是一个尚待深入研究的课题，涉及的问题很多，资料既零散又非常缺乏。广州等地区的商人，在商业早期现代化方面起了特别大的作用。例如，广州是最早出现新式大百货公司的城市之一，1900年由澳大利亚华侨马应彪等在香港创办

① 李本立：《顺德蚕丝业的历史概况》，《广东文史资料（第15辑）》，中国人民政治协商会议广东省委员会文史资料研究委员会，1964年。

② 《广东蚕丝复兴运动专刊》，广州，1933年，"论著"部分第22-22页之表格。

③ 《宣统元年农工商部统计表》，1909年，"公司"表。

④ 《中国近代铁路史资料》（第3册），北京：中华书局，1963年，第1149页。

⑤ 《论部批广东七十二行商禀之政见》，《香港华字日报》，1907年2月25日。

⑥ 《两广邮船会社有限公司招股章程》，《东方杂志》1908年第5卷第2期。

⑦ 《宣统三年广州口岸华洋贸易论略》，1911年。

⑧ ［美］郝延平著，陈潮、陈任译：《中国近代商业革命》，上海：上海人民出版社，1991年，第375页。该书有关论述，多以广州商人的事例作论据。

⑨ 陈衡：《广东对外贸易》，香港：华南经济研究社，1940年，第12、27页。

的先施公司，1911 年在广州设立分号，1914 年在上海设立分号。[①] 出现了新式行业，还建立了一些新式的银行。由于广东商业与对外贸易息息相关，加上商业活动范围的扩大、经营方式的变化，很多老行业本身也在改变。不少商号在香港甚至海外设立了分号，一些商业采用了公司制度。不过，从整体看，旧式商业仍是广东商业的主体。

清末广东商人的经济活动，尤其是对新式工商企业的创办与经营，使广东社会发生了巨大的变化，从而使 19 世纪末、20 世纪初的 10 多年，成为广东历史上经济发展较快的时期之一。

二

商人的活动，不仅改变了广东，也在一定程度上改变了他们自己。

广东是华侨最多的省份，又与香港、澳门毗邻。不少广东内地的商号在港澳或南洋设有分店，众多侨商或港澳的华商回广东内地经营工商业。较之其他地方，广东工商业者有更多机会了解世界，采用从外地以至外国学来的经营方式。同时，广东又是中国开风气之先的地区，欧风美雨首先从广东吹入中华大地。而到了清末，维新、革命两派都把广东作为活动的中心地区，因此，广东尤其是珠江三角洲的商人，较之国内大多数地区的商人，有更多机会获得新知。一个外国人谈到广东时说："其商人性质之活泼、知识之灵敏、营业心之坚忍、商工业之熟练，实于支那人中别开生面者。"[②]

到了 20 世纪初，商人的社会地位大大提高了，在广东，商人渐有"居四民之首"的趋势。原来的行会性的商人团体与新建立的商人团体，都成为商人维护自己经济、政治利益的组织。1907 年，以广州七十二行为基础，商人们建立了一个政治性的组织——粤商自治会。此后，广州商人又创立了粤商维持公安会、粤省商团（广州商团）等政治、军事组织。1911 年，广东有广州、汕头两个总商会，各地还有 60 个商会。这个数字仅次于江苏省，而"入会商户数"比江苏还多。[③] 这显示了广东商人加强组织力量的热情。广东商界还积极办报以为自己制造舆论，1911 年，在广州登记的报纸有 15 种，其中 14 种设立在商业区西关一带。[④] 据当时办报人的回忆，多数报馆的背景是"商办"的[⑤]，《广州总商会报》《七十二行商报》完全是广东商界的喉舌。后一种报纸于 1907 年创刊，一直办到 1937 年停刊，是近代广东报龄最长的报纸。[⑥] 无论办学、办

---

① 《先施公司二十五年经过史》，《先施公司二十五周年纪念册》，香港：香港天星印务公司，1925 年。

② ［日］织田一著，蒋箼方译：《中国商务志》，上海：上海广智书局，1902 年，第 31 页。

③ 《中华民国元年第一次农商统计表》，"商会"表。

④ 《两广官报》，辛亥年（1911）第 6 期。

⑤ 余少山、李蔚皋：《清末几家广州日报》，《广州文史资料》（第 10 辑），内部发行，1963 年。

⑥ 梁群球主编：《广州报业（1827—1900）》，广州：中山大学出版社，1992 年，第 40 页。

警还是办慈善事业，广东商人都不甘人后。广州著名的九大善堂，多数创办于 20 世纪初，这恰恰是广州商界力量迅速扩展的时期，善堂也成了商人干预社会生活的机构。

特别能表现出广东商人阶级意识觉醒的是他们参加和领导了 20 世纪初的爱国斗争。如在 1905 年的反美运动、1907 年反对英国攫夺西江缉捕权的斗争、1908 年抵制日货的运动中，广州总商会及粤商自治会分别起了很大的作用。抵制外货是半殖民地半封建社会的中国资产阶级反抗外国资本主义经济侵略的一种重要斗争方式，在反帝斗争中，广东商人表现出挽救国家危亡的爱国热情，也表现出要保护国内市场的觉悟，他们还在斗争中利用时机创办了一批企业。

商人积极参与政治，是广东早期现代化进程中引人注目的现象。在清末，广东商人开始积极参与地方事务，甚至对政权更替产生影响。例如，武昌起义爆发后，广东商人表示赞成共和。广东最后和平独立，商人的向背几乎起了决定性的作用。民国以后，战乱频仍，商人更千方百计加强自身的实力，包括武装力量，以维护自身的经济、政治利益。广州总商会、七十二行、粤商维持公安会、粤省商团以及主要由商人控制的善堂往往联合行动，造成很大的声势；有时还采取罢市等方式向政府施压。清末的两广总督，民国的广东都督、督军、省长，在莅任之初都会接见商界代表，推行重要政策时通常也会召集商人团体领袖征询意见。商人对地方政治影响如此之大，商人团体为维护商界利益敢于对政府持如此强硬的态度，这在近代中国其他城市是很少见的。

广东商界在 20 世纪初表现出一种强烈的使命感。1908 年，广州商人关伯康在《粤商自治会函件初编》的序言中说：

> 夫商者，农工之枢纽也。塞野时代，出产不富，制造不多，所谓商人，不过通有无，粟易布而已；迨文明进步，出产丰富，器用繁多，万国交通，因利生利，而商人居中控御，骎骎乎握一国之财政权，而农工之有大销场，政界之有大举动，遂悉惟商人是赖。此时虽欲不尊重之也，不可得矣。是以观其国商人地位之尊卑，既可以知其国文野之程度，其有中外之异，今昔之殊哉！①

从这个序可以看出，商人们已感觉到自己的力量而以社会中坚自命了，他们在政治上要求有所作为是很自然的事。

当时广州、香港的报纸，基本是商界的喉舌。如《香港华字日报》的一篇题为《论商人与政治家之关系》的"论说"，比较了商人和政治家的地位，认为"一国元气惟商人司之"，并发表议论说：

> 惜乎我国今日，有真商人，而无真政治家。遂令商人日求与官场相交结，意将赖以为护符也。已且捐一职官，以自安其心。而官场之视商人，如砧上肉、釜中鱼，为进寸得尺之株求；迨既得商人之实利，则出其虚荣以酬之，初

---

① 《粤商自治会函件初编》，1908 年。

亦未尝不两利。稍后商人知其然而避之，政府眼光亦较明，故三五年来，情形又一变。吾望我国之有志为政治家者，欲连结商人，必先为一二事，为商人造福，商人可以不招而自附。徒为周之之术，无益也。为商人者，亦宜审视谁有政治家之希望，谁能为商人造福，则亦竭其力而辅之。①

正是因为有这样的认识，广东商界无论在经济、社会、文化、政治各方面都努力扩大自身的影响，在广东的社会变迁中扮演了十分重要的角色。无论是早期近代化的进程，还是近代化进程的延误与挫折，都与广东商人有着极为密切的关系。

三

中华民国建立以后，广东的现代化进程仍在继续。海关十年报告对1912年到1921年广东的一些变革作出带肯定倾向的叙述：

这些变革集中表现为：实行新的教育方法；提高妇女的地位并让她们参与国家事务——此事若能引导，无疑对国家有利；简化文字，这可以使老年人及文盲的男女同胞有可能在几个星期内进行阅读；社会服务和结社活动（按照现代行业和他们改变社会条件的努力而组成的行会，就是一个例证）；领导者们的爱国主义热忱和急躁情绪；报纸骤增，讨论着一切可以想到的问题——有时见识广博，有时并不成熟；工人罢工；等等。②

广东的文化教育事业较之清末有一定的进步。城乡居民的物质生活、思想意识、风俗习惯也有不少变化。值得一提的是一些城市的建设，例如广州市大体是在民国初年逐渐发展成为一个近代化城市的。1918年10月，广州设立市政公所，分总务、工程、经界、登录四科，从此广州有了现代的市政管理机构。1921年，广州设立市政厅，进一步推行城市的近代化。③ 到1928年，广州修成新式马路62.6公里。城市公用事业有较大发展，1912—1924年，广东创办了27个电灯公司，有的公司办在陈村（属顺德县）、石龙（属东莞县）、九江（属南海县）、小榄（属香山县）等县级以下的城镇。④

但是，我们更加关注经济。辛亥革命后，广东工业的发展如何呢？尽管辛亥革命以后广州也创办了一些新式工业，某些行业（如橡胶业）也算差强人意，但总的来看，

---

① 《香港华字日报》，1910年11月22日。

② 《近代广州口岸经济社会概况——粤海关报告汇集》，广州：暨南大学出版社，1995年，第991页。

③ 《广州市沿革史略》，广州市方志办、广州市方志研究所铅印本，1989年，第93-94、100-101页。

④ 据杜恂诚：《民族资本主义与旧中国政府（1840—1937）》，上海：上海社会科学院出版社，1991年，第439-444页关于水电业企业之统计。

这些企业多数规模小、资金少。辛亥革命前，广东曾经是国内近代工业发展得较快的省份，但辛亥革命后，广东近代工业的发展远远落在江苏、浙江等省后面，错过了第一次世界大战期间中国民族工业发展的"黄金时代"。有学者对 1840—1927 年历年所设的本国民用工矿、航运及新式金融企业作了迄今为止最为详尽的统计（工矿、航运企业资本额 1 万元以上，新式金融企业资本额 5 万元以上）。在这个统计中，1912—1924 年全国在 47 个行业新建立了 2 107 家企业，但广东只在 20 个行业中建立了 109 家企业；在民国初年有很大发展的棉纺业（共 178 家）、面粉业（162 家）、近代银行业（277 家）等，广东只有棉纺织厂 12 家、新式银行 8 家，面粉厂一家也没有。① 在民国初年，广东在新式工业方面已失去了领先的地位，到了 30 年代陈济棠治粤时，广东才建立了一批较大的工业企业。

民国初年的广东，经济以蚕丝出口为命脉、近代工业以制丝业为主体的格局一直维持着。② 而制丝业无论从总体规模到技术水平、经营方式等，较之清末并无明显的进步，民国以后 10 多年的蚕丝出口总额与清末 10 年差不多。③

民国初年广东的商业现代化的进展也相当缓慢。众所周知，中国民族资本主义畸形发展的一个特点，就是商业和金融业资本大大超过工业资本。清末民初，工厂主和手工业主往往以"商"的身份参加商会等团体，但他们在其中所起的作用是不重要的。广州商界主要是由传统行业商人组成的。1912 年广州商人团体粤商维持公安会成立时，在 2 512 名会员中，厂商只有 96 人。④ 1921 年初，广州总商会举行选举，各行选出的会董所属的多数是传统商业。⑤ 甚至到了 20 世纪 20 年代末，广州商界仍是以传统行业为主，在 1928 年的《广州商业分类表》中的 33 928 个商户中，"工厂"只有 1 081 个，新式的商业行业也并不多。⑥ 民国以后的十余年，在省会广州，在近代工商业最为发达的珠江三角洲地区，尚未形成一个真正的工业资产阶级。

民国初年广东现代化进展缓慢，原因是多方面的。

第一，民国初年广东长期处于动乱甚至战乱之中。广东是以孙中山为首的资产阶级革命党人长期坚持斗争的地区，由于无论革命党还是南北军阀都无法在广东取得绝对的优势，因此，新旧势力之间，南北军阀之间，在十余年中就一直把广东作为战场，从推倒清朝统治到 1923 年，广州城 6 次易手。由于政治上的不稳定，晚清以来广东严重的

---

① 据杜恂诚：《民族资本主义与旧中国政府（1840—1937）》，第 286 – 528 页之《历年所设本国民用工矿、航运及新式金融企业一览表（1840—1927 年）》统计。

② 陈衡：《广东对外贸易》，香港：华南经济研究社，1940 年，第 27、78 页。

③ 1901—1910 年 10 年间广东共出口机制蚕丝 353 835 担，1911—1920 年 10 年间共出口 355 858 担。据徐新吾《中国近代缫丝工业史》（上海人民出版社，1990 年）第 227 页表计算得出。

④ 《粤商维持公安会同人录》之《会员芳名列》。

⑤ 《总商会选举职员纪事》，《香港华字日报》，1921 年 1 月 20 日。

⑥ 《广州市政府统广州市政府统计股编计年鉴（第一回）》，1929 年。

盗匪问题更恶性发展，越是经济发达的地区越是荆棘满途，工商业活动受到极大阻碍。处在动乱与战乱环境中的广东经济，自然难以有迅速的发展。

第二，统治广东的各个政权，都没有为发展广东经济制定切实可行的政策，更没有为广东经济的发展提供真正的保障。无论哪派取得广东的统治权，都不得不把军事作为首务，为维持军费横征暴敛、滥发纸币、开抽赌饷。所以，原来比较富庶的广东也出现财源枯竭，市场无法拓展；资金大量流入香港或外国银行，华侨不敢回国投资。近代工商业的发展迫切需要和平安定的环境、不断扩大的市场、充裕的资金和受过训练的劳动力和人才，但这些条件在民国初年的广东都不具备。

第三，由于帝国主义的经济侵略，广东民族工商业处于非常困难的境地。民国初年的 1912 年到 1925 年的 14 年间，广东外贸额共入超 326 144 304 海关两，平均每年入超 23 296 021.72 海关两，较清末有大幅的增长。[①] 而且，当时广东走私情况十分严重，走私又以偷运洋货为主，实际上的外贸入超数额远大于海关的统计数字。巨额的入超无疑对民族工商业的发展起了阻碍作用。

第四，香港作为中国特别是广东外贸中转港的地位，在 20 世纪以后越来越巩固，洋货可以通过香港大举输入广东内地，而广东土货的出口主要通过香港中转。以蚕丝出口为例，粤丝出口从晚清到民国都不是直接输出，而是通过洋行再通过香港转口。广州的丝庄商人只管蚕茧的收购、丝厂资金的周转以及丝厂的生产，生产出来的蚕丝由丝庄同广州的洋行交易，实际上广东的蚕丝业被隔离在国际市场之外。同时粤丝在国际市场上受到日本丝越来越激烈的竞争。19 世纪 70—80 年代，日本蚕丝开始兴起，到 20 世纪初成为中国蚕丝的竞争对手。1909 年，日本蚕丝出口首次超过中国，以后在世界蚕丝市场的份额都在中国之上，而且日丝的质量更受美国买家的欢迎。[②] 在日丝的竞争和打击下，粤丝的发展更艰难。而当时的广东当局和商人都无力改变广东经济依赖蚕丝出口的格局。

第五，作为同广东近代工商业关系最密切的社会群体——商人，也有着种种缺陷。1912 年，军政府的《广东劝业有奖公债》说道，"我粤富商大贾，年中经营收入，最喜系购置田产"；"我粤商民，却有一种通病，就是只能经营小工业，不能建设大工场；能牟本国人之利，不能牟外国人之利。所以利源日绌，生计日就艰难"。[③] 广东缺乏较有远见、较有魄力、具有全国影响的企业家。如果说，在清末，因地制宜发展蚕丝业，不失为迅速发展经济的一种选择的话，那么，到了民国，广东商界却未能开拓新的经济领域，"一战"期间上海、天津、武汉等城市在近代工业取得的成绩，在广州没有出

---

① 陈衡：《广东对外贸易》，香港：华南经济研究社，1940 年，第 12、27 页。

② ［美］李明珠著，徐秀丽译：《中国近代蚕丝业及外销》，上海：上海社会科学院出版社，1996 年，第 95 - 96 页。

③ 《广东劝业有奖公债》，《民生日报》（广州），1913 年 1 月 18 日。

现。曾在清末爱国运动有过出色表现的广东商界，入民国后政治上日趋保守，从总体看，广东商界的经济状况较之清末没有根本的变化，他们的思想意识也大体维持清末的水平，在民国初年广东的社会变革、政治革命中，商人的保守性有时甚至成为社会发展的阻力。民国初年广东现代化进程的延误，尽管有前面所说的一些客观条件，但从广东商人本身也可以找出一些原因。

仍以蚕丝业为例。粤丝的优点是柔润、易着色、有光泽，缺点是粗细不均匀，易断裂，甚至带有残屑、废物。其缺点主要是生产过程造成的。广东的缫丝厂的设备，在19世纪时可称先进，但到了20世纪20年代仍无改进，生产又缺乏严格的管理。[①] 1922年，美国丝商组织丝业集团来粤考察，"劝告改良丝业，依生丝优劣定等级。粤丝商置若罔闻，遂令美国不敢购粤丝，粤丝销路愈形困滞，丝价遂大低跌"[②]。后来，有人分析了粤丝衰落之根本原因：

> 盖粤省栽桑育蚕方法之陈旧，制丝技术之落伍，机器设备之窳陋，丝厂组织之涣散，与乎管理人才之缺乏，凡此种种，无一不足以危及蚕丝业之生机。加以近年世变影响，广东金融枯竭，丝厂周转不灵，更无自动改进之思想。而同时丝税重重，成本无法减轻，对外贸易方法又复不知讲求，销路失其流畅，结果遂致出口窳劣，成本过重，是以一蹶不振。[③]

不过，苛责当年广东的商人也是不公平的。他们确实没有力量改变企业经营的大环境，也无力为一批新式企业家的产生、成长创造充分的条件；他们的经济地位、学养、视野，限制了他们的进一步发展。这也是我们经常说的近代中国民族资产阶级局限性的表现。但无论如何，他们为广东的早期现代化作过贡献，他们的成功和失败，在今天，未尝不可以给我们一些有益的启示。

【作者简介】
邱捷，中山大学历史系教授、博士生导师。

---

① 考活：《广州丝业之改良》，岭南大学农科单行本，1922年。
② 广东实业厅全省改良蚕丝局：《丝业小刊》第1期，第1页。
③ 陈衡：《广东对外贸易》，香港：华南经济研究社，1940年，第79页。

清代广州行商的西洋观

——潘有度《西洋杂咏》评说*

蔡鸿生

清康熙二十四年（1685），粤海设关，开辟了中西通商的新时代。广州口岸的外洋商务，"令牙行主之，沿明之习，命曰十三行"①。十三行的行商，受命于官，包揽洋务，又称"官商"或"洋商"。如果说，"广东通海最早，得洋气在先"②，那么，直接参与华洋互市的广州行商，就是处于中西文化交汇的前沿了。他们对西洋文化与中华文化的差异，感知程度如何，并形成什么样的西洋观，这是一个不易探索然而值得探索的问题。

现存的十三行史料，基本上属于商业性文件，包括商对官的"禀"，官对商的"谕"，以及行商对外商的"书"，等等。门类虽多，从中固然可以了解跨文化贸易的状况，但难以直接提取跨文化传通的观念。换句话说，广州行商心目中的西洋形象，是要另辟蹊径才能追寻的。幸好乾嘉年间十三行的总商潘有度，写下二十首《西洋杂咏》，抒发自己对洋人、洋风和洋事的"竹枝词"式的观感，使后人得以雾里观花，利用这个独一无二的历史标本，来评说清代广州行商的西洋观。

一、潘有度在乾嘉洋务中的地位

潘有度即潘致祥，字宪臣，又字容谷，出身于广东番禺一个行商世家。③ 父启，号

＊ 本文原载于《广东社会科学》2003 年第 1 期。

① （清）梁廷枏：《粤海关志》（卷 25），"行商"条；（清）印光任、张汝霖：《澳门记略》（上卷），官守篇。

② 张焘：《津门杂记》。

③ 潘有度的生卒年，尚难确考，暂采下说：乾隆二十年（1755）生，嘉庆二十五年（1820）卒。见陈国栋：《潘有度（潘启官二世）：一位成功的洋行商人》，《中国海洋发展史论文集（第五辑）》，台北："中央研究院"人文社会科学研究中心，1993 年，第 247 页。

文岩，创同文行，是十三行元老之一。潘启深于阅历，壮年离闽来粤经商，办事干练、资力雄厚，成为乾隆年间的头号行商。在广州洋场中享有盛名，被称为"潘启官一世"。乾隆五十二年（1787）十二月，潘启死，子承父业，同文行由潘有度主持，行务蒸蒸日上。至嘉庆二十年（1815）改名同孚行，仍居十三行的前列。关于他在乾嘉洋务中的地位和声誉，两广总督蒋攸铦有过如下评价："其自身家素称殷实，洋务最为熟练，为夷人及内地商民所信服。"① 这个官方考语，已经将"潘启官二世"的财力、能力和公信力概括无遗了。

自乾隆五十三年接办行务，至嘉庆二十五年去世，潘有度的"洋务"生涯长达四分之一个世纪（1807—1815 年退商居家）。在官、商、夷的三角关系中，他善于周旋，曾多次排忧解难，绕过了一个又一个的暗礁，使潘家在充满风险的洋场中免于覆灭的命运。作为十三行的总商，潘有度除承担沉重的捐输任务外，还要面对许多棘手的问题，尤其是清偿行商的"夷债"和解决洋船违章贸易的纠纷。前者如乾隆六十年，而益行石中和拖欠白银 59 万 8 000 余两，弄得家破人亡，连累众商分摊偿债的悲剧性事件。② 后者如嘉庆十年，俄国美洲公司"希望号"和"涅瓦号"违章到广州倾销皮货，清廷一月之内三次寄谕查究，即所谓"俄罗斯夷船来广贸易案"③。经过潘有度从中斡旋协调，当然也有叩求和行贿，上述风波终告平息。可知，"洋务最为熟练"云云，并非虚誉。

在乾嘉年间广东十三行众商中，潘有度还有一个出类拔萃之处，这就是他的儒商风度。据张维屏记述：

> 容谷丈理洋务数十年。暇日喜观史，尤喜哦诗。有园在河南，曰"南墅"，方塘数亩，一桥跨之。水松数十株，有两松交干而生，因名其堂曰"义松"，所居曰"漱石山房"，旁有小屋曰"芥舟"④。

除个人喜爱"观史哦诗"外，潘有度也致力振兴文运，于嘉庆十六年七月带头捐送公产，在广州西关下九甫创建文澜书院，"为士子会文之所"⑤。

---

① 《嘉庆外交史料》（卷四）。

② ［美］马士著，区宗华译：《东印度公司对华贸易编年史》（第二卷），广州：中山大学出版社，1991 年，第 569 - 577 页。梁嘉彬：《广东十三行考》，北京：商务印书馆，1937 年，第 286 - 287 页；陈国栋：《潘有度（潘启官二世）：一位成功的洋行商人》，《中国海洋发展史论文集（第五辑）》，台北："中央研究院"人文社会科学研究中心，1993 年，第 265 - 267 页。

③ 详见拙著：《俄罗斯馆纪事》，广东：广东人民出版社，1994 年，第 168 - 197 页。有关俄船事件的香山县正堂公文三份，现存清代澳门中文档案馆内，即里斯本国家档案馆东坡塔，顺序编号：C063 - 003、C0611 - 037、C0611 - 038。详见刘芳辑、章文钦校：《清代澳门中文档案汇编》（下册），澳门：澳门基金会，1999 年，第 696 - 700 页。

④ （清）张维屏：《国朝诗人征略》。

⑤ 梁嘉彬：《广东十三行考》，广州：广东人民出版社，1999 年，第 410 页。

在幽雅的南墅，潘有度多次接待洋商，与他们品茶赏园，纵谈西洋近事。俄国"涅瓦号"船长李香斯基，1806 年就曾到南墅一游，在潘氏亲自陪同下，观看过潘能敬堂列祖列宗的五座神主牌。① 美国波士顿商人提登，1815 年也受过潘有度的款待，见到他收藏的"一些当时最佳的世界地图与航海图"，"并在英文地名旁边标注上国家、大城市与海港的中文名字以供他自己使用"。在这次晤谈中，甚至还有"讨论拿破仑战争"之类的话题。②

像潘有度这样一个具有儒商特点的行商，其眼界和学养是远出同辈之上的。他用诗歌形式来表达自己对洋情的理解，尽管浮光掠影，甚至包含着若干有趣的"误读"，但毕竟是早期中西文化交流遗留的吉光片羽，后人没有理由可以漠然置之。

二、《西洋杂咏》的题材和风格

《西洋杂咏》二十首，每首七言四句，附有详略不等的自注。全诗刊于《番禺潘氏诗略》，潘仪增编，潘飞声校，光绪二十年（1894）十一月刻。编者因"其堂曰义松"，故冠以《义松堂遗稿》之名。现将全诗及自注录附本文末尾，并依次编号，以便征引。

原诗未署年月。但从最后一首"廿年角胜日论兵"及其自注"外洋争战，廿载未靖"之句来推断，当指震动欧洲的"拿破仑战争"。按中国人用虚岁纪年的习惯，从1793 年（乾隆五十八年）法国对英、荷宣战，经过"廿年"，应为 1812 年，即拿破仑入侵俄国之年。因此，《西洋杂咏》可断为潘有度在嘉庆十七年（1812）所作。当时他正"退商"赋闲，隐居南墅，大有余暇可以"酒后高哦"了。

据张维屏《谈艺录》云："容谷善哦诗。土音哦诗，善吹笛者倚笛和之。"③ 这种土音吟哦、倚笛和声的逸雅气度，令人联想起"幽咽新芦管，凄凉古竹枝"④ 的唐代古风。看来，潘有度创作《西洋杂咏》，从内容到形式，从声到乐，几乎都是模仿"竹枝"风格的。如果将它归入清代海外竹枝词一类，想必不至于会是张冠李戴吧。

潘有度这组"杂咏"，题材杂而不乱，可大致别为六类：

第一，商业习惯：（一）（二），共 2 首；

第二，宗教信仰：（八）（十六），共 2 首；

第三，生活风尚：（五）（六）（七）（九）（十）（十四）（十五）（十七）（十八），共 9 首；

① ［俄］李香斯基：《涅瓦号环球游历记，1803—1806 年》，莫斯科，1947 年俄文版，第 255 页。
② 陈国栋：《潘有度（潘启官二世）：一位成功的洋行商人》，《中国海洋发展史论文集（第五辑）》，台北："中央研究院"人文社会科学研究中心，1993 年，第 254 页。
③ 《张南山先生全集》（第三十册）。
④ 《白居易集笺校》（外集卷上），"听芦管"，上海：上海古籍出版社，1988 年，第 3829 页。

　　第四，婚丧礼俗：（三）（四）（十一），共 3 首；

　　第五，科学技术：（十二）（十三）（十九），共 3 首；

　　第六，外洋争战：（二十），1 首。

　　这二十首诗中，生活风尚类和婚丧礼俗类共 12 首，占百分之六十，可知潘有度咏写海外风土的重点所在。至于各诗的自注，旨在释名物、明词意，同时也就进一步把作者的西洋观具体化了。因此，对《西洋杂咏》的评说，应当是诗、注并重的。

三、中西差异与文化误读

　　《西洋杂咏》对 19 世纪初的西洋文明，有咏有叹，亦赞亦议。它所流露的主体意识，既反映了中西差异，又包含着文化误读，是相当耐人寻味的"格义"现象。

　　一个妻妾成群的封建行商，怎样看待近代西洋人的婚姻生活呢？《西洋杂咏》第三首写道：

　　　　缱绻闺闱只一妻，犹知举案与齐眉。

　　　　婚姻自择无媒妁，同忏天堂佛国西。

　　夹于诗句中的自注，又合成一段对洋人婚俗的具体描绘：

　　　　夷人娶妻不纳妾，违者以犯法论。夷人夫妇之情甚笃，老少皆然。男女自
　　主择配，父母皆不与闻。合卺之日，夫妇同携手登天主堂立誓。

　　在潘有度心目中，一夫一妻与一夫多妻，婚姻自主与父母择配，这种显而易见的文化差异，竟然还有可以认同的一面："犹知举案与齐眉"！言下之意，似乎"夷"俗也沾沐华风，岂不是咄咄怪事？众所周知，"举案齐眉"尽管是中国婚姻史上传诵百代的美谈，但它所表现的毕竟是妻子对夫权的婉娈依附，并不意味着夫妻双方在道义上的均衡。换句话说，梁鸿、孟光的故事，告诉人们的只是"和谐"而不是"平等"，其伦理取向是对男方倾斜的。因此，所谓"犹知"，其实正是潘有度不知不觉的"误读"。他作为行商，在英国东印度公司的"大班"面前低三下四，委曲求全；而作为儒商，文化上依然居高临下，"夷"不绝口。这种表卑里亢的精神状态，说明潘有度尽管处于中西通商的前沿，却抱着"朝贡体制"的老眼光，远远没有跨越华、洋之间文化传通的心理障碍。

　　近代西洋的决斗之风，大悖温良恭俭让的儒家伦理。对潘有度来说，自然是闻所未闻、不可思议的异俗了。《西洋杂咏》第七首云：

　　　　拚将性命赌输赢，两怒由来大祸成。

　　　　对面一声枪并发，深仇消释大轻生。

　　自注进一步解释道：

夷人仇深难解，约定日期，各邀亲故知见。各持鸟枪，入铁弹，对面立定。候知见人喝声，一齐放枪，死者不用抵偿。如不死，冤仇立解，永不再斗。以示勇而不怯之意。

从中世纪骑士文明演变而来的西洋"决斗"，与中国古代的阵前"斗将"和近代的宗族械斗，可说完全风马牛不相及。潘有度虽然隐约地看出这种解仇方式的公正性，并觉察到"决斗"的文化内涵具有"示勇而不怯之意"，但他还是指鹿为马，视之为"赌命"和"轻生"，直截了当地将骑士风度当作君子风度的对立物了。

在清朝专制体制中被确定为"沐恩洋行商人"[①] 的潘有度，对民主也像对平等一样，是非常隔膜的。当他咏写君民关系的时候，西方那套简化的威仪，难免要令他望"洋"兴叹了。《杂咏》第十首可作例证：

> 戎王匹马阅齐民，摘帽同呼千载春。
> 简略仪文无拜跪，逢人拉手道相亲。

自注无多，意思却一清二楚：

> 外洋国王出巡，只单骑，不用兵侍从。外洋以摘帽为敬。夷俗无拜跪礼。

"戎王"的简朴，尽管并非平民化，但较之"天朝"那套三跪九叩首的繁文缛节，确实叫人耳目一新。潘有度对此津津乐道，未必没有一点言外之意。

至于近代科技如何引发这位行商浮想联翩，他从"千里镜"中看到了什么奇景，《杂咏》第十二首说得有声有色：

> 万顷琉璃玉宇宽，镜澄千里幻中看。
> 朦胧夜半炊烟起，可是人家住广寒？

自注云：

> 千里镜，最大者阔一尺长一丈，傍有小镜看月，照见月光约大数丈，形如圆球，周身明彻，有鱼鳞光。内有黑影，似山河倒照，不能一目尽览，惟向月中东西南北分看。久视则热气射目。夜静，有人用大千里镜照见月中烟起，如炊烟。

望月而思广寒，对喜爱观史哦诗的潘有度来说，原是一种顺理成章的思绪，老生常谈，未可厚非。不过，他的思想境界，倘若拿来与另一位也是"镜澄千里幻中看"的同时代人对比，那就相去甚远了。嘉庆二十五年（1820），两广总督阮元（1764—1849）在广州作《望远镜中望月歌》，却道出完全别样的感慨：

> 别有一球名曰月，影借日光作盈阙。

---

① 许地山编：《达衷集（鸦片战争前中英交涉史料）》，北京：商务印书馆，1935年，第170页。

广寒玉兔尽空谈，搔首问天此何物？

吾思此亦地球耳，暗者为山明者水。

舟楫应行大海中，人民也在千山里。①

以上对《西洋杂咏》的择要评说，属于历史视域的个人观察，谈不上严格意义的文化分析，但愿不会苛求于前人。事实上，即使进入近代，敢于走向世界的中国人，要消除对西洋文化的"误读"，也并不是轻而易举的。

四、潘有度西洋观的历史特征

在广东十三行的历史上，"潘启官二世"是一个有见识、有作为的代表人物。他的传世组诗《西洋杂咏》，并不是亲历其境的直观吟咏，其中包含着大量得自"夷商"的传闻。对西洋文明的认识程度上，所述各节，自然有深浅之别。甚至个别场合，咏写海外风土，变成传播海外奇谈。他对外洋各国贫富关系赞不绝口（第九首），表现出理想化的倾向，就是一个例证。

乾嘉年间的广州口岸，享有独口贸易的优势，万商云集，"夷务"纠纷丛生。按道光初年两广总督李鸿宾的说法，西洋通商各国"气习各异：米利坚、港脚、吕宋、荷兰等国，虽非驯服，尚少刁顽；唯英吉利国夷商最为桀骜"②。潘有度本人，正是在与英商的长期交往中形成他的西洋观。然而，对被官方视为"桀骜"不驯的贸易伙伴，《西洋杂咏》反而称许他们的商业信用："忠信论交第一关"，"聊知然诺如山重"（第一首）等。这说明，作为从朝贡体制向条约体制过渡时代的官商，潘有度尽管与自由贸易格格不入，但他在"理洋务"即介入世界市场的实务中，却已感受到"重然诺"即重契约的近代意识，合乎中华的"太古纯风"。韦伯曾经"对和外国人做生意的中国行商的信誉卓著大惑不解，以为或是因为行商垄断对外贸易，地位稳固之所致。他并且进一步推论，如果行商的诚实是真的，那一定也是受了外国文化的影响"③。行商重"义"，植根于儒商传统，韦伯的"影响"说可以休矣。

《西洋杂咏》的创作时代，还不是中国人"开眼看世界"的自觉时代。在潘有度的诗歌和自注中，往往流露出主体文化的优越感。"以夏释夷"的思维倾向，不能不导致他对客体文化的"误读"。历史上已有先例，就是东晋时代的佛徒用外书配拟内典的"格义"："为我民族与他民族二种不同思想初次之混合品"④。从比较研究的角度看，

① （清）阮元：《研经室集》（下册），北京：中华书局，1993年，第971-972页。

② 道光九年两广总督李鸿宾奏，见梁嘉彬前揭书，第238页。

③ 余英时：《中国近世宗教伦理与商人精神》，合肥：安徽教育出版社，2001年，第237页。

④ 陈寅恪：《支愍度学说考》，《金明馆丛稿初编》，北京：生活·读书·新知三联书店，2001年，第173页。

《西洋杂咏》所表现的独特理念，正是 19 世纪初夷夏两种异质文化的"混合品"。潘有度留给后世的这个文本，是值得研究中西文化交流史的学人认真解读的。

广东十三行的历史，有经济方面，也有文化方面。前者早就引人注目了，后者则还不入时眼。本文通过《西洋杂咏》来评说清代广州行商的西洋观，探测一代巨商的文化心态被中西交汇打上什么样的烙印，旨在推动广州口岸的研究"更物质化"和"更精神化"[①]，以适应当代史学的深层追求。

附录

《西洋杂咏》

（一）忠信论交第一关，万缗千镒尽奢悭（华夷互市，以拉手为定，无爽约，即盈千累万皆然。既拉手，名为"奢忌悭"）。聊知然诺如山重，太古纯风美百蛮。

（二）客来亲手酌葡萄（客到饮葡萄酒，不饮茶，酒皆葡萄酿成），响彻琉璃兴倍豪（每饮以碰杯为敬）。寒夜偎炉倾冷酒（夷人饮冷酒，冬夏皆然），不知门外雪花高。

（三）缱绻闺闱只一妻（夷人娶妻不纳妾，违者以犯法论），犹知举案与齐眉（夷人夫妇之情甚笃，老少皆然）。婚姻自择无媒妁（男女自主择配，父母皆不与闻），同忏天堂佛国西（合卺之日，夫妇同携手登天主堂立誓）。

（四）生死全交事罕闻，堪夸诚悫质于文。素衣减食悲三月（夷人丧服，周身上下元色。父母妻俱服期年，朋友服三月），易箦遗囊赠一分（夷人重友谊，临终分财，友亦与焉）。

（五）金藤一丈绕银壶（夷人吸水烟，用银壶注水，约高二尺。烟斗大如碗，金饰藤管长一丈余。烟斗内载糖和烟叶，用炭烧），无人知是淡巴姑（烟叶产自吕宋国，夷人名"淡巴姑"）。

（六）头缠白布是摩卢（摩卢，国名。人皆用白布缠头），黑肉文身唤鬼奴。供役驶船无别事，倾囊都为买三苏（夷呼中国之酒为"三苏"。鬼奴岁中所获，倾囊买酒）。

（七）拌将性命赌输赢，两怒由来大祸成。对面一声枪并发，深仇消释大轻生（夷人仇深难解，约定日期，各邀亲故知见。各持鸟枪，入铁弹，对面立定。候知见人喝声，一齐放枪，死者不用抵偿。如不死，冤仇立解，永不再斗。以示勇而不怯之意）。

（八）养尊和尚亦称王（澳门大和尚，俗称"和尚王"），妇女填门谒上方（澳门妇女，日临大和尚寺，跪求忏悔）。斋戒有期名彼是，只供鱼蟹厌羔羊（葡萄牙等国，逢彼是日斋戒，只食鱼蟹海错，不食牛羊。斋戒期名"里亚彼是"，"里亚"，日期也；"彼是"，鱼也）。

（九）痌瘝胞与最怜贫，抚恤周流四序均。岁给洋钱过百万，途无踝丐忍饥人（外

① ［法］勒高夫等著，姚蒙译：《新史学》，上海：上海译文出版社，1989 年，第 22 页。

洋各国，岁敛洋钱百余万元，周给贫民，途无踝丐）。

（十）戎王匹马阅齐民（外洋国王出巡，只单骑，不用兵侍从），摘帽同呼千载春（外洋以摘帽为敬）。简略仪文无拜跪（夷俗无拜跪礼），逢人拉手道相亲。

（十一）一枪一剑渡重关（夷人出外，恒以一枪一剑自卫），万里浮航久不还。积有盈余归娶妇，问年五十须丝斑（夷人远出贸易，必俟富厚始归娶妇。年五十娶者甚多，新妇少艾，不以为嫌）。

（十二）万顷琉璃玉宇宽，镜澄千里幻中看（千里镜，最大者阔一尺长一丈，傍有小镜看月，照见月光约大数丈，形如圆球，周身明彻，有鱼鳞光。内有黑影，似山河倒照，不能一目尽览，惟向月中东西南北分看。久视则热气射目）。朦胧夜半炊烟起，可是人家住广寒（夜静，有人用大千里镜照见月中烟起，如炊烟）？

（十三）起居饮食定时辰（夷人饮食起居，皆按时辰表），人事天工善保身。见说红轮有迟速，一阳来复影初均（据称，夏至前太阳约慢两刻，冬至前太阳约快两刻。钟表准者，虽不对日圭，不可推快慢轮。每岁俟冬至后十日，自然与日圭相合。验之果然。是以夷人取所用之表，多不对日圭，名为"民点"，即准时辰也）。

（十四）弟恭兄友最深情，出入相偎握手行（夷人兄弟之情甚重，出入握手同行）。海外尚饶天性乐，可怜难弟与难兄。

（十五）红灯白烛漫珠江（燃白蜡为烛），万颗摩尼护海幢（海幢寺与夷馆隔江相对）。日暮层楼走千步，呢喃私语影双双（夷人每日黄昏后往来行动，以运血气，俗称"行千步"。行必有偶，偶则私语）。

（十六）十字门中十字开（澳门海口有十字门，西洋教大庙内虔供"十字"，咸称天主），花王庙里证西来（澳门有花王庙）。祈风日日钟声急（夷俗日日撞钟求风，以盼船行），千里梯航瞬息回。

（十七）百尺樯帆夜款关，重洋历尽贸迁艰。孩童不识风波险（孩童长成四五岁，即随父兄泛洋），笑指天南老万山（老万山在虎门外洋面，夷船到老万山，便无风波之险）。

（十八）数历三年无闰月（夷俗无闰），阳回三日是新年（中国冬至后十日，即夷人元旦，岁岁皆然）。头施白粉家家醉（夷人发涂白粉，新岁亦然），乱掷杯盘乐舞筵（故事：每逢新岁及大会，尽碎杯盘为乐，近日此风稍敛）。

（十九）术传星学管中窥，风定银河月满地。忽吐光芒生两乳，圭形三尺最称奇（夜用外洋观星镜，照见一星圭形，长三尺，头尾各穿一孔）。

（二十）廿年角胜日论兵（外洋争战，廿年未靖），望断遐方结好盟。海水不扬依化日，玉门春到自输平。

【作者简介】

蔡鸿生，中山大学历史系教授、博士生导师。

中国洋泾浜英语最早的语词集*

周振鹤

　　中国洋泾浜英语（Chinese Pidgin English）在中国沿海地区存在了两百年之久，而且实际上是大航海时代以来数百年里，由于不同语言接触所产生的，林林总总的洋泾浜语言（pidgin language）中最重要的一种，在某种意义上甚至可以说是第一种，就连pidgin 一词的词源也极有可能是产生于中国的。但中国学术界对于这一重要的文化现象的研究基本上处于空白状态，外国学者有过不少研究，但基本上不为中国学术界所知。而中国方面的某些文献因为不常见，不但为外国研究者所不知，也为本国学者所忽略。国际上对洋泾浜语言的研究在社会语言学方面是一个颇受重视的课题，在我国则始终未受到应有的重视。其实这一研究至少有两方面的意义，不但在于语言学方面，还在于历史学方面，因为这一语言现象同时又是历史上一种特殊的文化现象。最近有人认为，洋泾浜英语、买办或基督教的本土化等都是欧洲文化因应实际状况而主动改变自己面貌的例子。① 这是很有道理的。笔者过去曾就洋泾浜英语的具体问题做过一些探索，本文仍将继续这一工作，介绍并分析一份中外学者都未注意到的最早记录中国洋泾浜英语的材料。

　　"洋泾浜英语"是 pidgin English 的对译，却是一种不确切的对译。这一对译的双方各有其来源。洋泾浜是清代上海县城北面的一条小河，鸦片战争以后成为外国租界与华界之间的界线。习惯上将法租界以南至小东门一带称为洋泾浜。这一地区因为是外贸码头所在，起初经常有人操蹩脚的英语作为中国人与外国人之间的贸易中介，后来这种英语直接成了中外买卖双方之间常用的语言，于是这种英语就被称为洋泾浜英语。而pidgin 一词的词源，至今没有完全定论，一般认为就是从洋泾浜英语对 business 的蹩脚

---

　　* 本文原载于《广东社会科学》2003 年第 1 期。
　　① ［日］滨下武志:《网络城市香港之历史作用》,《港澳与近代中国学术研讨会论文集》,台北:台湾"国史馆",2000 年。

发音而来的。但无论洋泾浜英语或者 pidgin English 都是这种语言用了一百多年以后的叫法。在此叫法之前还有广东英语，即 Canton English 的称呼。广东英语是较文雅的叫法，实际上多称为广东番话，这是广州及其附近一带中国人叫出来的，而西洋人则将之译为 Canton English。但即使是 Canton English，也还不是这种混合语言的最初称呼。在起初的数十年中，一般的洋人都只称它为 Jargon of Canton，或 Canton jargon。有时也称为 broken English，甚至于简单地说其是 slang fo Canton 或 slang，还有当它为一种 dialect 的。

英国的对华贸易开始于 1637 年，当时中英语言尚未有任何接触，英国人只能靠着在澳门懂中国话的葡萄牙人或者懂葡萄牙语的中国人才能做生意。数十年以后，中英贸易数额逐渐增大，英国的东印度公司取得了对华贸易的垄断权，在广州设立了商馆。英国商人在贸易季节里可以居住于广州，在非贸易季节里则居于澳门，中英语言接触渐渐加强，中国洋泾浜英语随之应运而生。至迟在 18 世纪 40 年代的航海活动里就有了关于这一混合语的记载。

18、19 世纪之际，英国曾遣使两次，要求直接同中国进行正常贸易。但因为直到 18 世纪末，尚无通晓中国语言的人才，所以 1793 年来到中国的马戛尔尼使团不得不到欧洲大陆去寻找中文翻译。19 世纪初，中英语言接触已经进入学术层面。以新教传教士马礼逊为代表的一批人已经从编辑中英对照词典以及语法书入手，进而在东印度公司里培养能够应用中文的贸易人才。但与此同时，洋泾浜英语不但没有缩小使用范围，反而使用得越来越普遍。任何一个到中国沿海来航行的人，无论是商人、海员，还是传教士，都注意并接触到了洋泾浜英语，并总是在他们的著作里予以或详或略的介绍。这种情况在鸦片战争以前已经很明显。

如美国传教士雅裨理（David Abeel）描写十九世纪二三十年代之际，他初到广州时，许多来访问他的中国人大致都能讲英语，但确切地说，那实际上是一种英语、葡萄牙语与汉语的混合物，所以有时他并不能完全听懂。① 又如 1836—1837 年经过澳门来到广州的某西洋人则在 1838 年出版的《中国番鬼录》（*The Fan-qui in China*，in 1836 - 7）一书［此书不像《广州番鬼录》（*Fan kwei at Canton*）那样驰名］中详述了他与中国人接触时所听到的各色人等说的洋泾浜英语，其中甚至有一名是疍家妇。其他到过中国的西洋人的航海日记或有关著作上也有类似的记载。

但以上这些记载都是片段的、描述性的。比较系统记录下来洋泾浜英语的词汇的是马礼逊父子。1823 年，马六甲出版了一本未署名的书，名叫 *Notices concerning China and*

---

① David Abeel, *Journal of a Residence in China and the Neighboring Countries from 1829 to 1833*, New York: Leavitt, Lord & Co. and Boston, Crocker & Brewster, 1834.

the port of Canton，一般都认为此书是马礼逊所作。[①] 该书第一部分是对广州的介绍，一共只有 18 页，但在其后附了一个 English and Chinese Index，这个 Index 不但是前文所用词语的索引，而且对某些词，其中包括对洋泾浜英语的词语进行了解释：

Chop-house，广州俚语（slang of Canton），海关（customs house）的意思，有人认为是从葡萄牙语的 Chapa 一词而来，原意谓文件（written document）、批件（permit）。

Chop，用来指一切写就的文件，如信件、诉状、（港口）许可证、（海关）通行证、票据；此词的词源可能与前一个词一样，中国话可以用许多不同词语来表示。

Grand Chop 则是（港口）许可证，（在另一条解释中又说中国话叫大牌或红牌）。

Chow-chow，指食物，东西的混合（mixture of things）、集锦（miscellaneous）等的俚语（slangterm）。

Squeeze，在广州是指（从某处或某人）榨出钱（extort money）来，中国话即为勒索。

这个 Index 甚至还指出，在广州方言里一般都将 sh-发 s-，如山、水两字的发音分别为 san、suy。因此对英语里的 sh-的发音自然也要发生类似的变化。其时马礼逊已经出完他所编辑的《华英词典》六大卷，说明他在对中国语言有了深刻认识以后，对洋泾浜英语也开始给予学术方面的注意。但在这个 Index 里还没有明确的洋泾浜英语的概念，既不用 Jargon 也不用 pidgin 一类的词来定性这些词语，只是称其为 slang of Canton。

11 年以后，马礼逊之子马儒翰（John Robert Morrison）在 1834 年所著的《中国商业指南》里，对洋泾浜英语给予更大的重视。该书分为七个部分，从中国政府对外贸易的规定谈到具体的税则，以及中国的钱币体制，英美与中国的贸易情形。此书在当时甚为重要，屡被人所引用，如东印度公司广州商馆大班德庇时（John Francis Davis），在其 Chinese 一书中谈到中国钱币史时就以马儒翰此书为据。而在马氏此书的最前面，亦即谈论上述所有内容之前，却先列了一个 Glossary of words and phrases to the jargon spoken at Canton，说明在广州所用的 jargon 对于中西贸易的重要性。Glossary 与词汇集（vocabulary）不同，除了单词以外还有短语，或者可将其勉强译作语词集。难能可贵的是，马儒翰在解释这些语词时，还引述了一些洋泾浜的句子，并对一些洋泾浜英语词的来源作了一些探索，对研究 19 世纪 30 年代以前的中国洋泾浜英语有一定的价值。但是这一 Glossary 似乎只见于该书的第一版上，在以后的其他各版都未见到。所以尽管有不少中外读者看到后来的几版，但都不知有这个语词表存在。为此特将其全文引述如下，并将其每条释义大体翻译过来。下文的黑斜体字是洋泾浜英语词或短语的词条，其后即

---

① 见 Observations on the China Trade 一书第 27 页的脚注。但据 Notices concerning China and the port of Canton 一书第 20 页 Index 里 Chum-pee 一词的附注说第 13 页里译穿鼻为 clothe nose 错了，应该是 perforated nose。如此看来，又似乎只有 Index 是马礼逊作，而正文对广州的介绍，即 Canton Described 是他人所作。

是马儒翰对该词条的释义（斜体字为原文所有）：

1. ***Can do***？Will it do？Also used through，mistake，for "how d'ye do？"

行吗？也错误地用于表示"你好"。

2. ***Catchee***，To get，to bring，to find，&c.；also to become，as "this thing hab catchee cold"，for "this is has become cold."

得到，带来，找到，等等。也用以表示"成为"，如 this thing hab catchee cold，是"这已经冷了"的意思。

3. ***Chinchin***，from Chinese *tsing*，to request. And *tsing an*，a salutation. To ask，to thank，to salute，&c.，Chinchin joss，to worship the gods.

源于中国话"请"，要求的意思。请安，即致意。又有请求，谢谢，致意等义。Chinchin joss 是敬神的意思。

4. ***Chop***，from Malay *chapa*，a seal or stamp，any thing sealed or stamped；hence government edicts，licenses，&c.，also stamped or printed documents. Again，a *thing* licensed，as a *chop-boat*；also，a *place* able to give licenses，as a *chop-house*，i.e. a custom-house.

源自马来语 chapa，原指"印章"或"戳子"，以及敲过章、盖过印的东西，引申为政府发布的告谕、执照等意思。也指盖章或印刷的文件。还表示持有执照之物，如 chop boat，是持有执照的船。有权发执照的地方称为 chop house，也就是海关。

5. ***Chop*** is also used as synonymous with "quality"，as *first chop* or *No.* 1 *chop*，for "best quality".

Chop 也用于作为质量的同义词，例如 first chop 或 No. 1 chop 就表示"优质"的意思。

6. ***Chop-boat*** is a kind of cargo boat，also used，when fitted up，as a traveling boat for foreigners.

一种货船，如果适宜的话，有时也作为外国人的游艇。

7. ***Chop-chop***，quick，fast，as *too muchy chop-chop*，for "very quick".

快，赶紧。too muchy chop-chop 就是很快的意思。

8. ***Chop-sticks***，the well known sticks of wood or ivory used by the Chinese in eating.

筷子。众所周知，中国人用来吃东西的木制或象牙制的小棍。

9. ***Chow-chow***，mixed，miscellaneous；the mixed meats of the Chinese；hence，food of any kind；to eat food.

混合的，什锦的；中国人食用的混合的肉；引申为任何一种食物；进食。

10. ***Chunam***，to paste，to glue together；to whitewash.

涂浆糊，刷胶水，涂石灰水。

11. ***Conshuns*** price，for conscientious，a reasonable price.

公道的价格。天地良心、合情合理的价格。

12. *Consoo*, from *kung so*, a public place of meeting; applied by foreigners only to the hong merchants' hall of assembly.

源自"公所",会面的公共场所,外国人用于指行商的会馆。

13. *Counta*, an account current, to a count.

往来账目,算账。

14. *Cow-cow*, to be noisy ad angry, to scold; an uproar.

吵闹,发脾气,唠叨责骂;鼓噪。

15. *Cumsha*, probably from Fuhkeen *kum seah*, "I will thank, you," —or from Canton *kum sha*, "a sand of gold," —denotes a gift, a present. Certain charges on vessels which were originally presents, are so called. This word, and the phrase "can do?" are the first expression learned by the Chinese, and are in universal use in Canton.

可能源自福建话"感谢"——也可能源自广东话"金沙"——表示礼物、礼品的意思。用于称呼原本应作为规礼的船钞。这个词与短语"can do"是中国人最早学会的表达自己意思的词语,在广东有百搭的用途。

16. *Country* is used to denote a province, a district, or even a village.

用以表示一个省,一个地区,甚至一个村子的意思。

17. *Dollar-boat* is the name of a boat, employed as a passage boat between Canton and Whampoa, for which the lowest fare is $4。

一种船的名字,被雇来作为广州与黄埔港之间交通之用,最低的交通费是四元。

18. *Face*, appearance in society, reputation, credit; to *loss face* denotes to fall into discredit.

社会、名声,信用方面的体面。丢面子即指失去信用。

19. *Fan-Kwei*, foreign devil, a contemptuous designation applied to foreigners.

番鬼,外国鬼子,对外国人的轻蔑称呼。

20. *Fashion*, manner, mode of doing a thing, habit or practice.

样子,行事风格,习惯或惯例。

21. *Fast-boat*, a kind of boat nearly corresponding, in its objects and use, to our post chaises.

快艇,就其目的与用途而言,有如我们的邮车。

22. *Hong*, a factory, a place of commercial business, commercial establishment. *Hong merchants* are by the Chinese called "foreign hongs", there being also silk hongs, tea hongs, & c.

行,商馆(按:其时实称夷馆)。从事商业活动的地方,商行。中国人称"行商"为洋行,有丝行、茶行,等等。

23. *Joss*, from Port. deos, a god；joss house, an idol temple；joss pidgin, religious services；the phrase is also used to denote the work of providence, orotherwise fate, as "he die, hab joss pidgin", —it was his fate to die.

源自葡萄牙语 deos，神。joss house，神庙；joss pidgin，宗教仪式，此短语也用于指天意或命运，例如"he die，hab joss pidgin"表示"他命该绝"。

24. *Junk*, name applied by foreigners to the large Chinese vessels.

艘，外国人对中国沙船的称呼（按：junk 一词的词源现在仍未解决）。

25. *Lingoo*, a linguist, see page 15.

通事，参见本书第 15 页。

26. *Muhcheen*, a merchant, named adopted by the "outside merchant", or shopmen.

散商，行商以外的商人，店户。

27. *Makee*, is often considered a necessary prefix to a verb, as "you makee see this side", for "lookhere".

常被认为是一个动词的必要前缀，例如以"you makee see this side"作为"朝这里看"的意思。

28. *Mandarin*, from Port. mandar, to send；a commissioned officer, any one in the employ of government, of whatever rank. The mandarin dialect is the general language of the empire, which must be understood by all persons. Mandarin is often used as an adjective, having then a laudatory or superlative signification.

源自葡萄牙语 mandar，派遣；军官，政府部门中的任何人，不论其级别。Mandarin dialect 是该帝国通用语言，谁都能理解。Mandarin 常用作定语，具有赞美或上乘的意思。

29. *Muskee*, nevermind, leave it alone, it is of no consequence.

没关系，随它去，小事一桩。

30. *Muster*, a sample, a pattern, a specimen.

样品，款式，标本。

31. *Nex' day* or *tomorrow nex' day*, the day after tomorrow.

后天。

32. *Ol' o custom*, old custom, usage；this expression is an excuse for every fault.

惯例，旧习；此成语常用来作为每一种毛病的借口。

33. *Pay*, to give, to deliver to, as "pay that chit for him", give him that chit, or note.

给，派发，如"pay that chit for him"，意即"给他那个账单或者票据"。

34. *Piece*, a numerical particle, as "one piece man" for "a man".

（万用的）量词，如"one piece man（一个人）"就是"a man"的意思。

35. **Pidgeon**, or pidginess, a corruption of English word business, denotes also a matter, a thing. "that no makee good pidgeon", —the thing is ill done.

Pidgeon 或 pidginess 是英语单词 business 之讹传，也指事情、东西。"that no makee good pidgeon" 意即"那个事情搞砸了"。

36. **Plum cash**, prime cost.

原价（进货价）。

37. **Posa**, for purser, an assistant in a commercial house.

会计，商行的助理。

38. **Quisi**, bad, inferior, low vulgar, indecent.

坏的，劣等的，低俗的，粗鄙的。

39. **Sabbee** from Port. Saber, to know. "My no sabbee he", I do not know him.

源自葡萄牙语 saber，知道，认识。"My no sabbee he" 意即"我不认得他"。

40. **Savee**, cleverness.

聪明。

41. **Side** or **si'**, a position, situation, place, as outsi', topsi', downsi', which si' denotes where, whence.

位置，场所，地方，如 outsi'（外面），topsi'（上面），downsi'（下面），which si' 指哪里，从哪里。

42. **Smug'**, pidgeon, smuggling.

走私。

43. **Take care for**, to patronize; "chinchin you take care for my", I beg you to patronize me, —be my customer.

惠顾；"chinchin you take for my" 意即请你光顾我——成为我的顾客。

44. **Tanka boats**, from *tan ka*, egg house, are small boats, the residences of the boat-people, also used as ferry-boats.

疍家艇，源自"疍家"。一种小船，船民的居处，也用作渡船。

45. **Too muchy**, very much, very many, very, extremely.

太多，很，非常。

46. **Wantchee**, to want.

要。

47. **Welly few**, very few, very little.

很少，一点儿。

N. B.   Other English words are pronounced with various degrees of incorrectness, yet so as to be in general intelligible, but often confused by an inverted order of arrangement.

又：其他英语单词的发音都带有不同程度讹转，一般人易于明了，但词序的颠倒又经常引起误解。

以上 47 条有单词有短语，是当时最基本的中国洋泾浜英语的用语。在与中国进行贸易往来时，洋人必须掌握这些词语，才能便于交易，避免中国通事的欺诈，所以马儒翰将这一语词表放在《中国商业指南》一书的最前面，就是这个意思。事隔一百六七十年，我们则可以从这 47 条条目看出当时洋泾浜英语如下一些基本特点。

（1）语音方面。

汉语是音节语，不存在复辅音（上古汉语除外），所以有复辅音存在或以辅音结尾（包括以 -e 结尾的开音节）的英语词往往须加上一个元音，以形成中国人易于发音的音节。Catchee, makee, muchy 及 counta 即是此例，有时甚至加上一整个音节，如 wantchee。也有时倒过来，省去最后一个辅音，如 side 变成 si'；next day 成为 nex' day；smuggle 变成 smug'。有时则既省辅音又增加元音，如 old 变成 o'lo。甚至还有将两个词并在一起的吞音现象，如 how do you do? 中的 do you 会变成 d'ye。或者将多个难发的音改变为一个简单的音节，如 linguist 变成 lingoo。

有些英语的辅音在汉语里头不存在，就用相近的其他辅音代替，如 v- 与 r- 都是中国人不易发的音（但吴方言可发 v-），一般分别用 w- 与 l- 代替，如 very 变成 welly，prime 变成 plum。但 -v 在词尾的情况与在词头不同，如 have 就变成 hab。

英语元音与汉语元音也有相当距离，为了方便发音起见，洋泾浜英语的元音往往简化为 [a]，[i]，[o] 等形式，如 purser 就简化为 posa。

（2）词汇方面。

洋泾浜英语的词汇量很少，以使人易于记诵与使用。所以一词常有多种意义，如 catchee 除了 get，bring，find 等意义外，还有 become 的意义。同时又以简单易记的小词来代替难读难记的大词，如以 Chinchin you take care for my 代替 I beg you to patronize me。像 patronize 这样正式的词，洋泾浜英语里几乎是不存在的。同时又以简单的词的结合来减少词汇量，如 this 加上 side，成为 here 的意思，top 加上 side 成为 upstairs 的意思，windowside 则相当 by window，这样不但省去记诵许多新词，还无须懂得什么英语的前置词组一类的语法。不但 side 可以这样用，time、fashion 也有类似用法。

没有人作过精确的统计，到底中国的洋泾浜英语有多少词语。但 Charles Leland 在 1876 年出版的 *Pidgin English Sing-song* 所附词汇表包含 441 个词，这显然偏少。另外要注意的是，洋泾浜英语的词汇量是不断变化的，有的用词可能昙花一现，有的则可能长久一些。如马儒翰这个语词集中的三个词 chunam、conshuns 与 quisi 在 Leland 书中已经不见，两书相去不过四十年而已。说明洋泾浜英语的变化是很快的，可以随时吸收与废弃某些语词。

（3）语法方面。

英语没有量词，汉语必须有，否则中国人说起话来不自然，但汉语的量词众多，不易译成英语，于是为洋泾浜英语设计了一个通用的量词 piece。不管是一匹马的匹还是一个人的个，都同用这个 piece。

汉语的名词与代词均无屈折变化，洋泾浜英语的代词也因此省去主宾格所有格的差异，如以 my 代替 me，有时甚至还代替 I，以 he 代替 him。

以汉语的词序来表达英语的意思，如 can do？纯粹是中国话"能行吗"的硬译，My no sabbee he 更完全是汉语词序的逐字翻译，并且无视英语否定助动词的存在，从语法上看是更中国化的洋泾浜英语。但所幸欧洲语言中与汉语词序最靠近的正是英语，所以不妨碍英国人的理解。

洋泾浜英语里还将某些英语动词作为辅助动词，以扩大某些动词的表现能力。如 makee（即 make）毫无必要地加在 see 前面，成为 you makee see this side 的怪形式。我怀疑这是受中国南方方言语法的影响。在广东话与福建话里，"你去过吗？"要说成"你有去无？"答话则曰："我有去。"（这个句式现在正在影响普通话）。在洋泾浜英语里 makee 的作用有如上述句子中的"有"。

（4）词源方面。

中国洋泾浜英语的形成过程比较特殊。因为葡萄牙人比英国人早到中国近百年，因此在产生洋泾浜英语以前就有了洋泾浜葡萄牙语的出现。后来前者逐渐取代后者，成为中国沿海流行的唯一洋泾浜语言。但原来一些重要的频繁使用的葡萄牙语词仍然留了下来，成为洋泾浜英语的成分，但这些成分并非直接照搬，而是经过了讹变。如 sabbee、joss 直接是 saber 与 dios 的讹写，而 mandarin 则由 mandar 变化而来。

东南亚自 16 世纪起就有中国侨民，而且中国长期以来与东南亚有密切的商贸往来，英国人东来以后，从印度到中国的港脚贸易相当发达，因此造成洋泾浜英语里有一定数量的马来语与印度语的词汇。如 chop 就源自马来语 chapa。当然大量的洋泾浜英语词还产生于中国，这里就有 chinchin、chow-chow、consoo、hong、tanka 等词分别源自请请、吃吃、公所、行与疍家。但词源有时难以说清，如马儒翰本人就不知道 cunsha 源自福建话或广东话，马礼逊则以为 chop 是源于葡萄牙语。还有一些词，马儒翰未指出其词源，我们也至今不能确知其源于何种语言，如表示聪明的 savee（会不会与 sabbee 同一词源？）。Cow-cow 似是源自汉语，但亦不知与什么词对应。

中国洋泾浜英语还有其他一些特点，但不在上面这 47 条例子里的这里不予分析，以说明马儒翰当时的认识水平。洋泾浜英语是一种口语，主要用于对话，是靠声音而不是靠文字，靠听讲而不是靠阅读来交流的混合语，所以，其拼写形式往往不固定，因人而异，因时代而异，如 sabbee 到 19 世纪 70 年代一般写作 savvy。

上述马礼逊父子的这两种著作似乎很少人注意到，此前似未曾有人提及。这两种材料，尤其是马儒翰的 Glossary 在对词义的解释中已带有对洋泾浜英语的研究性质，而接着不久则有发表在 *Chinese Repository* 1836 年第 4 期上卫三畏（Samuel Wells Williams）的文章，举出了洋泾浜英语对话的比较完整的文本。此时他称洋泾浜英语为 Canton English，这是洋泾浜英语的第一个正式的名称，推测是从当地人的"广东英语"或

"广东番话"翻译过去的。当然他并不是用此词的第一个人，比他早十多年，小斯当东（George Thomas Staunton）也用了这一称呼。虽然十九世纪二三十年代在广州活动的还有美国人亨特（William C. Hunter），但他当时并未写出任何与中国或广州有关的著作，直到半个世纪以后的 1888 年才写了《广州番鬼录》，回忆了二三十年代时他与行商浩官的一段对话，并稍为详细地介绍了 pidgin English 的样态。但书中所用的 pidgin English 一语却并非二三十年代的实录，而至少是六十年代以后的叫法了。

中国人对洋泾浜英语的特点也有所注意。唐廷枢是 19 世纪中国有名的买办，他幼年时在澳门学习过正规英语，所著《英语集全》一书出版于 1862 年，是当时教授正规英语最好的教材。为了说明正规英语与洋泾浜英语的区别，他在该书中经常以洋泾浜英语与正规英语作比较，无形中向我们揭示了当时社会上所流行的洋泾浜英语的形态。关于这方面的情况，我将在另外一篇文章里加以阐述。

【作者简介】

周振鹤，复旦大学历史地理研究所教授、博士生导师。

戊戌维新与文化启蒙[*]

陈旭麓

　　1983 年戊戌和康梁学术讨论会过去已五年了，今天又一次来到广州—南海—新会，研讨戊戌和康梁。五年来对戊戌和康梁的研究有很大进展，孔祥吉、马洪林等同志都写出了专著，成绩斐然。

　　戊戌维新是个政治运动，又是文化启蒙运动，作为政治运动的"戊戌"虽然失败了，但文化上启蒙的影响是深远的。"戊戌"启蒙的核心是"开民智"，民智不开，社会经济不变革，中国的历史仍将重复千百次的农民起义。维新志士提出"开民智"从"开绅智"入手，是有道理的，过去我们对这一点横加指责，其实不先开绅智，谁去开民智呢？康梁等维新志士大都是"绅"，他们那时还没有出过国门，凭目击耳闻，把香港、上海租界当作他们的启蒙教材，人类文明的传播和演进，不都是欢快的，也有痛苦。梁启超的《西学书目表》，康有为的《日本书目志》，其中开列的书，是康梁的启蒙读物，他们又用这些书去启别人的蒙，也去启光绪皇帝的蒙。后来梁启超的"新民说"，就是这种"开民智"思想的发展。

　　继戊戌维新之后的辛亥革命，在文化上也是启蒙运动，但它被反清的政治革命冲淡了。"五四"是文化启蒙运动的扩大和深化，批判的锋芒所向披靡，是具有完全意义的文化启蒙运动，但它也很快转为反帝反军阀的政治斗争，文化启蒙被政治斗争取代了。抗日战争时期延安发动的新启蒙运动，是文化启蒙运动的补课，但它着重于用政治启蒙反对专制独裁，文化上的启蒙被淹没了；而我们尊重朴素的阶级感情，固然很大程度地发挥了组织战斗作用，却又保护了小生产的盲目意识。

　　我们经历了一次又一次的启蒙运动，都被严峻的尖锐的政治斗争所冲击或取代，启蒙的任务远没有完成，反过来它又限制了政治上的胜利。所以，在社会主义初级阶段的今天，蒙仍然很多，需要新的启蒙，不但要启民之蒙，还要启官之蒙。

---

　　[*] 本文是作者生前参加 1988 年 11 月 12—16 日在广东举行的"戊戌变法研究国际学术讨论会"闭幕式上的发言。原载于《广东社会科学》1989 年第 1 期。

戊戌维新时期湖南新旧冲突探析*

江中孝

对戊戌维新时期新旧之争的研究，过去我们受梁启超所说的"虽然他省无真守旧之人，亦无真维新之人，湖南则真守旧之人固多，而真维新之人亦复不少，此所以异于他省也"① 的话影响，认为湖南是丁酉、戊戌年间新旧冲突最为激烈的地区，因而将其视为典型而予以特别的关注②。笔者认为，梁启超上述说法过于绝对，尚须辨析。戊戌前后发生在湖南的新旧冲突，既是当时全国性新旧冲突的一个缩影，也是维新阵营中两种不同改革势力之间相互争夺变法话语霸权的典型例子。陈宝箴等人在湖南举办的新政，是甲午战争后全国性的政府主导的变法运动的组成部分。湖南固然"真守旧之人"不少，但我们以往引以为据的守旧思想的典型材料《翼教丛编》，其收录文章的作者绝大多数并不反对变法维新，"真守旧"的徐树铭、谭钟麟、曾廉等湖南籍官绅的奏疏、书札却未收录进去，编者的倾向相当明显。

一、两种不同变法理路的矛盾斗争

王先谦、叶德辉等过去被视为"封建顽固派""守旧派"的官绅其实是支持新政

---

* 本文原载于《广东社会科学》2008 年第 3 期。

① 梁启超：《戊戌政变记》（附录二"湖南广东情形"），载《饮冰室文集》（专集之一），北京：中华书局，1989 年，第 130 页。

② 对湖南丁酉、戊戌年间新旧冲突的研究成果很多，最具代表性的成果是黄彰健在 1970 年发表的《论光绪丁酉戊戌湖南新旧党争》和罗志田 20 世纪 90 年代后期发表的《近代湖南区域文化与戊戌新旧之争》《思想观念与社会角色的错位：戊戌前后湖南新旧之争再思——侧重王先谦与叶德辉》等。近年，阳信生在其博士学位论文《湖南近代绅士阶层研究（1895—1912）》（湖南师范大学，2003 年）中，挖掘了诸如曾廉《蠡庵集》《蠡庵诗文集》《蠡庵日记》等过去较少利用的资料，为进一步深化曾廉研究提供了条件。

的，他们只是反对康学，并不完全排斥西学。①

王先谦曾经被《湘报》誉为甲午战争后在湖南"提倡新学"的"先声"②。但他提倡的所谓"新学"，主要局限于西方的生产技术与实用科学，没有达到制度文化和观念形态的层面。因此，当梁启超等人宣传民主平权学说，抨击君主专制制度，他便视之为"洪水猛兽"，视康有为、梁启超、谭嗣同、易鼐等人为"得罪名教之乱臣贼子"，指责其言论为"无父无君之邪说"③。他认为，"然朝廷之所采者，西学也，非命人从西教也"，而"康、梁谬托西教，以行其邪说，真中国之巨蠹，不意光天化日之中，有此鬼蜮！""康、梁之说，无异叛逆。"④ 在王先谦看来，无论如何，"变衣冠，更宪法，断不可行也"，即中国传统的纲常名教和政治制度绝不可动摇。

叶德辉说他与康梁的区别没有新旧，只有顺逆。他说："朝廷应行之政，不得谓之新；吾人应守之学，不得谓之旧。"康梁所为是逆，非新；叶等所为是顺，非旧。⑤ 说明他也不以守旧为然。

戊戌八月，王先谦的门生苏舆匆忙编辑的《翼教丛编》收录了孙家鼐、张之洞的著述、奏疏，显示了编者"中体西用"的价值追求，他们的"守旧"，仅是一种文化守旧，亦即我们后来所说的文化保守主义，他们不是真正意义上的守旧者，更不是"封建顽固派"的典型代表。

何况，戊戌前后湖南的新旧之争，除思想观念的对立外，还夹杂颇为严重的利益冲突，身在其中的皮锡瑞曾指出："今日议论，无所谓守旧、维新，皆是自私自利。城中绅士，欲得保卫局事则赞成之，有房屋怕抽捐者则阻挠之。乡绅士论团练亦然。八股先生恶闻讲学，亦何莫非不然。彼八股外无所有，故八股之外，皆不愿闻，其实有何旧学

① 一个显明的例子，是与梁启超一起同被聘往湖南任时务学堂西文总教习的李维格（字一琴，峄琴），在任职期间并未受到任何攻击，戊戌政变后亦未被解职，皮锡瑞认为这是李氏与叶德辉关系融洽的原因。我觉得更为关键的原因，应该是李氏认为西方国家的议院制度并不适合当时中国国情的观点，与叶德辉等人在思想上有共通之处，并不仅仅是人脉关系的问题。若论人脉，继江标之后任湖南学政的徐仁铸为叶德辉的座师，但因其讲"公羊"学说，叶氏认为其为康学张本，即作书劝告。皮锡瑞与叶氏的交情更深，但他曾向叶氏解释康有为借孔子改制为变法制造舆论的苦衷，照样受到指责。皮锡瑞在光绪二十四年四月初七日（1898 年 5 月 26 日）日记中记载其答叶德辉信札论孔子改制说："孔子改制，西汉旧说。近人多举此为冒子，此亦有故；中国重君权，尊国制，猝言变革，人必骇怪，故必先言孔子改制，以为大圣人有此微言大义，然后能持其说。今日法制当变，无愚智皆知之，若谓旧法尽善，何以中国如此贫弱，不能自立？既言变法不能不举'公羊'改制之义，此非争门户，矜墨守也。"［（清）皮锡瑞：《师伏堂未刊日记》，《湖南历史资料》1959 年第 1 期，第 116 页］

② 《南学会问答》，《湘报》，光绪二十四年（1898）第 41 号。

③ （清）皮锡瑞：《师伏堂未刊日记》，《湖南历史资料》1958 年第 3 期，第 79 - 80 页。

④ 《复吴生学诫》，（清）王先谦撰：《葵园四种》，长沙：岳麓书社，1986 年，第 744 页。

⑤ （清）叶德辉：《上俞中丞书》，《觉迷要录》，卷首，光绪乙巳年（1905）湖南（长沙）思贤书局刊行。

可守耶?"① 皮氏同时还指出当时得志于官绅者多新党、失意者多旧党的情况,他在光绪二十四年四月初八日(1898 年 5 月 27 日)日记中记载:"得焕彬书,约往一叙。……谈时事彼终以一事不办为是,宣翘与我意则以为知不可为而为。大抵不得志于近日官绅者多归叶,又习王、张诸公之议论,故卒不能开通。"② 这说明当时以陈宝箴为首的湖南省官绅主流倾向是开新的。

应该说,我们过去所讲的湖南新旧之争,其实,冲突双方都不反对变法维新,而是官绅中两种不同变法理路的矛盾斗争。双方的论争主要围绕着要不要相信康有为的新学伪经、孔子改制学说,要不要宣扬民权、平等的观念,要不要坚持中国的伦理纲常等问题而展开。《梁启超年谱长编》的作者指出:"这次朝廷的改革,湖南奉行最力,而该省守旧派反对也最力,他们反对的不在新政本身,乃在先生和一般同志在时务学堂时代所提倡的那种新学。"③ 既然不反对新政,仅反对康梁的"新学",就难以断定是真正的守旧派。苏舆在戊戌政变发生后所编的《〈翼教丛编〉序言》中攻击康梁等人"伪六籍,灭圣经也;托改制,乱成宪也;倡平等,堕纲常也;伸民权,无君上也;孔子纪年,欲人不知有本朝也"④。反对平等、民权,维护传统的伦理纲常观念,当然是守旧的思想行为。不过,这种"旧"已经不是原本意义上的守旧,而是趋新官绅的旧思想旧行为。但攻击康有为的伪经、改制学说和反对用孔子纪年,就不能简单断定为守旧的思想行为了。

在人类社会从传统走向现代的急剧变动过程中,出现开新与守旧的矛盾对立以至新旧内部不同应对路径的冲突都是正常的现象。问题在于中国大一统文化背景下,通常并不尊重不同的意见,在纲常伦理等大是大非的"本""原"问题上更不允许异端思想的存在。

戊戌前后湖南新进人物的过激言论,不能不使饱读诗书的传统士大夫感到恐慌。谭嗣同指出:"今中国之人心风俗政治法度,无一可比数于夷狄,何尝有一毫所谓夏者。"⑤ 他全盘否定中国文化,认为中国不但物质文明不如外国,而且连制度文明、精神文明、社会文明都没有任何可以比拟外国的。这对素抱华夏天下中心论立场的传统官绅来说,无疑就像挖他们的祖坟,肯定会激起他们的拼死回击。

樊锥提出中国应该将"一切繁礼细故,猥尊鄙贵,文武名场,恶例劣范,铨选档册,谬条乱章,大政鸿法,普宪均律,四民学校,风情土俗,一革从前,搜索无剩,惟泰西者是效,用孔子纪年,除拜跪繁节,以与彼见而道群"⑥。除了仿照西方基督教以耶稣诞生纪年的方法用孔子纪年中的"孔子"两个字,哪里还有一点中国固有的东西?

① (清)皮锡瑞:《师伏堂未刊日记》,《湖南历史资料》1958 年第 4 期,第 104 页。

② (清)皮锡瑞:《师伏堂未刊日记》,《湖南历史资料》1959 年第 1 期,第 117、110 页。

③ 丁文江、赵丰田编:《梁启超年谱长编》,上海:上海人民出版社,1983 年,第 151 页。

④ (清)苏舆:《翼教丛编·序》,上海:上海书店出版社,2002 年,第 1 页。

⑤ (清)谭嗣同:《报贝元微》,蔡尚思、方行编:《谭嗣同全集》,北京:中华书局,1998 年,第 225 页。

⑥ (清)樊锥:《开诚篇三》,方行编:《樊锥集》,北京:中华书局,1984 年,第 11 - 12 页。

易鼎也认为中国"若欲毅然自立于五洲之间，使敦盘之会以平等待我，则必改正朔，易服色，一切制度，悉从泰西"[1]。

这些典型的全盘西化的过激言论，在时人看来无异于洪水猛兽，理所当然引起传统士大夫的极大反感，负有守土之职的地方官绅必然会义无反顾采取措施对此进行遏制。

甲午战争失败后，光绪皇帝力主更张，变法维新。担任湖南巡抚的陈宝箴励精图治，推行新政，得到光绪皇帝和主张变法维新的官绅们的普遍好评。王先谦在维新运动初期是积极支持陈宝箴在湖南的新政活动的。然而，当梁启超、谭嗣同等维新激进派以时务学堂、南学会、湘报馆为阵地，大力宣扬孔子改制、民主平权学说，特别是 1898 年春间，《湘报》刊出易鼎的《中国宜以强为弱说》，樊锥的《开诚篇》《发锢篇》等所谓"悖谬""惊世骇俗"的文字之后，他便挺身而出进行反对。他致书陈宝箴，指责《湘报》刊发论说"文不成体"，"纷纶满纸，尘起污人"，"观听淆乱，于立教劝学之道，未免相妨"，要求陈氏勒令《湘报》停刊。[2] 当他得知陈宝箴向朝廷呈递《请毁〈孔子改制考〉书板》折片时，则颇感"快慰"。他再次致信陈宝箴，指出"康有为心迹悖乱，人所共知，粤中死党护之甚力，情状亦殊叵测"，"但恐留此祸本，终成厉阶"，欲置康有为于死地而后快。他同时还对陈宝箴表示了与康有为斗争到底的决心："如先谦者，激扬有志，旌别无权，远师苏氏之辨奸，近法许公之嫉恶，所谓在官在野，各行其志。"[3] 文中的苏氏，指的是北宋的苏轼（字东坡），他坚决反对王安石变法，著有《辨奸说》；许公即是许应骙，他对康有为的所作所为深恶痛绝。据说王先谦1898年5月还"纠集多人，联名函告京中同乡官，谓陈帅紊乱旧章，不守祖宗陈法"[4]，鼓动湖南籍京官弹劾陈宝箴等地方官员。

二、"真守旧"的湖南籍达官徐树铭、谭钟麟

徐树铭于光绪二十四年（1898）闰三月二十三日向朝廷呈递《请尊崇圣道折》，提出：

> 窃惟天生蒸民，有物有则，民之秉彝，好是懿德。孔子以攻异端为害，孟子以放淫辞为心，千圣百贤所以维持正道者，无微不至。国朝稽古右文，昌明正学。文宗显皇帝提倡义理之学，饬儒臣手钞朱子书籍，备乙览。于是倭仁、唐鉴、李棠阶诸凤（宿）儒辅佐于内，曾国藩、罗泽南、刘蓉等宣力于外，蔚为中兴之治。皇上励精图治，于真德秀《大学衍义》等书，寻绎融会，圣

---

① （清）易鼎：《中国宜以弱为强说》，《湘报》，光绪二十四年（1898）第20号，第77页。
② （清）王先谦：《致陈右铭中丞》《再致陈中丞》，《葵园四种》，第865-866页。
③ （清）王先谦：《致陈右铭中丞》《再致陈中丞》，《葵园四种》，第865-866页。
④ 《湘抚被劾》，《国闻报》第203号，光绪二十四年四月六日（1898年5月25日）。

德日新。属以时事，浅学小臣辄以崇西学兴特科等进疏，以为姑从时论，网罗缺失，裨益政事，而督抚学政不解圣人兼容并包之深意，以为特重外国之教，于是篌鼓胶庠，谆谕查属，沧胥而入于艺术算数之小技。甚至狂怪之徒，非尧舜，薄汤武，蔑周、孔、二帝、三王之心，渐灭殆尽，不可究极，深识远虑，无不忧危怵惕，恐人心之日即于禽兽，而不可禁止也。臣至愚极陋，不敢以老成之言为不然，以浮薄之论为可喜，深识我皇上际此异说披靡之日，综览阖括，兼收并蓄，以集众长而补缺漏，于治理不为无补。尤伏愿圣人明诏海内各督抚，访求老师宿儒，深于义理、明于治体者，不拘曾经已仕抑或未仕，综核行实，保送入京，如倭仁、李棠阶、罗泽南、刘蓉之比者，听候恩旨传见进用，为天下先。庶大本大原既立，即使小才薄技者，亦不过备竹头木屑之用，不至风教凌夷，颠倒黑白，实为天下万世之幸！臣为崇正学正人心起见，是否有当？谨恭折具陈，伏乞皇上圣鉴。谨奏。①

徐树铭，字寿蘅，湖南长沙人。道光二十七年（1847）进士，选庶吉士，授编修。咸丰二年（1852），简山东学政。长期督学福建、浙江等省，累迁内阁学士，授兵部右侍郎。戊戌年间署理户部尚书。②徐氏还在此折附片《请饬湖南学政力崇正学片》中指出："湖南地方，自濂溪周子倡道于前，紫阳朱子与敬夫张子讲学授受于后，千数年来，恪守遗教，时有伟人，为时宣力。近年来，士气披靡，飞扬浮动。学政江标复以西人之说篌鼓士林，以为赏罚。老成练达之儒，无不切齿。本届学政徐仁铸业已到任，应请饬令该学政一以经学史学为标准，不得任无知之辈邪说芜论，狂荡颠倒，杂乱文体，诬蔑正教。庶人心以正，先圣先贤之流泽不即沦亡，实为至幸。"③

徐树铭上述折片，孔祥吉、茅海建诸先生的论著都曾提及，但未见详细内容，其他著述更未见引用，故特予摘录，以便参考。

康有为在其自述《我史》（即《康南海自编年谱》）中说徐树铭"本守旧而能待士"④。说明新旧之间并非总是水火不容，康有为为了自己的进身和变法事业的需要，在戊戌维新以前也确实有过许多攀附朝中守旧大僚和御史言官的行为，他不但攀附翁同龢、潘祖荫、张荫桓等多少有点新思想的大吏权臣，而且攀附徐桐、洪良品、屠仁守、盛昱、朱一新那样的守旧官僚和御史言官。徐树铭作为湖南籍职级最高的京官，当然关

① 中国第一历史档案馆藏：《军机处录副奏折》，《文教类》，光绪二十四年闰三月二十三日（1898 年 5 月 13 日）。

② 光绪二十四年四月二十九日（1898 年 6 月 17 日）上谕着徐树铭暂行署理户部尚书。见徐致祥等撰：《清代起居注册》（光绪朝），台北：《联合报》文化基金会国学文献馆，1987 年，第 30789 页。

③ 中国第一历史档案馆藏：《军机处录副奏折》，《文教类》，光绪二十四年闰三月二十三日（1898 年 5 月 13 日）。

④ 康有为：《我史》，南京：江苏人民出版社，1999 年，第 31－32 页。

注家乡的变化，而家乡的官绅也会不断向他反映情况。① 他对湖南自学政江标督学以来提倡西学，聘请康有为的弟子梁启超担任湖南时务学堂中文总教习之后出现的新变化非常担忧，上折请求朝廷要尊圣道、崇正学，一切以中国传统的经学史学为标准，不得任邪说横行，诬蔑正教，实际上也是对陈宝箴、江标等官员在湖南推行的新政措施表示不满。他对倭仁、唐鉴、李棠阶、曾国藩、罗泽南、刘蓉等人的推崇，目的是强化以程朱理学作为建功立德、为人处事的标准。

过去，我对光绪皇帝在戊戌维新时期屡下严诏指责两广总督谭钟麟奉行新政不力感到有点强人所难，对谭氏是否属于守旧官僚也不敢轻易作出判断，更觉得康有为等人在中日甲午战争后不断鼓动御史言官弹劾谭钟麟多少有点年少好事，欺负这位年过七旬、老实迟钝的老官僚，有失厚道。但后来我在《谭钟麟函札》（未刊）中看到他在戊戌维新前夕写给湖南著名守旧绅士、被湖南新党视为湘省"四大劣绅"② 之一的张祖同的一封信，茅塞顿开，困扰多年的难题终于得到解决。由此认识到时任两广总督的谭钟麟就是地地道道思想极端守旧的官僚，康有为对谭钟麟以及其他广东地方官员进行弹劾，实质上是清末改革派同地方守旧势力的争斗。

谭钟麟致张祖同的信虽不长，但对我们了解谭氏的思想倾向十分重要，此前也未见有人征用，兹抄录如下：

> 雨珊仁兄世大人阁下：
>
> 前奉惠书，备悉种种。《纲鉴》《大政》两书，蒙校定刷印，上年祖安存朱雨田处五百金，如不敷，即请示及，以便补寄。此版存书局，有印刷者，不取报资，意在多刷，以广流传。究竟照湖南纸价，并刷印装订，每部价需钱若干，请开示。
>
> 方今附会西学，此等书原可不用。然二三十年后，西学必灭，则经学、史学必大昌明，此一定之理也。
>
> 圣人之道，如日星炳天，岂浮云所能久掩。且西人不知有学，其所谓字，不过如结绳以纪数目云耳。自华人流入外洋，始教以中国字，附会翻译成文，观其书半通不通，毫无意义。而好事者乃尽弃所学而学焉。众口一词，牢不可破，适足长后生浮薄之习而已，有识者亦不与辩也。
>
> 至如制器尚巧，中国人实不如西人之专精，华士无论何事，浅尝涉猎，不求切实。即如八股代圣立言，前辈常以肖口氛三字教人，今亦灭裂杂凑，不复

---

① 据《国闻报》1898 年 5 月 25 日报道，王先谦等曾"纠集多人，联名函告京中同乡官，谓陈帅鋆乱旧章，不守祖宗陈法"。徐树铭折片为光绪二十四年闰三月二十三日（1898 年 5 月 13 日）所上，此前他是否收到王先谦等人的函件，因无直接的资料，我们尚不得而知。不过，徐氏关注湖南的情况则是可以肯定的。

② 在丁酉戊戌年间被湖南新党视为湖南旧党"四大劣绅"的是王先谦、叶德辉、孔宪教、张祖同。

成文矣。

推之立政、理财、用人，事事不求实际，天下之败坏，实由于此，岂八股之误耶？亦岂西学所能挽救耶？言及此辄不胜愤懑，特不敢公言于众，吾辈私议而已。野秋学使南韶试毕，接考广州，已试各郡，尚无浮言也。手此，（即）颂大安。

附呈燕窝、湖扇乞收。弟麟顿首。闰月十八日。[①]

收信人雨珊是张祖同的字，张氏系湖南长沙人，为时任广东学政张百熙（字野秋）之兄长。

发信人谭钟麟，字文卿，湖南茶陵人。咸丰六年（1856）进士，选翰林院庶吉士。同治二年（1863）擢江南道监察御史。后来长期担任封疆大吏，甲午战争后担任两广总督。谭氏之狂妄自大、愚昧闭塞，仇视西学，阻挠新政，在信中表现得淋漓尽致。受中法战争失利的刺激，连喜欢放言高论的清流派"翰林四谏"之一的宝廷都认识到"经学固至要，而此时非当务之急"，并开始潜心研读天文学译著。[②] 但谭钟麟直到百日维新前夕还在贬斥西学，他在此函中不但断言"二三十年后，西学必灭，则经学、史学必大昌明"。而且无知到居然认为"西人不知有学，其所谓字，不过如结绳以纪数目云耳。自华人流入外洋，始教以中国字，附会翻译成文，观其书半通不通，毫无意义"的地步。

谭氏提到此信写于"闰月十八日"，且当时"野秋学使南韶试毕，接考广州"，南韶指广东省的南雄厅和韶州府。张百熙是光绪二十三年（1897）出督广东学政、迁内阁学士的，次年三月恰好是闰月，故可以断定此信写于光绪二十四年闰三月十八日（1989 年 5 月 8 日）。

三、怎样看待戊戌时期的新旧冲突

皮锡瑞在百日维新前夕的光绪二十四年闰三月二十九日（1898 年 5 月 19 日）日记记载其拟作讲义："好学深思之士，既已通知古今中外之故，即当破除成见，开通知识，是则是，非则非，勿作违心之论；可则可，否则否，勿顾流俗之讥。如其所见不同，不妨明明立党。守旧党、维新党，非只中国有之，外国亦有之；西洋有共和党、王政党，东洋有自由党、进步党，其名指不胜屈，其国并不禁止；然外国人虽明分党，国有事则同心合力，未尝以私废公，而中国虽不立党，未免各存意气。"[③] 皮锡瑞在对待新旧冲

① 谭钟麟：《致雨珊仁兄函》，北京：中国社会科学院近代史研究所藏：《谭钟麟函札》，未刊稿，甲 580。
② （清）宝廷：《致张之洞函》，《赵凤昌信札》，北京：国家图书馆藏本，第 71 函头，A 63F。
③ （清）皮锡瑞：《师伏堂未刊日记》，《湖南历史资料》1958 年第 3 期，第 79 – 80 页。

突问题上的观念已经明显西化，与中国历史上"君子不党"的传统背道而驰。

在百日维新的高潮阶段，虽然光绪皇帝采取明显支持新派、打击旧派的政策，但并未消除新旧冲突的隐患。皮锡瑞在光绪二十四年六月十一日（1898 年 7 月 29 日）日记中对新旧之争发出感慨，拟作同心会序云："人之所以不能同心者，由于学派不齐，亦由于议论不一，学之宗派不同，性情之好尚不同。学派有汉学、有宋学，汉学有西汉之大义之学，有东汉故训之学，宋学有程、朱之学，有陆、王之学。近世又以专讲中国学者为旧学，兼讲西学者为新学，互相攻驳，势同敌仇。心安得同？议论或好安静，或好动作，好静主守旧，好动主维新。守旧者以为旧法尽善，能守其法，天下自治，当一切不变；维新者以为旧法尽不善，不尽改其法，天下无由而治，必扫地更新。分党竞胜，二者交讧，心安得同？今欲同心，当化不同为同。宗派不齐者，当知汉、宋之学皆出孔门，不可分门别户，同室操戈。即西学非古人所知，亦足以补中学之未逮，但多一得，并宜兼收。议论不一者，当知一切不变，施之今世固不相宜，扫地更新，望之今人，亦恐难逮。宜去其太甚，尽其所得为守旧、维新，庶无党祸"①。像西方国家的政党政治那样，坚持理念，尊重对手，畅所欲言，择善而从，在新旧论争中就不会出现令人触目惊心的"党祸"。

皮锡瑞是湖南态度温和的新党，明显站在康梁一边。他在光绪二十四年六月十三日（1898 年 7 月 31 日）日记中记载："见《申报》列大学堂及各省学堂章程，是梁卓如手笔，说中西学极通达，不知各省办理何如？现在经费难筹，改寺观如能行，不患无费，既奉明谕，无不可行，特恐人惑于邪说耳。大学堂总教习破格录用，似乎意在南海，不知能破格否？"② 他在光绪二十四年六月廿八日（1898 年 8 月 15 日）日记中还说："近日电谕：李端棻署礼尚，徐致靖署礼侍，杨锐、谭复生，更有林旭、刘光第二人，赏四品卿衔，军机章京行走。李鸿章、敬信出总理衙门。闻此好音，不禁有杜老'忽闻哀痛诏，又下圣明朝'之感！"③ 开办京师大学堂和各省中小学堂经费难筹，如康有为设想的那样将寺观改为学堂就"不患无费"？破格让康有为担任大学堂总教习，再任用几个新派人物，难道就能把新政办好？这些人想的也实在太简单太浪漫了。

光绪二十四年六月初六日（1898 年 7 月 24 日），仓场侍郎李端棻奏《变法维新条陈当务之急折》，奉旨："著奕劻、孙家鼐会同军机大臣切实核议具奏。"④ 李端棻原折未见，具体内容不详。据房德邻先生《康有为与戊戌变法》一文考订，李端棻此折为梁启超所拟，内容为请开懋勤殿，"请皇上选博通时务之人以备顾问"。孙家鼐在光绪二十四年六月初十日（1898 年 7 月 28 日）《议复李端棻变法条陈片》中说："臣见近日

① （清）皮锡瑞：《师伏堂未刊日记》，《湖南历史资料》1959 年第 2 期，第 129 页。
② （清）皮锡瑞：《师伏堂未刊日记》，《湖南历史资料》1959 年第 2 期，第 131 页。
③ （清）皮锡瑞：《师伏堂未刊日记》，《湖南历史资料》1959 年第 2 期，第 145 页。
④ 茅海建：《戊戌变法史事考》，北京：生活·读书·新知三联书店，2005 年，第 169 页。

臣工愿变法自强者十有六七，拘执不通者不过十之一二。惟新旧党之争绝少，而邪正党之争实多。盖变法不难，而行法之人最难。用非其人，则小人道长，君子道消，治乱安危，所关非细。贤人君子，不无思深虑远之心，盖皆以宋时王安石为鉴也。皇上宣示臣工，若能严申君子小人之辨，则争论自当渐化矣。"① 孙家鼐所说的"小人""邪党"，当然是指康有为等人，他和其他军机大臣、总理衙门大臣是决不允许这些"小人"在皇帝身边议政的，并明确要求光绪皇帝宣示臣工，严申君子小人之辨。孙家鼐在变法维新高潮期间，宋伯鲁、杨深秀弹劾许应骙守旧迂谬、阻挠新政，许应骙明确回奏，要求斥逐康有为，文悌上奏指责宋伯鲁、杨深秀党庇康有为，双方围绕怎样对待康有为的问题发生严重分歧的关键时刻，即认为当时清朝官员中"愿变法自强者十有六七，拘执不通者不过十之一二。惟新旧党之争绝少，而邪正党之争实多"。这种看法比较符合历史的实际，应该引起我们的重视。

戊戌维新时期，在清朝统治阶级的趋新官僚内部确实存在着改革的激进派和改革的渐进派。以康有为、梁启超、谭嗣同、严复为代表的改革激进派不但主张"援西入儒"，而且主张"速变""大变""全变"；以光绪皇帝、孙家鼐、张之洞、陈宝箴为代表的改革渐进派，也称中体西用派，他们既主张守，也主张变，即守住中国传统的纲常伦理，又借鉴西方现代的政治、法律制度和生产方式、科学技术；还有以徐桐、曾廉为代表的守旧派，他们既反对借鉴西方的政治、法律制度，也反对引进新的生产方式、科学技术。李鸿章、刘坤一等洋务派既同情康梁，又对他们的过激行为诸多不满，是维新时期的观望派；张之洞企图整合新旧，得到光绪皇帝的支持，并获得许多稳健的渐进改革者的推重，但新旧两派都对他有诸多不满，他的努力并无成效。戊戌维新运动就在这样的矛盾冲突和纠缠内耗中走到终点。

【作者简介】

江中孝，广东省社会科学院历史学研究员、博士。

---

① 房德邻：《康有为与戊戌变法》，王晓秋主编：《戊戌维新与近代中国的改革：戊戌维新100周年国际学术讨论会论文集》，北京：社会科学文献出版社，2000年，第493页。

戊戌政变后至庚子事变前袁世凯的政治境遇[*]

马忠文

学界有关戊戌、庚子间袁世凯（字慰廷）活动的研究，主要集中在政变中的"告密"疑案，编练武卫军，及山东巡抚任上的"剿拳保教"政策等问题上。[①] 比较而言，这个时期他的活动踪迹，尤其是他在政变后派系斗争中的处境，学界的关注明显不够。实际情况是，戊戌政变后荣禄与刚毅两位满洲权贵在军机处明争暗斗，时有摩擦，身为荣禄麾下爱将，袁氏自然也难脱干系。当他率武卫右军进入山东后，与山东巡抚毓贤屡有冲突，除应对民教冲突的决策相左的因素外，其中即有荣、刚较量的影子。

本文旨在考察戊戌、庚子之际袁世凯在派系纠葛中的政治境遇，并根据所见荣禄致袁氏的未刊书信，对这个时期荣、袁的交往略作考订，借以观察戊戌政变后朝局演变的一个侧面。

一、从护理直隶总督到武卫右军总统

戊戌年（光绪二十四年，1898）八月初六日，慈禧宣布训政，光绪帝的戊戌新政被中止。初十日，直隶总督荣禄奉旨入京，直督与北洋大臣交由候补侍郎袁世凯护理。十三日，荣禄奉旨入值军机处，军机大臣裕禄改任直督。二十日，裕禄抵津接篆。在动荡的氛围中，袁世凯完成了 10 天护理总督的使命。

他在护理直督期间十分谨慎。据称，八月二十日为袁四旬寿辰，"十九日下午同城

---

　　* 本文原载于《广东社会科学》2017 年第 5 期。

　　① 相关研究参见廖一中：《山东局势与袁世凯接任山东巡抚原委》，《东岳论丛》1994 年第 3 期；李宗一：《袁世凯传》，北京：国际文化出版公司，2006 年，第 3、4 章；侯宜杰：《袁世凯全传》，北京：群众出版社，2013 年，第 38 - 49 页；马忠文：《荣禄与晚清政局》，北京：社会科学文献出版社，2016 年，第 141 - 149 页。

司道以下均往迎寿，脚靴手版，济济跄跄，闻慰帅当即饬门丁——挡驾云"①。国事艰危，他自然不敢因为寿诞而招致非议。据徐世昌日记，二十三日午后，"慰廷回营"。次日，徐氏记："晨起，各统领来同见慰廷，久坐。午后……慰廷亦来，谈良久。"此后逐日都有二人晤面交谈的记载。② 袁、徐谈话的具体内容，日记中不载，以情理推之，除练兵之事，似乎还有对袁"告密"传言的讨论和应对。二十五日，袁世凯写了《自书〈戊戌纪略〉后》，称自己"只知以道事君"，"该党（康党）无理于君，予为鹰之逐，亦人臣之大义，皎皎此心，可质天日，且以正所谓保全皇上。……为臣子者，但求心安理得，此外非所计也"。③ 这段自我辩解，应该得到过徐世昌的支持。袁氏告诉人们，揭发康党密谋是他无可奈何的选择，自己"心安理得"，是为了"保全皇上"，所以，不在乎外界如何评价此事。更何况，当时列强窥伺，袁部奉命保卫京畿，慈禧对他更是信任有加。

为了应对日益严重的外患，八月二十六日，慈禧特简荣禄为钦差大臣，节制宋庆所部毅军、董福祥所部甘军、聂士成所部武毅军及袁世凯所部新建陆军，以一事权，统率督练各军。④ 十月二十四日，荣禄奏请练兵筹饷，将毅军、甘军、武毅军、新建陆军练成一气，分前、后、左、右四军，各驻防地，荣禄自募一支中军，驻南苑安营操练，确保京畿安危。⑤

与宋庆、聂士成、董福祥这些战功赫赫的将领相比，袁世凯非但没有军功，连实际的统兵作战经验也谈不上有多少。因此，他奏调原毅军将领、甲午战争中被革职的前云南临元镇总兵姜桂题，分统左翼各营，兼全营翼长，襄助练兵。新一轮练兵计划开始后，十一月十五日，袁世凯奉旨陛见，他将营务交给姜桂题"妥慎照料"，于二十日抵京。⑥ 慈禧太后和光绪帝于二十四、二十五日两次召见，这是他在八月初五日陛辞后，再次见到光绪帝。这时距"六君子"死难已经两个多月，局外人无法知道二人见面时皇帝内心的真实想法，是悔恨还是怨恨？二十五日，光绪帝奉懿旨，赏给宋庆、袁世凯"西苑门内骑马并乘坐船只拖床"的恩典。宋庆是久战沙场、年届八旬的老将，而袁世凯刚年逾四十，对比之中袁氏获得的恩宠更引人注目。十一月三十日，两宫又赏赐袁世

① 孔祥吉、［日］村田雄二郎整理：《国闻报》（第 4 册），北京：国家图书馆出版社，2015 年，第 43 页。

② 《徐世昌日记》（第 21 册），北京：北京人民出版社，2013 年，第 10359 – 10360 页。

③ 《自书〈戊戌纪略〉后》，光绪二十四年八月二十五日，骆宝善、刘路生主编：《袁世凯全集》（第 4 卷），开封：河南大学出版社，2015 年，第 303 – 304 页。

④ 中国第一历史档案馆编：《光绪宣统两朝上谕档》（第 24 册），桂林：广西师范大学出版社，1998 年，第 455 页。

⑤ 中国第一历史档案馆编：《光绪宣统两朝上谕档》（第 24 册），桂林：广西师范大学出版社，1998 年，第 546 页。

⑥ 《奏报入都陛见起程日期折》，光绪二十四年十一月十九日，骆宝善、刘路生主编：《袁世凯全集》（第 4 卷），开封：河南大学出版社，2015 年，第 309 页。

凯福字、荷包、银钱等。① 十二月初一日，袁氏应太后之命，递上条陈一件，就如何应对内外交困的危局提出建议。他缕述列强环伺的严峻形势："种种欺陵，薄海切齿，断非口舌笔墨所能争，尤非忍让迁就可息事。惟有亟图自强，始可杜绝窥伺，湔雪仇耻。"这番言论，几乎与逃亡海外的康有为如出一辙。此外，还就筹饷、造械提出了具体意见。不过，慈禧暂时没有接受袁的建议，该折被"留中"。② 初四日，袁世凯陛辞出京，初五日抵达营次。

对这个时期清廷的新一轮练兵活动，赫德看得很清楚。他在光绪二十四年十一月二十七日写给金登干的信中说："慈禧太后正在竭尽一切努力，调集军队，以保卫北京及其附近地区。她手下将有训练有素的军队五万名，另有一般军队五万名。"③ 他应该知道，作为北洋新军各部的统帅，荣禄才是实施防卫计划的核心人物。

十二月中旬，荣禄以钦差大臣身份前往天津检阅各军。这次检阅距丙申年（1896）荣禄出京阅兵，已有两年之隔，似乎是对因政变发生而取消的天津阅兵的补救措施。为此，先派兵部司员陈夔龙、恩良前往小站安排，袁世凯腾出寓所作为荣禄的行辕。④ 十九日午后，荣禄抵达小站，袁世凯、徐世昌等到营谒晤。⑤ 二十一日，荣禄前往芦台等处。二十四日返京时，又在天津停留，袁世凯专程从小站赶往送行。⑥ 此次检阅后，清廷启动了新的治军方案。

光绪二十五年（1899）二月二十日，荣禄在北洋新军基础上创立武卫军。同时，奏请奖励各军。新建陆军训练三年，卓有成效，经荣禄奏保，袁世凯因"勤明果毅，办事认真"，奉上谕"著交部从优议叙"。⑦ 新建陆军改称"武卫右军"，三月十四日换用关防。⑧ 从交卸护理直隶总督，到进京陛见，再到总统武卫右军，受到奖励，袁世凯在荣禄的支持下，越来越受到清廷重用。

① 《赏福字荷包银钱等谢恩折》，光绪二十四年十二月初一日，骆宝善、刘路生主编：《袁世凯全集》（第4卷），开封：河南大学出版社，2015年，第310－311页。

② 《钦遵懿旨敬陈管见折》，光绪二十四年十二月初一日，骆宝善、刘路生主编：《袁世凯全集》（第4卷），开封：河南大学出版社，2015年，第311－312页。

③ 《赫德致金登干Z813号函》，1899年1月8日，陈霞飞主编：《中国海关密档——赫德、金登干函电汇编（1874—1907）》（第6卷），北京：中华书局，1995年，第932页。

④ 陈夔龙、恩良是十二月初九日到小站的，十七日为荣禄准备行辕，袁世凯暂居徐世昌寓所，而徐改住到执法处。见《徐世昌日记》（第21册），北京：北京人民出版社，2013年，第10368页。

⑤ 《徐世昌日记》（第21册），北京：北京人民出版社，2013年，第10369页。

⑥ 《徐世昌日记》（第21册），北京：北京人民出版社，2013年，第10369页。

⑦ 《交部优叙保奖弁谢太后恩折》，光绪二十五年二月二十五日，骆宝善、刘路生主编：《袁世凯全集》（第4卷），开封：河南大学出版社，2015年，第315页。

⑧ 《开用武卫右军关防日期折》，光绪二十五年三月十四日，骆宝善、刘路生主编：《袁世凯全集》（第4卷），开封：河南大学出版社，2015年，第317页。

二、与刚毅、毓贤的矛盾纠葛

不过，考察政变后袁世凯的活动，并不能离开清廷派系斗争的背景。事实上，政变后的满汉矛盾、新旧矛盾、朝廷与地方督抚的矛盾，彼此交织，异常突出；满洲权贵荣禄与刚毅在军机处的明争暗斗，对时局影响甚大，紧密追随荣禄的袁世凯也不免受到波及。

光绪二十五年春，山东巡抚张汝梅遭到参劾。围绕此事，荣、刚两派针锋相对，几乎到了短兵相接的地步。这年正月十八日，翰林院侍讲学士陈秉和率先发难，参劾张汝梅奉职无状，并含沙射影，攻击荣禄。折中自称"内而见忌于廷臣，外而见憎于使臣"，暗示他对张汝梅的参劾可能会开罪于当朝有权势者。在奉旨回奏时，陈秉和更是明白指出所谓"廷臣"系指军机大臣荣禄及户部左侍郎立山，并称张汝梅与荣禄"相交甚密，至其往来交通，事情暧昧，外人焉能甚知？然籍籍传闻，实有难掩众口者"。① 参劾疆臣，却辞连枢臣，显然不是偶然的，此事幕后应有刚毅的支持。对此，荣禄进行了反击，陈秉和随后遭到上谕严厉责斥："荣禄由西安将军于光绪二十年八月来京，张汝梅于二十一年正月由陕西臬司简放陕西藩司，其护理巡抚则在是年四月，斯时荣禄早已在京供职。所称往来交通情密，更可不辨自明。即使近在同城，亦安见即有密交暧昧之事？"因"信口捏造"，陈秉和被传旨"申饬"。②

这场风波也牵连到袁世凯。陈秉和在奏折中批评张汝梅派差时任用子侄之亲戚，如"袁保纯之委铜山盐务，袁世敦之委带营务"等，指责他们"朋比为奸"。③ 保纯系世凯叔父，世敦则是其胞弟。后来户部右侍郎溥良在查办张汝梅参案时奏称：

> 据张汝梅咨覆，袁保纯系长子书兰之堂叔岳……在东省有年，所委差缺均由司局分委，有案可稽，且前任抚臣李秉衡任内曾以子侄之儿女姻亲奏明，奉旨毋庸回避；袁世敦系长子书兰之从堂外兄，亦例不回避，前因整顿营务应照西法训练，当经函商其胞弟袁世凯，派伊亲带教习来东练军，是以派充营官。

溥良查核后认为，张氏所说"尚无不合"，"惟该员等究系该抚子侄之亲戚，虽例无应行回避明文，该抚当援照李秉衡成案奏明请旨遵行，似不应遽委差缺致招嫌怨"。④ 言外之意，张汝梅还是有任用私人之嫌。

---

① 参见《翰林院侍讲学士陈秉和奏前参疆臣张汝梅一折言有所指遵旨明白回奏事》，光绪二十五年正月二十日，录副奏折，档号：03-5371-098，中国第一历史档案馆藏，下同。

② 中国第一历史档案馆编：《光绪宣统两朝上谕档》，第25册，第28页。

③ 《翰林院侍讲学士陈秉和奏为特参山东巡抚张汝梅等员袁颟昏愦愎诈贪婪事》，光绪二十五年正月十八日，录副奏折，档号：03-5371-092。

④ 《户部右侍郎溥良奏为遵旨查明山东巡抚张汝梅被参袁颟昏聩等各节尚无废弛欺饰情弊惟办事疏忽等请革职事》，光绪二十五年三月十六日，朱批奏折，档号：04-01-12-0589-023。

　　陈秉和参奏张汝梅一案，是政变后刚、荣之间第一次正面冲突。参案牵涉荣、袁甚至李鸿章，清廷内部开明与守旧阵营的对立不言而喻。奉旨前往山东查案的溥良也属刚毅一派。二月初三日，清廷命长期在山东任地方官的署理江宁将军毓贤调任山东巡抚，张汝梅开缺听候查办。后经溥良复奏，称张在鲁抚任内，于捕务、赈务、河务办理未能尽善，虽无废弛、欺饰情形，但用人不当。上谕将张汝梅降二级，另候简任；同时命新任巡抚毓贤对袁保纯、袁世敦等人"才具是否称职"，著随时"察看"。① 这样的结局，更多反映了刚毅等人的态度。

　　此外，袁世凯留用徐世昌的计划也未能如愿。三月十四日，袁以营务繁重，佐理需才，上奏请求丁忧服满的翰林院编修徐世昌继续留在营中效力，并请求"免扣资俸"。他列举翰林院检讨宋育仁奉旨回籍办理商务、在籍编修范仲箸奏调充豫省中学堂总教习，均获特旨准其"原资原俸，免其截扣"，希望可以援例恩准。但是，上谕只同意继续留营效力，"不扣资俸"的要求却被拒绝。② 三月二十七日，与刚毅关系密切的山西监察御史彭述上折呼应，对此举大为称赞，并请饬部将奏调奏留在外当差之京员与候选人员一并明定章程，不准免扣资俸，避免那些官员"假公济私"，以为"巧宦之阶"。③ 这是针对袁、徐的嘲讽，幕后也有刚毅的影子。

　　就在清廷内部纷争不断的时候，列强侵华活动也日甚一日。光绪二十五年正月二十一日，意大利效仿英、德、俄等国，趁火打劫，要求租借浙江三门湾，并派军舰游弋杭州湾一带。二月初六日，清廷命两江总督刘坤一和浙江巡抚刘树堂全力布置防范。在山东，二月二十日，德兵也借故从青岛出发，滋扰日照、兰山等地，清廷急命张汝梅、毓贤饬总兵夏辛酉兼程前往，相机因应。三月二十二日，以山东德人情形叵测，清廷急命新任山东巡抚毓贤拣派将领，严密布置，预占先著，④ 甚至不惜以陆上应战，来阻止德军内犯。同时，命袁世凯率兵前往德州，以操演行军的名义，借以"弹压匪类，保护教民"，其实主要是防范德军。就在上谕颁发的前一天，武卫军统帅荣禄致函袁世凯密授机宜：

　　　　蔚廷仁弟大人阁下：十九日差弁来，接奉手书，备悉一是。电报亦阅悉。近日如有探电仍望速示，缘上时常问询盼念也。洋员巴森斯所述各节，昨已另缮节略，恭呈御览，当奉慈谕一切云云，此早遵即将致吾弟之函又复呈览，奉

----

① 中国第一历史档案馆编：《光绪宣统两朝上谕档》（第25册），桂林：广西师范大学出版社，1998年，第88—89页。

② 《请留编修徐世昌留营襄办营务折》，光绪二十五年三月十四日，《袁世凯全集》（第4卷），开封：河南大学出版社，2015年，第316页。

③ 《山西道监察御史彭述奏为奏调奏留在外当差之京员与候选人员一并明定章程不准免扣资俸不准免其扣选事》，光绪二十五年三月二十七日，录副奏折，档号：03-5373-136。

④ 中国第一历史档案馆编：《光绪宣统两朝上谕档》（第25册），桂林：广西师范大学出版社，1998年，第91页。

谕即行达知。兹特将原稿二件抄呈，希即遵旨办理，望即答复以便复奏。是为
至要。

吾弟于接奉后应带队伍若干，约于何日起行，均随时示知，以备垂询。在
上意似不动声色，以免德夷知之，藉为口实，故不由枢府、总署传知耳。尚望
秘密为妥，倘将来该夷设有蠢动，亦须飞电达知，以便请旨遵办，切勿造次。
转恐外人有所藉口，则不妙也。至于该夷一切举动、情形，务望多发侦探，随
时电兄知之。或专书亦可，万一有战事，兄必即来为吾弟接应耳。总之，时势
如此艰窘，原不敢轻于言战，然设时逼处，此亦不得不较量短长也。老弟明珠
在抱，自然措置裕如，不致操切也……荣禄顿首廿一日亥正三刻灯下。①

这封信是袁世凯率部赴山东前与荣禄交流对策的确证，透露出荣禄随时将从袁处所
获探报直接禀报慈禧，并绕过军机处、总署直接传达旨意的内情。"原不敢轻于言战，
然设时逼处，此亦不得不较量短长也"——看来，慈禧和荣禄都对列强的肆意欺凌已经
到了无可忍耐的程度。

三月二十六、二十七、二十八日，袁军分三批开拔。二十八日，徐世昌日记云：
"晨起，送慰廷起节，奉旨赴德州一带操演行军，弹压地方，所部各营（出八成队），
分三日已开拔矣。留余督率操练所留二成队伍并照料一切。武卫中军四营亦暂归管
辖。"② 按照计划，袁世凯只带走八成的兵马，其余二成留在小站由徐世昌督率操练。
舆论对袁军的出行也有详细报道：

天津访事友人云：三月二十六日，袁慰廷侍郎所统新建陆军奉命调赴山东
德州，藉资防御，下令马、步、炮各队分三日登程，均以八成赴防，而以二成
仍守小站旧垒。临行戮大辟囚四人行祭纛礼。每勇一名带洋枪一杆，药弹一百
四十枚，铁锹一柄，棉衣一件，馒首二斤及两日所用之粮食。每起军士，凡第
一日行四十里者，次日须行六十里；第一日行六十里者，次日只行四十里，计
程八日可抵德州。其随军之粮台、军械所、工程营、营务处、官医局亦先后开
行，沿途安设马拨，每十里一拨，以便递送公文，先期派测绘师前赴山东，勘
定安营之所。转危为安，因祸为福，在此行也，此军其勉乎哉！③

这是新建陆军首次远程出行，表现出与练勇迥然不同的风貌，临行时甚至"戮大辟
囚四人行祭纛礼"。四月初四日，袁世凯率部抵达德州。初七日，致函徐世昌叙说军中
情形：

此来将士均甚高兴，志在一打，如又了事，必挫锐气。德人兵力有限，应

---

① 本书信为原件，李观雪先生藏。"蔚廷"即袁世凯（字慰廷），下同。
② 《徐世昌日记》（第 21 册），北京：北京人民出版社，2013 年，第 10376 页。
③ 《调勇赴防》，《申报》，1899 年 5 月 23 日第 1 版。

不至谋我后路，伊必专力谋山东，各守瓜分之界。今之时局，诚所走一步说一步也，断难向好处设想。昨见东文，饬各营禁练洋操，专练刀矛棍棒。可惜以国家难措之饷，供此班糊涂人任意掷费，不胜愤闷。①

袁世凯打算与德国人一决高下的决心跃然纸上，"志在一打"既可打击列强侵略的气焰，也可检验数年练兵的实效。不过，慈禧、荣禄却不愿冒险。"如又了事，必挫锐气"一句表明袁世凯对朝廷见好就收的决策并不以为然。他对山东巡抚毓贤这个"糊涂人"严饬各营禁练洋操、专练刀矛棍棒的做法更是愤懑。受此刺激，四月十一日，他在军营中上奏，重申用西法练兵的重要性。在缕述列强掀起瓜分之势的严峻形势后，强调"有兵不练与无兵同，练不如法与不练同"。对于练兵一事，"舍认真以练洋操之外，固别无善策以处此也"。并以甲午战争中日军"以步武洋操，试锋于我，遂以雄视亚洲"和聂士成部因参用西法而迭有击败日军的实例，证明非洋操无以成劲旅的道理。呼吁朝廷饬下统兵大臣，参仿各国戎政，详拟练兵章程，并派大员随时抽查校阅。十五日，光绪帝颁布上谕，肯定了袁世凯的说法，命袁将新建陆军平日训练情形详细陈奏，并将各种操法绘图进呈备览。②

袁世凯此时正驻军德州，强调西法练兵，明显针对毓贤。同样，对方也不示弱，处处挑袁的毛病。袁世凯告知徐世昌："毓贤秘派两员，札发各条，饬来查本军有无滋扰情事，其预有成见，故来吹求，拟移安、连，固恐久处不便，今果然矣，可笑可恶。已详告略公。"③"略公"即荣禄（号略园），袁氏将毓贤刻意寻衅之事禀报荣禄。十三日，荣禄来函，劝袁部撤回小站时绕道大名，避免与毓贤有新的冲突。但袁没有接受劝告，称"大名在极南，再跑一次尤无谓也（已商请免），且士卒必更疲病"④。比起荣禄巧于趋避的个性，这里显示出袁氏性情中坚韧倔强的一面，即使面对荣禄调解，也绝不妥协。

另有一封荣禄致袁世凯信札也写于这个时期（原信无具体时间），函云：

蔚廷仁弟大人麾下：连奉手书及各探电，均备悉矣。即念勋劳茂著，即事多忖为祝。德人无理取闹，不尽发指。海靖昨在总署与竹筼、燕谋订明铁路，当欲回国矣。《劝兵歌》一事，亦只得如此答之而已。东抚自莅任以来，于吏治、军务二事尚未见何善政，或大才外示镇定后当展布耶？奏请按营置备大车

① 《致新建陆军总理营务处徐世昌函》，光绪二十五年四月初七日，骆宝善、刘路生主编：《袁世凯全集》（第4卷），开封：河南大学出版社，2015年，第319页。

② 中国第一历史档案馆编：《光绪宣统两朝上谕档》（第25册），桂林：广西师范大学出版社，1998年，第110页。

③ 《致新建陆军总理营务处徐世昌函》，光绪二十五年四月十二日，骆宝善、刘路生主编：《袁世凯全集》（第4卷），开封：河南大学出版社，2015年，第323页。

④ 《致新建陆军总理营务处徐世昌函》，光绪二十五年四月十四日，骆宝善、刘路生主编：《袁世凯全集》（第4卷），开封：河南大学出版社，2015年，第324页。

一折，已奉朱批，准其先设一半，俟有战事再为添办，谅已接阅矣。阁下暂扎安陵，昨已面陈。至佐臣是否以洋操为然，亦自可由他，我则当如何自如何耳。倘德人逼人太甚，亦唯有决裂一战，兄必督师前往，以我五大军总统五君，皆绝无仅有之大英雄，断不能似甲午之役，可操左券。就是近日湘淮各军，虽曰暮气，然亦看何人统属耳。兄识短才薄，无一所长，幸人缘尚好，或亦可得资臂助耶！手此，即颂近佳不尽。兄荣禄顿首。①

这里所说的"奏请按营置备大车一折"，系指袁世凯四月初九日上奏请拨款添办行军需用随营车辆一折，奉朱批"所请车骡价银，为数太多，着准其置办一半。设有军务，应须添置之处，再行酌核，奏明办理"②。海靖昨在总署订明铁路一事，系指光绪二十五年四月十三日，清廷委派津镇铁路督办大臣许景澄（字竹篔）、帮办大臣张翼（字燕谋）与德华及汇丰银行等订立津镇铁路借款草合同。由此可证，此信写于四月十四日。

荣禄告诫袁氏只管自己练好新军，"至佐臣（毓贤）是否以洋操为然，亦自可由他"，并对武卫五军的实力颇具信心。如果德人逼人太甚，他会亲自督师前往，并自恃"人缘尚好"，能够团结将士，必定不会走中日甲午战争之旧辙。正是由于清廷态度强硬，不仅意大利放弃了索求三门湾的无理要求，德兵也开始逐渐撤回青岛，沿海局势暂时得以缓和。四月二十一日，袁世凯自安陵回小站。③ 这一次对外示威，使荣禄数年来的练兵活动首次取得成效，至少所发生的威慑作用一时颇为鼓舞人心。五月初九日，光绪帝发布上谕，袁世凯补授工部右侍郎兼管钱法堂事务，但仍督练武卫右军。此次补缺，与袁氏率部前往山东的功劳不无关系。此时，刚毅已离京前往江南查办事件，枢中也不会有任何阻力。这次擢升使袁世凯具备了调任巡抚的品级和资格。

三、署理山东巡抚前的活动踪迹

学界以往对于袁世凯署理山东巡抚前夕的活动情形，虽所有涉猎，却不够细致，现据袁氏全集，结合徐世昌日记和其他书信资料略作梳理。

补授工部右侍郎后，袁世凯于光绪二十五年五月二十七日上折建言，对如何防范德国、稳定山东局势建言献策，他提出"慎选守令""讲求约章""分巡驻兵""遴员驻胶"等四项措施，作为治理山东的基本策略。疏上，暂被"留中"。④ 不过，数日后，

---

① 本书信为原件，李观雪先生藏。
② 《请拨款添办行军需用随营车辆折》，光绪二十五年四月初九日，骆宝善、刘路生主编：《袁世凯全集》（第4卷），开封：河南大学出版社，2015年，第319-320页。
③ 《徐世昌日记》（第21册），北京：北京人民出版社，2013年，第10378页。
④ 《德夷构衅侵权亟宜防范折》，光绪二十五年五月二十七日，骆宝善、刘路生主编：《袁世凯全集》（第4卷），开封：河南大学出版社，2015年，第325-326页。

清廷还是将袁的奏折发给毓贤，令其参照办理。① 可见，袁对山东形势的判断已经得到慈禧和荣禄的完全认可。此后，袁世凯将主要精力放在编纂各种新军训练操法书籍方面。据沈祖宪、吴生编《容庵弟子记》称："五月杪回营，开局纂述练兵图说，公（袁）督幕僚编写，其条例论说皆手定之。"② 六月，他在与从弟袁世承的信函交流中，也提到"连日赶修操书"，"连天大雨，方以修辑兵书为忙"。③ 现存他给幕宾言敦源关于操练图书文字修订的便函，也足以反映出他对此事的专注和细心。④ 七月十八日，《操法情形详细图说图册》抄毕，装箱进呈。⑤

这个时期袁世凯的人际交往活动也值得关注。八月十五日，袁世凯接待了自京城而来的提督苏元春（子熙）、张俊（杰三）等人。苏氏经荣禄保荐，奉旨往淮、徐一带照南北洋操练新法编练武卫先锋军（仍归北洋节制）；张俊则是武卫中军翼长，他们都是荣禄信任的将领。次日，袁世凯陪同苏、张等视察新军练操。⑥ 八月二十六日，徐世昌乘火车抵京，留京四日。此次来京，他似乎带着袁世凯的某项使命而来，并见过荣禄，惟日记中未记一字。⑦ 九月初九日，袁世凯写信给已抵定兴的徐世昌说："荣相既欲再谈，可再往一谈。赴都之行，恐为时太久，未能即回。拟请先回小站晤商后再定。现在时局也非急切所能下手者也。"⑧ 所言"下手"何事，今天无法判定，从袁的语气看，徐此前到京确与荣禄有过一次会晤，并商议过"要下手"之事。徐世昌是袁氏最信任的人，派他联络荣禄，才能让袁最放心。九月二十九日，袁氏又致函徐，称："荣相来书，传旨著来京请安等谕（为祝嘏而往）。惟未得军机处寄谕，似不便具折奏报起程。去冬宋祝帅（即宋庆，字祝三）亦由荣相传谕赴京，未报起程，此似可援。"⑨ 荣禄可事先传来慈禧命袁来京祝嘏的消息，而军机处的谕旨尚未到来，其权势煊赫可见一斑。很快军机处发来谕旨。十月初一日申初，徐世昌匆忙从定兴回到天津，袁世凯早已迫不及待了。徐日记云："慰廷已遣马车在津站等候，即登车，二更后到小站。至委寓久坐，

---

① 中国第一历史档案馆编：《光绪宣统两朝上谕档》（第 25 册），桂林：广西师范大学出版社，1998 年，第 170 页。

② 沈祖宪、吴生编：《容阉弟子记》（卷二），民国刊本，第 11 页。

③ 《致从弟袁世承函》，光绪二十五年六月十八、二十三日，骆宝善、刘路生主编：《袁世凯全集》（第 4 卷），开封：河南大学出版社，2015 年，第 328 页。

④ 《致幕宾言敦源便函三则》，骆宝善、刘路生主编：《袁世凯全集》（第 4 卷），开封：河南大学出版社，2015 年，第 711 页。

⑤ 《徐世昌日记》（第 21 册），北京：北京人民出版社，2013 年，第 10385 页。

⑥ 《徐世昌日记》（第 21 册），北京：北京人民出版社，2013 年，第 10387 页。

⑦ 《徐世昌日记》（第 21 册），北京：北京人民出版社，2013 年，第 10388 页。

⑧ 《致新建陆军总理营务处徐世昌函》，光绪二十五年九月初九日，骆宝善、刘路生主编：《袁世凯全集》（第 4 卷），开封：河南大学出版社，2015 年，第 712 页。

⑨ 《致新建陆军总理营务处徐世昌函》，光绪二十五年九月二十九日，骆宝善、刘路生主编：《袁世凯全集》（第 4 卷），开封：河南大学出版社，2015 年，第 712 页。

回营已三更矣。"① 接回徐世昌后，袁与徐黉夜密谈，将营务暂交徐氏照料，次日，匆匆乘车入京。

这次进京为慈禧祝嘏，对袁世凯的仕途转折至关重要。十月初五日，他受到两宫召见，懿旨命其初九日至十一日赏座听戏，这是外臣很少能得到的恩遇。在京活动数日后，十六日，袁世凯陛辞请训。当时，山东民教冲突，日甚一日，巡抚毓贤平日仇视外人，偏袒拳民，致使教案迭出，激起列强频频抗议。十九日，上谕命袁世凯酌拨所部各营，选派得力将官，统带军队先赴德州，迤逦而前，绕往沂州一带，相机屯扎，随时操练。二十一日，袁世凯自京中归，即派全军翼长姜桂题督率步队三营、马兵两队、炮兵一队，共计 3 500 人，于二十八、二十九日分两批开拔前往。② 殊不知，这正是袁世凯接替山东巡抚的信号。

十一月初四日，光绪帝发布上谕：毓贤著来京陛见，山东巡抚著袁世凯署理，即行来京请训。初七日，袁世凯再次抵京，初八日召见。十六日，两宫召见武卫军将领董福祥、聂士成、袁世凯、马玉昆、张俊。③ 可见，当时山东民教冲突严重，中外冲突一触即发，引起清廷的高度重视。十七日袁世凯返津，料理布置好营务，即起程赴济南，于二十三日行抵济南。次日，毓贤委派济南知府将关防送来，袁氏开始任事。④ 袁世凯得以主政山东，是荣禄与刚毅较量中的一次小胜。事实证明，此事对庚子年（1900）政局以及后来袁氏政治地位的骤升具有非同一般的意义。

袁世凯署理山东巡抚后，将武卫右军全部由小站开往山东。但是，刚毅、毓贤一派对袁抚东并不甘心，很快发动言官伺机攻击，说袁世凯"一味主剿，致滋事端"。十一月二十七日，清廷致电袁世凯，告诫他不可徒恃兵力，一意剿击，激成大祸。⑤ 到任才十九天，便有人一再参劾，袁认定"必有居心倾排者在内"，不过，他向徐世昌表示："如能将弟援出苦海或放归田里，讵非幸大事，又何足计较，但行其在我而已。"⑥ 十二月十三日，袁世凯上奏"调和民教""绥靖地方"的抚东策略，为自己辩解。⑦ 同日，

① 《徐世昌日记》（第 21 册），北京：北京人民出版社，2013 年，第 10392 页。

② 《遵旨操练行队折》，光绪二十五年十月二十九日，骆宝善、刘路生主编：《袁世凯全集》（第 4 卷），开封：河南大学出版社，2015 年，第 714 页。

③ 《光绪二十五年十月十六日京报全录》，《申报》，1899 年 11 月 27 日第 13 版。

④ 《恭报抵东接署抚篆折》，光绪二十五年十一月二十四日，骆宝善、刘路生主编：《袁世凯全集》（第 5 卷），开封：河南大学出版社，2015 年，第 4 页。

⑤ 《附军机处寄电旨》，光绪二十五年十一月二十七日，骆宝善、刘路生主编：《袁世凯全集》（第 5 卷），开封：河南大学出版社，2015 年，第 33 页。

⑥ 《致新建陆军营务处徐世昌函》，光绪二十五年十二月十六日，骆宝善、刘路生主编：《袁世凯全集》（第 5 卷），开封：河南大学出版社，2015 年，第 87 页。

⑦ 《复陈办理民教情形折》，光绪二十五年十二月十三日，骆宝善、刘路生主编：《袁世凯全集》（第 5 卷），开封：河南大学出版社，2015 年，第 59 - 60 页。

又附片陈奏堂叔袁保纯是否需要回避,[①] 尽量避免被政敌抓住把柄。不久,上谕又命将平原教案中镇压拳民的袁世敦驱逐出山东,这也是刚毅、毓贤等排挤袁世凯的暗中动作。可惜,已经无法撼动袁在山东的地位了,庚子年(1900)二月十四日,清廷颁布上谕,袁世凯实授山东巡抚。

【作者简介】

马忠文,中国社会科学院近代史研究所研究员。

---

① 《堂叔袁保纯等应否回避片》,光绪二十五年十二月十三日,骆宝善、刘路生主编:《袁世凯全集》(第5卷),开封:河南大学出版社,2015年,第62页。

康有为与他的《我史》*

茅海建

很长时间以来，戊戌变法的研究，依据着三大史料：其一，康有为的《戊戌奏稿》；其二，梁启超的《戊戌政变记》；其三，康有为的《我史》，即《康南海自编年谱》。现有的主流看法与结论，很大程度上还是从这三种史料中得出来的，尽管许多研究先进对此有了已经不新的研究成果。

首先发现其中差误的，是台北的黄彰健，他依据 1958 年北京出版的《戊戌变法档案史料》，发现了康有为在《戊戌奏稿》中作伪。黄彰健当时不能来北京看档案，他的贡献很大意义上是提出了假设；而 1981 年内府抄本《杰士上书汇录》的发现，为他提供了近乎完美的证明。① 此时北京的孔祥吉，在中国第一历史档案馆的研读中，多有贡献，大体完成了对康有为奏折的查寻与核对。可以说，康有为在戊戌时期的真奏稿，现在已经有了可靠的本子。

其次是对梁启超《戊戌政变记》的研究，先后有刘凤翰、狭间直树、戚学民等多位研究先进投入工作，也出产了一批有价值的论文。其中最重要的是，对梁著的版本进行了核对，寻思其写作及改动的原因。通过他们的工作，今天的人们对于梁所称"将真迹放大"一语，有了"不放大"的体会：《戊戌政变记》虽不能作为研究戊戌变法的可靠史料，但可测量出梁说与史实之间的差距，由此而证明梁的内心世界及其变化。该书已成了研究梁启超思想的可靠史料。

---

* 本文获上海市重点学科项目（项目编号：B405）资助。原载于《广东社会科学》2009 年第 1 期。

① 《杰士上书汇录》尚未能影印，但目前方便利用的有三个版本。其一为黄明同、吴熙钊编著：《康有为早期遗稿述评》，广州：中山大学出版社，1988 年，该书附有《杰士上书汇录》，并标明卷数，总理衙门代奏原折亦照录；其二是孔祥吉编：《救亡图存的蓝图：康有为变法奏议辑证》，台北：台湾联合报系文化基金会，1998 年；其三是姜义华、张荣华编校：《康有为全集》（第 4 集），北京：中国人民大学出版社，2007 年。后两种书收入《杰士上书汇录》和其他康有为代拟的奏议，卷数有所打乱。以上三种版本，文字与标点稍有差异，但不影响使用。

　　然而，对于康有为的《我史》，却一直没有进行认真的整理。一方面研究者知道康在其中作伪；另一方面若对此一一进行史实查证，须得下笨功夫，工作量也相当大。比较聪明的办法，是绕开《我史》；等到实在绕不开时，选择《我史》中的个别章句，与已发现的档案、文献进行核对，说一些不那么饱满的话。我进入戊戌变法史的研究后，看见有人是这么做的，于是我也这么做了。

　　避开与绕行，总不是长久之计，我也想来一个干脆，索性花一点时间来进行整理。然而当我真正下水时，才逐步发现水的实际深度，摸到底须先换一口气。于是，在工作中，我不再那么自信，而产生了种种怀疑：其一，这一种史实查证的工作是不可能周全的，做得再好，也只是提供部分相关史料，许多地方很有可能就是查无实证；其二，这类工作本应是全面的，但任何一个人都不可能查验完全部史料，由此随时会被新史料和新证明所推翻；其三，现在的研究时尚似不太在乎此类史实重建工作，在我此前的诸多研究先进的著作，都没有人去认真研读，关于戊戌变法流行的言论与结论仍然沿袭着康、梁的旧说，被康、梁牵着鼻子走。在此等风气之下，我再写出这一本烦琐考证的著作，何用之有？更何况其中的许多史实，我也不能予以肯定的证明。

　　我的这一项工作，也就是在这种越来越浓重的自我怀疑的精神状态下，一步步地渐行着。

手稿本、抄本与写作时间

　　康有为所撰《我史》，叙述了他从出生（咸丰八年，1858）到戊戌政变后逃亡日本（光绪二十四年，1898）四十年的个人历史。按当时人的记岁方式，为虚龄四十一岁。

　　《我史》的手稿本，由罗静宜、罗晓虹捐赠，1961 年由文化部文物局转藏于中国革命博物馆，该馆现并入中国国家博物馆。2006 年 10 月，我有幸读之。① 原来长期被我视为谜团的写作时间，一下子得以解开。

　　从手稿本所录 11 篇跋文中可以看出，康有为的《我史》写于日本。而在手稿本末尾，也有康有为亲笔写的这段话：

　　　　诸子欲闻吾行事，请吾书此。此四十年乎，当地球文明之运，中外相通之时，诸教并出，新理大发之日，吾以一身备中原师友之传，当中国政变之事，为四千年未有之会；而穷理创义，立事变法，吾皆遭逢其会而自为之。学道救人，足为一世；生本无涯，道终未济。今已死耶，则已阅遍人天，亦自无碍，即作如是观也。后此玩心神明，更驰新义，即作断想，又为一生观也。九月十二日至日本，居东京已三月。岁暮书于牛込区早稻田四十二番之明夷阁。

　　① 参见拙文：《〈康有为自写年谱手稿本〉阅读报告》，《近代史研究》2007 年第 4 期。

康于此中明确说明，该书的写作时间是光绪二十四年的"岁暮"；地点是东京的"早稻田"；而此时康已来日本三个多月，由于清政府的要求，日本政府正打算礼送其出境，前往美洲。康为此受到巨大压力，只能表示同意（后将详述）。

康称其写作此书的动机是"诸子欲闻吾行事，请吾书此"，即离开日本之际康的追随者要求留下他个人的记录，于是便写下了这本书。这一说法不那么确切。随康赴日的弟子叶湘南在手稿本末作跋语，称言：

> 余年六十三得读先师手写年谱，如升其堂，如闻其语，悲喜交集……戊戌政变蒙难由香港东渡，同舟十日。弟子随行者，惟予一人，饮食起居，论学不辍，心境泰然。到日后，先师颜所居曰"明夷阁"。此谱写定，予闻而未之见也。及游历欧美，不复能追随矣……

叶湘南，字觉迈，号仲远，广东东莞人，举人，万木草堂学生。光绪二十三年（1897）曾随梁启超至湖南，为时务学堂分教习。① 叶称此书"予闻而未之见"，与康说有着很大的差别。

《我史》的写作共用了多少天？康并没有说明，但《我史》近四万余字②，不是一挥而可就的。《我史》手稿本共计 88 页，其中 78 页是康有为的笔迹，另有 10 页为康有为口授，由其弟子韩文举笔录，约 3 600 字。在该笔录最后一页的页末，有注文：

> 戊戌政变，先师出亡日本，先后奔随者不乏其人，文举亦与焉。某日某夜，先师口授政变情事，命笔述之。是时夜深矣。感怀旧事，迄今已三十余载矣。孝高适自上海来，携此册，促予书后。年已七十矣。计当时笔述凡十页。
>
> 癸酉十月望后二日　韩文举记于香港③

韩文举（1864—1944），字树园，号孔庵，笔名扪虱谈虎客，广东番禺人，监生。

---

① 康有为到达日本时，兵库县知事大森致电日本首相兼外相大隈重信："康有为一行共七名中国人、两名日本人安全地从河内九丸上陆，乘方才 6 时的火车前往东京。（上述七名支那人是：康有为、梁铁君、康同照、何易一、桑湖南、李唐、梁炜。以上是根据西山警视总监的报告）"［1898 年 10 月 25 日 10 时 15 分发，《日本外交文书》（第 31 卷，第 1 册），东京：日本国际连合协会，1954 年，第 693 页］。其中的桑湖南，即为叶湘南之误。繁体"葉"与"桑"有相似之处。叶湘南颇得康有为信任，梁启超等留日弟子与革命党人接近，主张孙、康合作，徐勤等人告之于康，康即命叶携款赴日本，命梁赴檀香山办保皇会。

② 若不含后来所加的标点符号，《我史》的实际字数约三万八千字。

③ 癸酉，即 1933 年，望日为十五，"望后二日"即十七日，时为 1933 年 12 月 3 日。

光绪十六年（1890）入万木草堂，号称长兴里十大弟子之一。① 该跋语称，其流亡日本时，某日晚上康有为命其为之作笔录。在其笔录的 10 页纸上，有韩修改笔迹，也有康修改笔迹。一晚上录 3 600 余字，可见当时康的精神状态十分兴奋，也可见韩熟悉此道而能胜任。若以此来计算，康有为的写作时间在十天左右。

从手稿本所录跋文可知，康有为离开日本时，并没有将手稿带走，而是交给其弟子罗普。罗普（1876—1949），原名文梯，字熙明，号孝高，麦孟华之妹婿。早年师从康有为，光绪二十三年入东京专门学校（即早稻田大学的前身）。② 罗普此后一直将手稿本随身携带。当时在东京的梁启超，肯定看过手稿本，其作《戊戌政变记》多以《我史》之意旨而散发，甚至大段直接引用《我史》。当然，康后来也看到了这部手稿本，并且在手稿上进行了修改。

就此而论，《我史》的写作时间十分确定，并没有什么问题。

我在这里插入一段关于《我史》抄录与传播之情况，然后再谈该书写作时间之疑问为何产生。

康有为的《我史》，生前没有发表，可以看到者，很可能只有罗普等极少数人。然在康去世后不久，各种抄本开始流传。

20 世纪 40 年代，芮玛丽（Mary Wright）曾在康有为女儿康同璧家，将其所藏康有为资料拍成四个胶卷，现存于美国斯坦福大学。台北"中研院"近代史研究所郭廷以图书馆等处藏有复制本。其中即有《康南海自编年谱》，封面上并题"民国二十年六月

---

① 韩文举在万木草堂中"助编"《新学伪经考》《孔子改制考》，曾任万木草堂"学长"。后任湖南长沙时务学堂教习，澳门《知新报》撰述。流亡日本后，协助梁启超办《清议报》《新民丛报》和横滨大同学校。民国初年在广州办南强公学、觉是草堂，后留寓香港，有《树园先生遗集》。冯自由在《戊戌前孙康两派之关系》中称"韩文举号乘参"。参，曾参，字子舆。冯又在《康门十三太保与革命党》中称，康有为离日后，梁启超等留日弟子与孙中山越走越近，有合并之意。梁启超等十三人写信给康有为，表示其意。此十三人被称为"十三太保"，其中有梁启超、韩文举、欧榘甲、罗普、罗伯雅 5 位大弟子。冯还称韩文举"在民国后，隐居乡井，以教读自给，闻今尚生存，年已七十余矣"（冯自由：《革命逸史》，北京：中华书局，1981 年，初集，第 47 页；第 2 集，第 28－33 页）。

② 戊戌政变后，罗普离开早稻田，随梁启超等编《清议报》《新民丛报》，并作《日本维新三十年史》等，也是"十三太保"之一［冯自由：《革命逸史》（第 2 集），北京：中华书局，1981 年，第 31 页］。其后参加创办《时报》《舆论日报》，并应江宁提学使之聘，任图书科长等职。民国建立后，任多职，其中有广东实业厅厅长、京师图书馆主任，并任职于河北省政府、平汉路、平绥路等。

付钞颉刚记"。"颉刚"，即顾颉刚，字体为顾的亲笔。① 此为顾颉刚 1931 年抄本（以下简称"顾抄本"）②。顾抄本非常完美，其最佳之处，就是将原注、眉批、眉注都照其格式原模原样地搬了过来。在该抄本的最后，还抄有一段跋文：

> 此南海之自编年谱也。中缺丙申一年。乙未以前稿，据南海自跋，系抄没流落人间，为罗孝高所得。丁酉以后，乃戊戌岁暮在日本所作，亦归孝高。徐君善伯抄得副本。十八年，为任公作年谱，向之借录。此册中颇有误字，暇当借孝高原本为之一校也。
>
> 十八，五，十四，丁文江③

据此可以知道，顾抄本录自丁文江 1929 年抄本，丁文江抄本录自徐善伯抄本，徐善伯抄本录自罗普。徐善伯，名良，是康有为的大弟子徐勤（君勉）之子。④ "丙申"，即光绪二十二年（1896）。

丁文江于 1929 年派人抄录《我史》，正是"为任公（梁启超）作年谱"作资料准备之用。⑤ 丁此项工作的主要助手是赵丰田。⑥ 赵丰田在 1936 年燕京大学《史学年报》第 2 卷第 1 期发表《康长素先生年谱稿》，在《引用及参考书目》中称：

> 《康南海自编年谱》，丁文江氏副钞本。（原钞本在罗孝高君手内）是谱起

---

① 顾颉刚（1893—1980），江苏吴县人，北京大学哲学系毕业，杰出历史学家。1929 年任燕京大学历史系教授，决计清理旧古史，学术思想上与康相近。顾潮编《顾颉刚年谱》记：1929 年 6 月 16 日，"与丁文江去康同藏家。欲作康有为年谱并编康氏遗集，故经丁文江介绍，识康之女儿，与彼商此事"。11 月 19 日，"与冼玉清同到康同璧家，并见康同藏，取康有为稿两包归"。1930 年，"是年续理康有为遗稿，点《新学伪经考》。以其遗稿但多政治性文件，非学术文字，十一月交赵丰田整理。彼后以半年之力，成《康长素先生年谱稿》，为其毕业论文"。1931 年 6 月，"审查赵丰田所作《康长素先生年谱稿》毕"（北京：中国社会科学出版社，1993 年，第 174－175、177、190、194 页）。赵丰田在《康长素先生年谱稿》的引用及参考书目中称："《康南海遗稿》，皆原写稿本而未经整理者。以奉顾先生命为排比年月次第备出版，得见之。"〔燕京大学《史学年报》1934 年第 2 卷第 1 期影印本，《中国近三百年学术史参考资料》（第六编），香港：崇文书店，1975 年，第 67 页〕。由此可见，顾对此多有介入。然因顾、赵师生关系，顾可能从赵处借得丁文江抄本再抄。

② 顾颉刚抄本共计 119 页，抄在"东明号"格稿纸上，每页上下两面，每面八行，每行二十字。标点注于字旁。顾请了两位书手，一位抄了前 92 页，另一位抄了后 27 页。书手姓名不详。

③ 乙未、丙申、丁酉、戊戌，分指光绪二十一、二十二、二十三、二十四年（1895—1898）。"十八年"系民国十八年即 1929 年。

④ 徐良早年留学日本、美国。康有为七十岁寿辰时，他奉前清皇帝溥仪所赠匾额、玉如意到上海致贺。溥仪在《我的前半生》叙有徐良事。徐良后任天津中原银行经理，汪伪政府外交次长、驻日本大使等，1943 年辞职。

⑤ 丁文江（1887—1936），字在君，江苏泰兴人。中国现代地质学的创始人之一，先后留学日本与英国。1917 年与梁启超同赴欧洲，出席巴黎和会，交甚善。梁去世后，为其编年谱。

⑥ 赵丰田 1931 年由燕京大学历史系毕业，毕业论文题目为由顾颉刚指导的《康长素先生年谱稿》。陆志韦、顾颉刚因此将赵介绍给丁文江。丁去世后，赵在翁文灏的指导下，完成了《梁任公年谱》的初稿。

生年，止四十一岁（光绪廿四年）。乙未以前系旧作，丁、戊二年系戊戌十二月在日本补作，中缺丙申一年。①

可见赵所使用者，为丁文江抄本，并提出罗普处另有"原钞本"。顾抄本为何会在康同璧的文件中，尚不得知，由此却可知康同璧之所藏为顾抄本。香港中文大学图书馆特藏室有 20 世纪 50 年代一油印本，题名为"南海康先生自编年谱"。该版本很可能就是康同璧 1958 年或 1959 年在北京自费油印的。我将之与顾颉刚抄本一一相校，文字上基本相同。中国人民大学图书馆藏有另一抄本，其封面从右向左竖题："戊寅年四月初八日/康南海自编年谱/何凤儒题。"② 从文字校对来看，很有可能是抄自顾颉刚抄本。

由此可知，康有为《我史》至少有罗普抄本、徐良抄本、丁文江抄本、顾颉刚抄本、何凤儒抄本、康同璧油印本。康有为弟子张伯桢著有《南海康先生传》，内容与《我史》几乎相同，由此可知张伯桢也有一抄本。

问题出在前引丁文江跋文称："此南海之自编年谱也。中缺丙申一年。乙未以前稿，据南海自跋，系抄没流落人间，为罗孝高所得。丁酉以后，乃戊戌岁暮在日本所作，亦归孝高。"这段跋语中包含着太多的问题。丁的依据是，徐良抄本于光绪二十一年（1895）结尾处，录有康有为眉批：

> 此谱为光绪二十一年乙未前作，故叙事止于是岁。门人罗孝高不知从何得之，盖戊戌抄没，落于人间，而孝高得之也。更姓七十记。

"更姓"是康有为晚年之号，"七十"当为虚岁七十，时为 1927 年（民国十六年）。是年 3 月 8 日（二月初五）康有为在上海度过七十岁生日，数日后遂离沪去青岛，3 月 31 日（二月二十八日）在青岛寓所病逝。这一眉批应是康逝世前不久添加的。③ 康有为

---

① 赵丰田：《康长素先生年谱稿》，香港：崇文书店影印本，第 67 页。然而，赵丰田自相矛盾的是，其编年谱仍然有"丙申"一年，其文曰："讲学于广府学宫万木草堂，以徐勤、王镜如为学长。续成《孔子改制考》《春秋董氏学》《春秋学》。七月与有溥君游罗浮，八月游香港，十月至澳门，与何穗田创办《知新报》。穗田慷慨好义，力任报事。先生将赴南洋，未果。复还粤。"并注明其出处为《自编年谱》。赵的这一段文字，与《我史》光绪二十二年基本相同，他可能已用了其师顾颉刚抄本。又，在该文的弁言，赵丰田称："此为丰田民国二十年所作毕业论文，当时时间仓促，材料缺乏，体例亦未允洽。其后尝多方搜罗，近复辑《梁任公先生年谱》，所得资料，较前文多至一倍有奇……民国二十三年八月十六日书于北平图书馆。"李文杰在北京大学图书馆论文查到了赵丰田的毕业论文之原本，《引用及参考书目》中《康南海自编年谱》一条，文字与刊印本完全相同。由此可知，其刊印本中参考书目《康南海自编年谱》一条，是其先前写的，发表时未及修改。
② "戊寅年"为 1938 年（民国二十七年），"四月初八日"为阳历 5 月 7 日。该本抄在春成纸店的稿纸上，《续修四库全书》将之影印出版。见《续修四库全书》（史部传纪类），上海：上海古籍出版社，1995 年，第 558 册。又，谢巍编撰《中国历代人物年谱考录》（北京：中华书局，1992 年，第 615 页）"《康南海自编年谱》（我史）"条下称言，年谱原稿藏于中国人民大学图书馆，即指此抄本，将抄本误为原本。
③ 参见马忠文：《康有为自编年谱的成书时间及相关问题》，《近代史研究》2005 年第 4 期。

此处宣称，他曾于光绪二十一年写过自传，且被抄没后，又被罗普所获。丁据此认为，康在光绪二十一年写完其前半，到日本后又作其后半。"更甡七十记"这段眉批，我所见到的各抄本、刊本皆录之。

然而我查看《我史》的手稿本，不仅没有这一条眉批，而且也不缺丙申一年，也就是说，康有为在日本完整地写下了从出生到光绪二十四年的内容；由此似又可推论，康在光绪二十一年很可能就没有写过自传。其中最有力的证据是，从手稿本所附 11 篇跋文中可知，1933 年罗普先是在上海，后在广州与香港展示《我史》手稿本，请康有为弟子作跋语，如罗普真藏有光绪二十一年手稿本，定当同时展示，而所有的跋文都没有提到此事。

那么，康有为的这条眉批又写在何处？我以为，很可能是写在其中的一个抄本上。就情理而言，不会写在徐良抄本上，最大的可能是写在罗普抄本上。我可举出一条证据：即手稿本第 64 页眉左角，也就是韩文举笔录之起始，有康有为亲笔眉批，"可照抄。卷四"。"可照抄"三字，似为康给罗普下达的指示。

根据丁文江跋文可知，徐良的抄本有康有为的"更甡七十记"之眉批，同时缺"丙申"一年，张伯桢写《南海康先生传》也缺"丙申"一年，看来他们两人使用的是同一版本。丁不仅称"此册颇有误字"，还提出"暇当借孝高原本为之一校"，他是否又做到了呢？从顾颉刚抄本来看，顾氏是做到了。"丙申"年即光绪二十二年的内容，二百余字，顾抄本是补抄在页眉上的。[①] 至于丁氏所提到的"误字"，顾抄本共有眉注 17 条，以作为校注。

也正是康有为"更甡七十记"之眉批引出的歧义，使得《我史》的写作时间混乱不清。丁文江等人被康牵了鼻子走。我以为，丁文江、顾颉刚等人没有看到《我史》的手稿本，不然的话，以其才华识力，定会很快看出破绽。由此又可以推论，顾颉刚用于相比较的不是手稿本而是罗普的抄本。我将顾抄本与手稿本相较对，发现只是个别文字上的差误，而没有内容上的差别，由此又可推知，罗抄本是忠实于手稿本的。

问题的要害是，康有为于光绪二十一年似未写其自传，罗普手中也没有光绪二十一年的手稿本，那么，康有为"更甡七十记"的用意究竟为何？从手稿本来看，康后来对《我史》有不小的修改和添加，大体改到光绪十八年（1892）；康已将手稿本分为五卷；康在手稿本有五处修改之贴条；据此似可以认为，康有为晚年打算较大规模地修改《我史》，并准备出版，但没有完成，便去世了。而康写"更甡七十记"一段眉批，很可能意味着他打算进行诸如《戊戌奏稿》一般的再造。

---

① 然究竟是丁文江派人所补还是顾颉刚派人所补，仅看顾抄本，还得不出结论来，但据常理来判断，很可能是顾颉刚所补。因为若由丁文江派人所补，顾抄本应抄在正文，而不是抄在页眉了。这里还不能完全回避一种可能，即顾抄本是完全按照丁抄本的，因丁抄本在页眉而故意抄在页眉。

刊印与书名

康有为《我史》最初刊行于 1953 年。中国史学会编辑、神州国光社出版《中国近代史资料丛刊·戊戌变法》，以"康南海自编年谱"为题，第一次发表了《我史》（以下简称《戊戌变法》本）。在该书的《书目解题》中称：

> 《康有为自编年谱》，一册，康有为撰，钞本，赵丰田藏。

又在该年谱前加编者按：

> 此年谱系根据赵丰田所藏钞本录下，后经与康同璧所藏抄本对校。原文至光绪二十四年为止。[1]

也就是说，《康南海自编年谱》是根据两个抄本互校发表的，其一是赵丰田所藏抄本，其二是康同璧所藏抄本。前已叙明，赵丰田所藏抄本即丁文江抄本，康同璧所藏抄本即顾颉刚抄本。赵丰田、康同璧似都未意识到《我史》手稿本的存在。

1966 年，台北文海出版社编《中国近代史料丛刊》，第 11 卷辑入张伯桢《南海康先生传》《康南海自订年谱》[2]。我对之进行了核对，《康南海自订年谱》的文字系录于《戊戌变法》本。1972 年，文海出版社出版《康南海自订年谱·康南海先生年谱续编》合订本一册，次年重印。其中《康南海自订年谱》为 1966 年版之影印。1976 年，蒋贵麟主编《康南海先生遗著汇刊》（台北宏业书局），其第 22 册中收录《康南海自编年谱》，仍系影印 1966 年文海版。1992 年楼宇烈编：《康南海先生年谱（外二种）》（中华书局），1996 年朱维铮编《中国现代学术经典·康有为卷》（河北教育出版社），1999 年罗岗等编《我史》（江苏人民出版社），皆据《戊戌变法》本。可以说，现在刊行的版本，皆出自 1953 年神州国光社的《戊戌变法》本。

由此，我现在可以看到的，一共有五个版本，其一是中国国家博物馆所藏手稿本，其二是《戊戌变法》本，其三是顾抄本，其四是何凤儒抄本，其五是康同璧油印本，后两个版本又是以顾抄本为母本。各版本之间除了文字转抄中略有异误外，基本上是一致的。也就是说，现行的刊本、抄本与手稿本并无原则性的差别，只是看不到康有为亲笔修改之处。

---

[1] 《中国近代史资料丛刊·戊戌变法》（第 4 册），上海：神州国光社，1953 年，第 616、107页。编者也相信康有为的"更牲七十记"，作书目解题称："是书系康有为于光绪二十一年乙未以前所作，叙事至是年为止。原稿在戊戌抄没，辗转落于其门人罗孝高手中。戊戌十二月，作者流亡日本，复将乙未以后事补作而成是编。"

[2] 然其内文仍以"康南海自编年谱"为题。该本封面书名与内文书名有一字的差误，我以为，很可能是校对不精而引起的。1973 年，该书又重印。

至少在 1929 年丁文江抄录时，书名已用"康南海自编年谱"①。顾颉刚抄本、何凤儒抄本皆用此名。1953 年神州国光社刊行时，以《康南海自编年谱》为书名，也是很自然的。但是，明眼人一看就知道，这个书名是由后人名之而非康有为本人自题，康不可能自称为"康南海"。

然从手稿本来看，封面及内页并无题名。由于用的是年谱体，又是其亲写，中国革命博物馆将该件藏品命名为"康有为自写年谱手稿"。由此又可以解释，丁文江等抄本为何以此名之。

1958 年，康有为女儿康同璧在任启圣的帮助下完成《南海康先生年谱续编》，其《序》起首便称：

> 先君《自编年谱》，原名《我史》，止于戊戌，凡四十一年，后未续作。②

此语中道出，该书康有为最初命名为《我史》。而更早提到该书书名的，是康有为弟子张伯桢。1932 年，他刻其著《南海康先生传》，称言：民国初年，康有为住在上海，"时伯桢拟刻丛书，先生知之，将平生诸稿编定见授"，其中提到："《我史》，即年谱。"③ 张的这一说法，称该书有两个书名。康虽然没有直接将《我史》之题名写在手稿本上，但康同璧、张伯桢必然听见康本人说过。

前引"更姓七十记"之眉批称："此谱为光绪二十一年乙未前作，故叙事止于是岁。门人罗孝高不知从何得之……"④ 此中的"谱"字，当作为"年谱"解。康以"此谱"称此书，也有可能将之题名为《自编年谱》。这与张伯桢的说法是一致的。

1996 年，朱维铮编《中国现代学术经典·康有为卷》，将《康南海自编年谱》复名为《我史》，称言：

> 《我史》在成稿后半个世纪才刊布，书题被刊布时编者改为《康南海自编年谱》，自有某种不得已的考虑，但也大失原著论旨，由原著结语可明。因此我将他作为康有为以"我"为核心的思想政见的自我总结收录本卷，并依据

---

① 赵丰田《康长素先生年谱稿》，在引用及参考书目中称："《康南海自编年谱》，丁文江氏副钞本"（香港崇文书店影印本，第 67 页）。

② 康文珮编：《康南海先生年谱续编》，台北：文海出版社，1972 年，第 1 页。

③ 《南海康先生传》，北平琉璃厂文楷斋刻印（香港中文大学联合书院图书馆藏本上盖有朱印："民国二十一年旧历四月八日初版，民国二十一年旧历五月五日再版"，及张伯桢的印章），第 57、68 页。

④ 此处据顾抄本，《戊戌变法》本该眉批中的"此谱"作"此书"。此中所用的"书"字，并不涉及书名 [见《中国近代史资料丛刊·戊戌变法》（第 4 册），上海：神州国光社，1953 年，第 136 页]。

康同璧的佐证，恢复其原名。①

朱维铮关于《康南海自编年谱》名称的由来，稍有小误，但其中强调的主旨，我是很赞成的，《我史》这一名称是康有为的原意，也特别符合光绪二十四年岁暮康有为写作时的心情。

据此，本书亦恢复康有为原意中的题名《我史》。

《我史》"鉴注"的时段

康有为《我史》记录了其出生到戊戌变法失败共计四十年的历史，为其作鉴注，当然最好是四十年皆作。我也有过这一想法。但是，这么一来，我又遇到两个问题：

其一，康有为个人最辉煌的历史为从甲午到戊戌，即光绪二十年至二十四年（1894—1898）；其余的时间，政治活动并不多。尽管从其生平和思想而言，从戊午到癸巳，即咸丰八年至光绪十九年（1858—1893），也很重要；且今日今人之研究，更注重童年习性、教育背景与人际交往。但此一时期毕竟是康政治活动的准备期，康本人似也如此认为。《我史》共计近4万字，其戊午到癸巳的35年，计约14 000字，而甲午到戊戌的5年，却计约25 000字，而戊戌一年，尤为重中之重，接近18 000字。今天的研究者引用《我史》，主要是引戊戌年的文字。且从《我史》手稿本中可知，光绪二十年之后的部分，康有为还来不及修改，大体保持为光绪二十四年末初写时的状态。

其二，也是更重要的，从戊午到癸巳的35年，康有为主要是在其家乡活动，也不太出名，除了光绪十四年至十五年（1888—1889）他到北京参加乡试外，政治活动内容很少。正因为如此，除了康自己的记录外，其他人的记录是很少的，可供参考的档案材料更是完全没有。若要为之作注，真是缺米下锅，事倍功半。康此期的思想与学术固然重要，《我史》手稿本中又能看出他后来的多处修改。② 若要再加细细辨析鉴注，须得从经学、西学与"康学"的关系入手，而我对经学史却不太熟悉，为此需得再花上相当长的准备时间。从甲午到戊戌，康有为的主要活动为政治斗争，斗争的核心处所主要是北京，他已经从边缘进据到政治舞台的中心，官方档案中留下了大量的记载，私人记录也有相当大的数量。而我本人的研究兴趣恰是政治史，又有看档案经验，对清代档案相对熟悉。

于是，我便选择了康有为《我史》中从甲午到戊戌的5年，一一作注。结果这约

---

① 朱维铮又称："《我史》，今刊本题作《康南海自编年谱》。但康同璧《南海康先生年谱续编》序称《我史》乃康有为所题原名，今据正，并保留传世刊本名称，作为副题"（《中国现代学术经典·康有为卷》，石家庄：河北教育出版社，1996年，第15、812页）。此后罗岗等1999年再编《我史》，也以康同璧语为据。

② 其中最重要的修改，我已在拙文《〈康有为自写年谱手稿本〉阅读报告》（《近代史研究》2007年第4期）中予以说明。

25 000 字的原稿，我的注释字数却达到了其二三十倍。尽管我可以为这种割裂式的鉴注，举出相当"充分"的理由：从甲午到戊戌，是中国历史上的关键时刻，也是康有为个人历史的关键时期，更是《我史》的主体部分。然我仍不能掩盖的是：我对甲午以前康有为在广东时期的史料搜集以及掌握经学史上的门派路径，感到严重信心不足；更何况今天的史学理论也有了新的变化，似乎更重视历史的平常时分，而不是我所关注的那些关键时刻。

我个人也寄希望于将来，等我对广东史料有着更多的认识后，等我能有一段新的相对空余时间后，再出一增订本，将康《我史》从戊午到癸巳的前 35 年，也一一作补注，同时还可以增补和修改我今稿中的忽略与错误。

《我史》的真实性

我为康有为《我史》作注，本来是因为康在其中作伪，以能一一予以鉴别之。然而，当我的工作将要完成时，我却又发现，康在《我史》中所记录的事件是大体可靠的，其之所以为不可信，在于他用了张扬的语词，在每一件事情上都夸大自己的作用，并尽可能地将自己凌驾于当时朝廷高官之上。如果用当时的政治术语，即为"粉饰"。对于这一判断，我大体上是有几分把握的。

当然，在一些历史的关键时刻，如"公车上书"、托人保荐、密谋政变等，康有为确实在《我史》中作伪，且康党会将相关的记录系统化，以使之不相矛盾。我也一直怀疑，康对刘歆的指责，使之在作伪的手法上更为完善。但是，康在《我史》中作伪次数还不是很多，似还不至于影响到我的结论：《我史》是一部可以小心利用的史料。①

康有为的这种张扬与自夸，很大程度上是由于他的性情与性格。其在《我史》光绪四年（1878）中自称：

> ……然同学渐骇其不逊。至秋冬时，四库要书大义，略知其概，以日埋故纸堆中，汩其灵明，渐厌之。日有新思，思考据家著书满家，如戴东原，究复何用？因弃之而私心好求安心立命之所。忽绝学捐书，闭户谢友朋，静坐养心，同学大怪之。以先生尚躬行，恶禅学，无有为之者。静坐时忽见天地万物皆我一体，大放光明，自以为圣人，则欣喜而笑，忽思苍生困苦，则闷然而哭，忽思有亲不事，何学为？则即束装归庐先墓上。同门见歌哭无常，以为狂而有心疾矣。至冬，辞九江先生，决归静坐焉。

---

① 若将康著《我史》与此期梁著《戊戌政变记》相比较，我认为，《我史》的可靠性远远超出《戊戌政变记》。梁在《戊戌政变记》中用大量想象来代替材料，甚至故意作伪，远远超出"真迹放大"的范围，所言许多事情根本不存在。《我史》所言之事，大体存在，只是叙述方式过于自夸，康有意作伪者，仅是少数。

这一段言论已是相当地惊世骇俗，若再查原稿本，则更让人惊心动魄！由于这一段话有多处多次修改，其最初的文字已无法完全复原，我推测此段最早之文字为：

> ……然自是也，日有新思，咸同门（感）骇其不逊，时日有新思，忽思孔子则自以为孔子焉，忽思考据学感（无用）何用，因弃之。（先生尚躬行、恶禅学）而私心好阳明。忽绝学捐书，闭户（静坐养心），谢弃友朋，静坐养心，同学大怪之。以先生尚躬行，恶禅学，无有为之者。（忽思祖父则拟）忽自以为孔子则（笑）欣（笑自）喜而笑，忽思苍生困苦则闷然而哭，忽思有亲不事，何学为，则即束装归庐墓上，同门皆以为狂而有心疾矣。至冬，决归静坐矣。①

康的修改，抹去了他心中的大秘密，即他自以为是"孔子"之再世！再来看光绪五年（1879）中的记载：

> 以西樵山水幽胜可习静，正月，遂入樵山，居白云洞，专讲道佛之书，养神明，弃渣滓。时或啸歌为诗文，徘徊散发，枕卧石窟瀑泉之间，席芳草，临清流，修柯遮云，清泉满听，常夜坐弥月不睡，恣意游思，天上人间，极苦极乐，皆现身试之。始则诸魔杂沓，继者诸梦皆息，神明超胜，欣然自得。习五胜道，见身外有我，又令我入身中，视身如骸，视人如豕。

由此再与手稿本核对，亦有多处之修改。② 光绪四年时，康有为二十岁。前一年，他师从朱次琦，入礼山草堂，而终其生对朱次琦尊崇。也就在这学问精深之阶段，康亦处于人生的一个癫狂期。我在这里引用康有为的话，并不是为了探讨康在二十、二十一岁时的真实身体状况，而是为了说明，康在《我史》中使用如此的语言来描绘他人生的癫狂期，不正是可以清楚地看出康在写作期间即光绪二十四年岁暮时的性情与性格吗？康的大弟子梁启超称：

> 先生最富于自信力之人也，其所执主义，无论何人，不能摇动之。于学术亦然，于治事亦然，不肯迁就主义以徇事物，而每镕取事物，以佐其主义。常有六经皆我注脚、群山皆其仆从之概。故短先生者，谓其武断，谓其执拗，谓其专制，或非无因耶。然人有短长，而短即在于长之中，长即在短之内。先生

---

① 括号内为康有为原删文字，从笔锋、墨迹来看，此为写作时的随时修改。黑体是我所标，以引注目。

② 我推测其最初的原稿可能为："以□人慕西樵山水幽胜可习静，正月，遂入樵山，居白鹿洞，历讲道佛之书，养神明，弃渣滓。时或啸歌为诗文，静坐堂，经徘徊石窟瀑泉之间，起坐无□，席芳草，临清流，修柯遮云，清泉满听，□常静坐，弥月不睡，始则诸魔杂沓，继者魂梦皆息，欣然自得。"中间有多处添加。而"习五胜道，见身外有我，又令我入身中，视身如骸，视人如豕。既而以事出城，遂断此学"一段为添加，补在页眉，并在其后删"复以民生多艰，□□我才力聪明，当往拯之"一句。

所以不畏疑难，刚健果决，以旋撼世界者，皆此自信力为之也。①

又称：

　　康"乃至谓《史记》《楚辞》经刘歆羼入者数十条，出土之钟鼎彝器，皆刘歆私铸埋藏以欺后世，此实为事理之万不可通者，而有为必力持之。实则其主张之要点，并不必借重于此等枝词强辩而始成立，而有为以好博好异之故，往往不惜抹杀证据，或曲解证据，以犯科学家之大忌。此其所短也。有为之为人也，万事纯任主观，自信力极强，而持之极毅，其对于客观的事实，或竟蔑视，或必欲强之以从我。其在事业上也有然，其在学问上也亦有然"。②

　　前一段话，梁启超说于光绪二十七年（1901），康已离日本，梁处处为其师回护，然也道出于康为其"主义"而不顾"事物"的个性特点，即只顾其主观之认识，无视于客观之事实。后一段话写于1921年，康当时也健在，尽管师生之间有了一些罅隙，然大体尚还过得去，一句"万事纯任主观"，将其师的性情与性格表露无遗。而康有为从上海到香港的逃亡途中，英国公使馆中文秘书戈颂（Henry Cockbum）一路陪同，三天中与康有多次谈话，他在随后的私信中说：康"真是个可怜人——一个狂热的人和空想家"③。如果由此而解之，康有为在《我史》中的许多张扬与自夸，非其特意造作，似乎是在不自觉之中的天性流露；尽管也有证据表明，他在某些地方是有意为之，故意作伪。④

　　人在顺利的时候，是不太会想到总结人生的；大多是在其经历了大风大雨后，才会回顾过去，做一点记录；而在世态炎凉的感慨之余，也很难指望作者还有保持客观性的

　　① 梁启超：《南海康先生传》，《饮冰室合集》（第1册），《文集》之六，北京：中华书局，1989年，第87-88页。

　　② 梁启超：《清代学术概论》，《饮冰室合集》（第8册），《专集》之三十四，北京：中华书局，第56-57页。

　　③ 戈颂致莫理循，1898年10月19日，《清末民初政情内幕：〈泰晤士报〉驻北京记者、袁世凯政治顾问乔·厄·莫里循通信集》（上册），上海：知识出版社，1986年，第122-123页。以下简称《清末民初政情内幕》。又，戈颂另一中文译名为"贾克凭"。

　　④ 关于康有为的性情与性格，时人与后人有着许多评论，此处不再一一述之；然我以为，最值得注意的有两条：一是萧公权说："作为一个不设防的人，康氏自有其缺点与错误，他并不是圣人。他的努力失败，不能说是英雄。虽一度颇受人注目，但情况迅即转变。历史总是以现实的社会与政治标准衡量人。一个先知的预见不能成为事实，便得不到掌声。但是在思想的领域内，现实的裁判并不很相关。康有为的改革与乌托邦思想毕竟对中国思想史有重要贡献。"（《近代中国与新世界：康有为变法与大同思想研究》，南京：江苏人民出版社，1997年，第31-32页）。一是黄彰健说："一个人目空一世，也往往由于他的学识才干确较普通人高出一筹。这种人的态度虽可厌恶，但当国者却不可以人废言。"（《戊戌变法史研究》，上海：上海书店出版社，2007年，第71页）。从中可以看出同情与理解，但是萧、黄两先生如此说，是将康当作思想家来看待，当作建策者来看待，而作为政治家，康的这种性情与性格显然成事不足。《我史》主要是讲康的政治生涯，我为此作鉴注，也不得不坚持对政治家的评价方式，即会对他有更多的批评。

自觉。这是人类本身的弱点所致。在一场大灾大难后，能够保持冷静与客观，给后人留下真实的记录，自当受到历史学家们的尊崇；而自我辩护、自我张扬甚至不惜于作伪，历史学家也无须予以太多的道德指责。由此而观，这些情况与康有为写作《我史》时的心情是相一致的。

礼送康有为出日本

戊戌政变时，康有为恰从天津塘沽南下上海，为英人所救，随后英国派军舰护送其搭乘之船前往香港。而就在香港，康有为犯下了他一生中的一大失误。

光绪二十四年八月二十一日（1898 年 10 月 6 日）晚，康有为接受香港最大的英文报纸《德臣报》（China Mail）记者的采访。① 在此次访谈中，康有为对慈禧太后大加攻击，称她只是一个妃子，光绪帝已经认识到慈禧太后不是他真正的母亲；又称光绪帝对其如何信任，夸大其本人在维新运动中的作用。最后，康还称光绪帝已给他密诏，让他去英国求救，恢复光绪帝的权力。在采访中，康有为知道他的谈话将会被发表。

尽管康有为自以为是地认为，他在利用媒体向英国政府求救，但似乎没有想到光绪帝还在北京，正在慈禧太后的掌控中。他的这些内容并不属实的谈话，将会对光绪帝非常不利，恰恰向慈禧太后证明了光绪帝仇恨慈禧太后，且不惜于利用英国以能让慈禧太后下台。若想要真帮助光绪帝，康应该在公开的场合赞颂光绪帝对慈禧太后的忠诚，但他却正好是倒过头来走。这是他政治经验幼稚的又一次表现。②

次日，即光绪二十四年八月二十二日（1898 年 10 月 7 日），香港《德臣报》刊出了长篇报道，以英文公布了康有为的谈话。九月初一日（10 月 15 日）上海《北华捷报》（North China Herald）刊登了这一篇英文报道，并加上了相关的消息。九月初二日（10 月 16 日），上海的《申报》以中文发表了其中的主要内容。尽管《申报》予以声明"以上乃由西报摘译，其中所有干及皇太后之语，概节而不登"，但任何一个人都能看出光绪帝向康有为表白了其对慈禧太后的不满。九月初五日（19 日），上海《新闻报》也刊出了康有为谈话的中文稿。九月初七、初八两日（21、22 日），天津《国闻

---

① 该报道的中文译本见《中国近代史资料丛刊·戊戌变法》（第 3 册），上海：神州国光社，1953 年，第 499 - 513 页。并称："为我们作翻译的绅士，一位有名的买办……"康有为恰于当天从香港中环警署搬到了怡和洋行买办何东的家中，在采访时担任翻译者，为何东本人。

② 康有为后来也没有感到其行为的危险性，在向《台湾日日新报》的供稿中，在康党主办的《知新报》中，发表了大量此类言论。他还在日本利用邮件的方式，向国内寄《奉诏求救文》及其编造的谭嗣同遗书、遗言、光绪帝乃至咸丰帝的密诏。到美洲以后，"光绪帝仇恨慈禧太后"成为他在海外宣传的主题。他似乎始终未认识到，他的这种"保皇"，实际上恰是"害皇"。

报》也简短报道了康有为谈话的内容。① 此时，慈禧太后已有废光绪帝之心，刘坤一等大臣为保全光绪帝正尽心竭力。若康有为的谈话内容为慈禧太后所知，将有大不测。

湖广总督张之洞从《新闻报》上看到了康有为的这一谈话，大为震怒。他于九月初十日（10 月 24 日）致电两江总督刘坤一、上海道蔡钧，要求与该报馆及保护该报馆的外国领事"切商"，"嘱其万勿再为传播"。② 与此同时，张之洞即与日本驻上海代理总领事小田切万寿之助进行交涉，要求日本政府进行干预。此后，小田切万寿之助来到湖北，据他后来的报告称，他与张之洞有"五次会见"。在会见中，张之洞提到了日方所期盼的中日两国军事合作，条件是将康有为等人逐出日本。③

康有为到达日本时，日本的政坛已出现震荡。1898 年 11 月 8 日（光绪二十四年九月二十五日），第一次大隈重信内阁倒台，第二次山县有朋内阁成立。新任外相青木周藏认为清朝的政治已从政变时的混乱转向稳定，主张与以慈禧太后为首的清朝合作。从现有的资料来看，康有为并没有见到大隈重信、山县有朋、青木周藏等日本政府高层人士，与他打交道的是犬养毅、副岛种臣、品川弥二郎等非实任的政治家，经常交往者为日本外务省中下层官员与大陆浪人。康有为行前所设想的"申包胥秦庭七日之哭"，一无施展之机；反随着大隈的下台，由政府接待改为政党接待。日本陆军方面为了介入中国，也要求外务省答应张之洞的条件。

就在张之洞与小田切商议驱逐康有为的同时，清廷也得到了康有为在香港谈话内容的报告。九月十一日（10 月 25 日），署理礼部侍郎、内阁学士准良看到天津《国闻报》

---

① 该报并加尾注说明："以上康主事之言，洋洋数万字，本报不能尽述，只择其要译出。仓猝之间，言词不无诘曲，未暇修削。想阅者必能共谅也。"又，《国闻报》光绪二十四年九月二十二日（11 月 5 日）再刊《德臣报》报道中康有为觐见时与光绪帝之交谈言论。

② 《张文襄公全集》（第 3 册），北京：中国书店，1990 年，第 763 页。刘坤一对此回电表示完全同意（同上书，第 764 页）。刘在致林糓眉信中更明确表示态度："顷奉惠书并《新闻报》一纸，具见关怀大局，义正词严。此报早经寓目，当饬蔡道照会英领事严行查禁，并将前报更正；该领事亦以为然，可见公道自在人心。该犯用心至毒，为计至愚，此等诬蔑之辞，徒自彰其背叛之罪，不啻自画招供也。西报每谓康党止图变法，并无逆谋，今有此书，正成确证。若因《新闻报》妄缀议论，遂与中报一律查禁销售，转不足以释外人之疑，非徒虑滋纷纭也。"［中国科学院历史研究所第三所主编：《刘坤一遗集》（第 5 册），北京：中华书局，1959 年，第 2230 页］九月十三日，上海《申报》刊出梁鼎芬《驳叛犯康有为逆书》，二十四日，《申报》再刊刘坤一《息邪说论》，对康的说法予以驳斥（叶德辉辑：《觉迷要录》，光绪三十一年刊刻本，录三，第 1–7 页）。

③ 小田切万寿之助通过日本驻汉口领事发电给日本外相青木周藏："张之洞要求我秘密报告日本政府：康有为及其同党在日逗留，不仅伤害了两国业已存在的友好情谊，而且也妨碍他实施诸如由日本军事顾问训练军队的计划，由此应将他们逐出日本……"（1898 年 12 月 2 日下午 9 时 30 分汉口发，3 日晚 12 时 30 分收到）。青木外相立即对此作出了反应，于 6 日复电："交上海代理总领事。你可以答复张之洞：帝国政府甚不愿为康有为及其党人提供政治避难，由于国际惯例，也不可能违背其意愿将其遣送出境；但将尽一切努力以达此目的……"［《日本外交文书》（第 31 卷，第 1 册），东京：日本国际联合协会，1954 年，第 723–724 页］。

转载的康有为谈话，上奏"报馆刊布邪说请饬查办折"①。清廷当日下旨直隶总督裕禄，称：《国闻报》"九月初七日述康逆问答之词，尤为肆逆不法"，"着裕禄派妥员密查明确，设法严禁。此等败类必应拿获惩办，毋得轻纵"②。十月初三日（11月16日），清廷下达了一道交片谕旨，暗令刘学询、庆宽赴日，刺杀康有为等人，此后又有一系列的密令。③日本驻华公使矢野文雄也得到了密报，并向青木外相作了报告。④

12月16日（十一月初四日），日本外务省翻译官楢原陈政背着大隈重信一派，以个人身份访问梁启超，劝康、梁等人离开日本。梁启超对此十分不解，表示拒绝。12月20日（十一月初八日），楢原再次访问梁启超，称李鸿章曾与伊藤博文会见时要求驱逐康有为等人，否则会在外交上产生不快，最好在此之前往美国或英国，旅费由其负责。梁启超对此再一次拒绝。此后，楢原还多次给梁启超写信，要求康、梁等人离开日本。

楢原陈政的工作虽被拒绝，但青木周藏外相则通过康、梁的保护人，实行迂回。他将此事委托伊藤博文，伊藤又将此事交给犬养毅，犬养毅对此提出折中方法，即康离境，梁不离境，另送康旅费。犬养让柏原文太郎去说服梁启超，而柏原正是照顾康、梁

---

① 国家档案局明清档案部：《戊戌变法档案史料》，北京：中华书局，1958年，第482–483页。准良于八月二十五日接替萨廉，署任礼部右侍郎，该折不见于军机处《随手档》，很可能另有渠道递上。又，是年九月，缪润绂上条陈，所附"钞单"摘录了一些康有为与《德臣报》记者的谈话内容（同上书，第485–487页）。

② 军机处《随手档》《上谕档》，光绪二十四年九月十一日。

③ 该交片称："已革候选道刘学询，着赏给知府衔，已革内务府员外郎庆宽，着赏给员外郎衔，庆宽并准其入内务府汉军旗籍。所有该二员呈请自备资斧，亲历外洋内地考察商务等语，着总理各国事务衙门察核办理。"（军机处《上谕档》，光绪二十四年十月初三日）初六日，又下达谕旨："知府衔刘学询、员外郎庆宽均署自备资斧，亲历外洋内地，考察商务。"（军机处《洋务档》，光绪二十四年十月初六日）二十二日，清廷密旨沿海沿江各督抚："康有为、梁启超、王照等罪大恶极，均应按名弋获。朝廷不惜破格之赏，以待有功。"（军机处《上谕档》，光绪二十四年十月二十二日）该密谕为了保密，不用电报，而用"六百里加急"的方式送达各督抚。张之洞收到密旨后，于12月25日发电总理衙门，上报其小田切万寿之助的密谋，并告：小田切称"令人讽伊自去赴美国，日本政府助以川资"；"近或一两礼拜，远亦不过两月"（《张文襄公全集》（第2册），北京：中国书店，1990年，第363页）。同在二十二日，清廷密电驻日公使李盛铎："闻康有为、梁启超、王照诸逆现在遁迹日本，有无其事？该逆等日久稽诛，虑有后患。如果实在日本，应即妥为设法，密速办理。总期不动声色，不露形迹，预杜日人藉口，斯为妥善。果能得手，朝廷亦不惜重赏也。"（军机处《电寄档》，光绪二十四年十月二十二日）

④ 矢野文雄致青木周藏，第237号电报，称："各种渠道的报告声称，慈禧太后于12月6日通过总理衙门秘密命令清驻日本公使，运用一切手段将康及其党人捕拿或暗杀。"（1898年12月9日发，《外务省记录》1–6–1–4–2–2"光绪二十四年政变、光绪帝及西太后崩御、袁世凯免官"，第3册）

起居生活的人。① 1899 年 1 月 19 日（十二月初八日），近卫笃磨公爵也出面干预此事。他将梁启超叫到其住处，明确告知：康有为逗留日本有碍日中两国保持邦交，即使逗留也不易实现他的目的，最好漫游到欧美去。② 在此压力下，康有为只能同意离日。③

光绪二十四年岁暮康有为写作时的心情

康有为称其写《我史》时间为："九月十二日至日本，居东京已三月，岁暮书于……"④ 九月十二日为 1898 年 10 月 26 日，三个月后即十二月十二日，即 1899 年 1 月 23 日，该年的除夕是 1899 年 2 月 9 日，如果以其十天的写作时间来计算的话，那么，似可推测在十二月初八日（1 月 19 日）之后到除夕之间。

---

① 12 月 28 日，犬养毅致信柏原文郎："多次不辞遥远造访寒舍，万分感谢。康有为之事与伊藤侯相议。伊藤侯可能转告青木。其要旨是给康有为配备翻译一同前往外国，而王照与梁启超则留在日本。七千元为其旅费。上述事情大概已经谈妥，可领会其意思办理可也。木堂。二十八日。我知此事伊藤乃受青木委托，我已将此事写信给早稻田翁。"同日，又致信大隈："昨日伊藤侯突然来旅店访问，其目的乃是为康有为一事而来。相议之结果，遂只将康有为一人遣送外国，送其七千日元左右的旅费。但是，伊藤侯的意思是这笔钱应以我们有志者的名义来赠与。上述事情伊藤侯则尽快通知青木外务大臣。我以为上述之事乃青木所托。至于让梁启超留在日本以增长学问之事，晚生也表示赞同。近日康有为谒见阁下时，请酌情将此事相告。草草。廿八日。大隈伯阁下。犬养毅。"（转引自［日］永井算已：《清末在日康梁派的政治动静》，《中国近代政治史论集》，东京：汲古书院，1983 年，第 1–31 页）而相关的研究除永井算已论文外，又可参见［日］伊原泽周：《由近卫日记看康有为的滞日问题》，《从"笔谈外交"到"以史为鉴"：中日近代关系史探研》，北京：中华书局，2003 年；翟新：《东亚同文会与清末变法运动：以应对康、梁派的活动为中心》，《近代以来日本民间涉外活动研究》，北京：中国社会科学出版社，2006 年。

② 李廷江编：《近卫笃磨与清末要人：近卫笃磨宛来简集成》，东京：原书房，2004 年，录有梁启超所写文字，注明 1899 年 1 月 19 日，似为当日的笔谈。其中称："康先生亦久有一游欧米之志，然所以迟迟者，亦有故。其一日本同为东方关系之国，利害相同，故深欲使两国社会上之交日亲，以为往欧米之关系，不如贵国，故欲滞贵国也。若欧米之行，于阅历及增长学识，所得甚多，然所以有难者，其中琐琐之故，柏原君略可知之。此行期之所以不能速也。今承明公之相告，想必敝政府有责言，而贵政府有难处之故欤，乞见示。""盛意敬闻命矣，谨当复命于康先生。即约译人，译人既至，便当西游。至敝邦之事，回复未有豫期。康先生一游欧米一年数月之后，仍欲归滞于贵邦，专讲两邦社会联合之义务，未知可否？"（第 48、394–395 页）又，近卫此次谈话前，曾与清朝官员邹凌翰、外务次官都筑馨六、外务省翻译官柏原陈政交换过意见；并对梁启超说明，他与大隈商量过。

③ 1899 年 1 月 23 日，梁启超写信给近卫笃磨，称："一昨拜谒，承示谆谆，归而述之于康先生。先生深感厚情，即已发邮书电信往上海，与容君同行矣。昨中西、柏原两君来，已面告一切，托达于座下。今更作书奉告，并陈感激之忱。康先生命代笔致候。"（《近卫笃磨与清末要人：近卫笃磨宛来简集成》，东京：原书房，2004 年，第 49、395 页）"容君"，容闳；"中西"，中西正树，康有为同行译员；"柏原"，柏原文太郎。

④ 康有为是 1898 年 10 月 25 日（即九月十一日）深夜 11 时半到达东京居所的，称九月十二日也大致不错。

康有为写作之期也就是他将被迫离开日本之时。① 在东京的三个月，并不是康人生的高峰而是其低谷，写《我史》时又恰处于谷底，他的心情之不快是容易想见的。② 也因为如此，《我史》写了诸多在北京乃至在上海、香港的经历，唯独对长达三个月的日本生活不置一词。最能明显地表达他生活场景与心情状态的，是于此时写的一首诗，题《冬月夜坐》：

> 门径萧条犬吠悲，微茫淡月挂松枝。
>
> 纸屏板屋孤灯下，白发遗臣独咏诗。③

夜晚的"门径"本应当是萧条的，而此处的"萧条"似不止是夜晚。犬声就是犬声，从犬声中听出悲哀的，是本心的悲哀。这个时候的他，是寂寥的，是惆怅的，是孤独的，而这种孤独的心情引发出来的，是一种孤芳自赏，是对自己往日英雄史诗般的历程，自我作一番英雄史诗般的抒展。在这种文字的书写中，康有为感到了自我的完美，自我的净化，自我的超然，没有了人人皆有的私念，没有了弥漫于政坛中的种种阴谋，以力图表明自己"以救中国"，乃至于"以救地球，区区中国，杀身无益"的伟大抱负与高尚情怀。在这个冬月夜晚的"纸屏板屋孤灯下"，在这一个"白发遗臣"奋笔中，自我咏唱着已被理想化、神圣化、纯洁化、美丽化的英雄史诗，其名称也起得十分了得、非同凡响——《我史》！现实中的屈曲伸发出他意念中的张扬，何等样的高官，何等样的对手，都在他的笔下蜷伏着，而他自身，尽管已经是一个失败者，伤痕累累，却凌凌然于绝顶之上。在这样的场景下写出来的诗歌或可以千古流唱，写出来的散文或可以不朽，然写出来的历史却似不可能是完全可靠的信史，更何况康有为又是一个"万事纯任主观"的人，"一个狂热的人和空想家"。

由此而形成了康有为在《我史》中的第一定理：康是正确的，没有任何错误；是一个神秘政治图谱的发现者，发现了"伪经"，更发现了"改制"；是一个经历灾难而不死的人，仅从北京的逃亡途中"凡十一死"，而"曲线巧奇，曲曲生之"。康在《我史》的尾歌中，激情地唱道："吾以一身备中原师友之传，当中国政变之事，为四千年未有之会，而穷理创义，立事变法……"就在这个"纸屏板屋孤灯下"的冬月夜。

---

① 康于 1899 年 3 月 22 日（光绪二十五年二月十一日）离开日本横滨，日本方面给予旅费，并派中西正树作为翻译陪同其赴美。

② 陪同康有为从香港到日本的浪人宫崎寅藏，对此评论道："他心中暗自有所期许，以为以自己的地位一定会说服大臣（大隈）同情自己，允许派兵牵制守旧派，以便挽回自己的势力的。这种自负心是由信赖心产生的，这是过于相信自己。而这种过信自己的反作用，就变成失望与怨恨，这也是人类自然的道理……过了不久，以前待康先生以上宾的我国人士，对他的为人逐渐感到厌腻而疏远了。"（佚名初译，林启彦改译、注释，宫崎滔天：《三十三年之梦》，香港：生活·读书·新知三联书局，广州：花城出版社，1981 年，第 148 页）

③ 上海市文物保管委员会文献研究部编：《康有为遗稿·万木草堂诗集》，上海：上海人民出版社，1996 年，第 98 页。以下简称《遗稿·万木草堂诗集》。

由此而形成了康有为在《我史》中的第二定理：康虽然是失败者，但失败的原因是守旧者的阻碍，是当政者未能听从其谋。尽管康还是一个"布衣"、一个举人、一个进士、一个学习主事、一个未上任的总理衙门章京，实属微末；但他的对手一开始就身处高位：徐桐、孙毓汶、李莲英、李文田、徐用仪、刚毅、许应骙、荣禄乃至于慈禧太后本人，与此高位重权人士相争而败，非为人算而只不过是形势使然；对李鸿章、张之洞、翁同龢、张荫桓、廖寿恒、孙家鼐，《我史》也采用了一种略高一等的口气，指责他们未能听从其意，尤其是翁同龢，经常使用下达命令的语气。

若从历史的角度来看，康有为能够成就这一番大事业也属偶然。康的团体，即康党，是一个很小的团体，支持者不多，力量应当说也是很小的。① 他能够登上政治舞台，很大程度上在于当时的国际形势，即德国、俄国、英国等国在租借地、借款等方面咄咄逼人的压迫，使清朝感到了极大的压力。在召见康有为的当天，光绪帝也召见了张元济，说了一番颇有感触的话。张在后来的私信中透露：

> 玉音垂问，仅三十余言。大旨谓外患凭陵，宜筹保御，廷臣唯喏，不达时务（讲求西学人太少，言之者三）。旧党阻挠，部议拘执，帖括无用，铁路当兴。——皆亲切言之。②

也正是光绪帝的这种认识，采用了康有为的一些主张，开始了中国历史上色彩绚烂、悲情催泪的一幕——戊戌变法；康有为及其党人由此乘风扬帆，激情浩荡。戊戌变法之失败，当然是由于慈禧太后的政变，但我仍然能够感到，根据康有为派的政治力量，按照康有为派的政改方案，若慈禧太后未在八月初六日（9月21日）发动政变，他们似乎也不可能走得很远……

我也由此找到了解读《我史》的方式：降低康有为的声调，查找他的私念，指

---

① 除去万木草堂的学生与下层拥护者，我以为，康党在政治上能起作用的核心成员为：梁启超（举人，后给予六品衔）、谭嗣同（候补道，后授军机章京参与新政）、杨深秀（山东道监察御史）、宋伯鲁（掌山东道监察御史）、徐致靖（日讲起居注官，翰林院侍读学士，后署理礼部右侍郎）、徐仁铸（翰林院编修、湖南学政）、徐仁镜（翰林院编修）、徐仁录（徐致靖之侄）、林旭（内阁候补中书，后授军机章京参预新政）、黄遵宪（湖南盐法道，署理按察使，后改驻日公使，未上任）、李端棻（仓场侍郎，后为礼部尚书），仅此11人，其中李端棻、黄遵宪也未必从命。他的支持者为翁同龢（军机大臣、总理衙门大臣、户部尚书，后罢免）、张荫桓（总理衙门大臣、户部左侍郎）、张元济（总理衙门章京）、李岳瑞（总理衙门章京）、王照（礼部主事，后为候补四品京堂），然这些人并非会以全力相助。还有许多人反对康有为的思想和学术，但有可能支持他的某些政策，如张之洞（湖广总督）、陈宝箴（湖南巡抚）、孙家鼐（大学士、工部尚书）、李鸿章（大学士、总理衙门大臣）。又，当时的守旧派与维新派在许多地方是权力斗争，而非政治理念。孙宝瑄在光绪二十四年十月二十八日记："余主持议院之说，询之守旧老儒，每多以为是者。而与喜谈新政诸公言之，反皆目为缓图。余自是不敢薄视旧党。"［《忘山庐日记》（上册），第279页］
② 《张元济复沈曾植书》，光绪二十四年六月十八日，张树年、张人凤编：《张元济书札（增订本）》（中册），上海：商务印书馆，1997年，第675页。

出他的错误。这表面上似乎是将康有为"矮小化",我却以为,这是力图将之还原为"真实"①。

"真实"虽是历史学家难以企及的彼岸,但毕竟是他们心中不灭的梦境。

【作者简介】

茅海建,华东师范大学历史系教授、博士生导师。

---

① 李云光在其著作中称言:"康有为的时代已经过去,影响力逐渐消失,不必颂扬,也不必诛伐了。要写文章只有一条可行之道,便是搜集新出的资料,站在一个新的基础上,以求真的态度,朴实的笔法,对他不要擦粉,也不要抹黑,移开那些庄严的法相,还他个有血有肉的世俗之身,写几篇无憎无爱的平淡之文。为历史添几条素材,为国族爱惜一个人物。"(《康有为晚年思想及生活新证:康有为家书考释》,香港:汇文阁书店,1979年,第2页)李云光,康有为之女康同环的女婿。康门后辈,能出此言,欣闻而敬之。

皇帝崇拜文化心态探究*

冯尔康

杭州岳庙里有一组雕塑造像，系南宋秦桧、王氏夫妇跪在抗金英雄岳飞像前，受万人唾骂。宋金和约，秦桧是金朝奸细，杀害岳飞而和约成，乃罪大恶极之人，然而他不是决策者，是宋高宗决意主和，并发出"岳飞赐死"的指令，无疑罪魁祸首是宋高宗，可是后人为何主要怪罪秦桧，而放过宋高宗呢？原来皇帝可以下"罪己诏"，说什么"万邦有罪，罪惟朕躬"，但是臣民则不可以怪罪皇帝。这其实就是自古至今的皇帝崇拜文化的一种现象。本文将从现实中存在的帝王崇拜文化现象谈起，回溯历史上皇帝崇拜文化的表现及其产生和流传不衰的原因。

一、现代人的皇帝崇拜文化

佛教圣地峨眉山，有几处为人们津津乐道而与皇帝有关的地方。唐宋古刹伏虎寺大殿"离垢园"匾额，系清朝康熙皇帝御笔，导游向游客说这是康熙微服私访出家的父皇顺治，至此题写。洪椿坪附近的岩石上刻有康熙御笔的"忘尘虑"三个大字，峨眉山管理处就此在说明牌上写道："君临天下，敬天地父母师长为先，康熙为寻出家的父亲顺治，从简潜行到了峨眉，被沿途的男耕女织，秀美景色，袅袅梵音，超凡脱俗所感悟，欣书'忘尘虑'三字，敕刻于岩上。"这儿说康熙私访，与伏虎寺导游所讲，均系一事，可知此间对康熙"私访"是当作真事，而且津津乐道。其实康熙没有去过峨眉山，但在康熙四十一年（1702）接见过峨眉山卧云庵僧照玉等人，赐卧云庵佛经。随后又派人到峨眉山降香，给各大寺院御笔字联和佛家经典。康熙没有到过峨眉山，但以降香赐字表明与这里有佛缘，仅此而已。

在洪椿坪的康熙御书附近，崖壁上有一组礼佛雕刻图，其上方是楼阁、祥云，下方

---

* 本文原载于《广东社会科学》2008 年第 5 期。

是相向而行的两组人群，右侧是信士，左侧是僧侣，互相合十致礼。在图的下方有今人用中英文书写的卧牌，中文有大字标题"明太祖朱元璋"，接着写道："相传朱元璋小的时候，安徽凤阳发生灾荒，他的母亲带着他投奔在峨眉山出家的舅舅宝昙和尚，受到佛法启迪。后来朱元璋做了皇帝，封宝昙为国师，主持峨眉山佛事。宝昙居蜀数十年，戒律大行，奠定明代峨眉山佛教鼎盛的基础。朱元璋亲撰律诗予以褒扬：'山中静阅岁华深，举世何人识此心。不独峨眉幻银色，从教大地变黄金。'"文字的前面讲朱元璋随从母亲到峨眉山，明白告诉人们是传说故事，不一定真实，而后来写的赐给舅舅宝昙国师的七绝，则成为真有的事情。关于朱元璋青少年的经历，《明史》《明史纪事本末》，以及朱元璋亲自撰写的《御制皇陵碑》，都说得很清楚。他十七岁时，家乡凤阳蝗灾、饥荒、瘟疫流行，父母兄长染上瘟疫丧生，他孤苦伶仃无法生存，由邻居老太介绍，进入皇觉寺做和尚，寺院也没有吃的，就外出游方觅食，先后到了合肥、河南的光州、固始、汝州、颍州，这样游历三年，返回皇觉寺，到了 25 岁，乃投奔郭子兴反元部队。他的母亲死于瘟疫，哪里能带他逃荒峨眉山寻找娘舅？他在皇觉寺好几年，兵荒马乱中不会学到很多佛学知识，但总会得到一点，也无须去峨眉山领悟。所以到峨眉得悟佛性之说难以得到事实的支持。至于舅舅宝昙，据史书记录，朱元璋父母兄长死后，家人只存一位寡嫂和一个侄儿，另有姐夫和一个外甥，若有舅舅这样的长辈，他也不会不承认而要隐讳，史书也不会漏载，因此舅舅之说实无其人。

康熙给伏虎寺赐字确有其事，而来此私访顺治，则属无根之谈。朱元璋没有到过峨眉山，他的故事不知从何说起，也许仅因当过和尚吧。与寺庙有关的皇帝故事，半真半假。是谁编故事，可能是好事的俗家，更可能是寺院自身，因为一旦与皇家沾上关系，住持地位上升，容易招徕信众，而且民众也爱听这种故事。这是笔者俗人的猜想，也许亵渎佛家，但是寺庙历来同皇家关系匪浅，须知皇帝还设有僧录司衙门管理它呢！编造和流传皇帝的故事，笔者以为它反映了民众潜藏的皇帝崇拜文化心态。

不仅峨眉山与皇帝拉关系，曲阜孔府的传说故事亦然。孔林有一座坟，导游介绍，那是乾隆皇帝的公主，嫁给衍圣公。其实早有学者指出，那是大学士于敏中的女儿的坟墓，与乾隆公主没有关系。起劲为皇帝造势的不只是旅游业，还有影视业，令皇帝及其后妃占据舞台；商家有异曲同工的做法，特别是饮食业、医药业，鼓吹什么御膳、某某皇帝酒（如天津的顶级白酒以宋太祖等四个皇帝命名）、太医方之类，如《某太医谈养生集》，以增加卖点。本来，在 20 世纪下半叶猛批皇帝是地主阶级总头目、罪恶的根源之后，皇帝一度臭不可闻。世事真是三十年河东三十年河西，风水轮流转，皇帝又交上了好运，迎来一片颂扬声，差不多的皇帝，都成了"有道明君"。这表明人们内心深处欣赏帝王，对他们的行为、作风、生活上的方方面面都感到好奇，也有不同程度的好感，这大约是血统论、好皇帝主义在起作用，当然好奇心亦是不可忽视的一种因素。

二、历史上的皇帝崇拜现象

皇帝崇拜现象表现在诸多方面，有直接的，也有间接的，兹分类以明之。

帝王自我欣赏，自我表彰，封禅泰山，自我歌功颂德。暴君夏桀自比是永远不落的太阳，老百姓痛恨他，诅咒他，恨不得与他一起死亡。秦始皇封泰山，立石刻，颂秦德，文曰："皇帝之德，存定四极。诛乱除害，兴利致福。节事以时，诸产繁殖。黔首安宁，不用兵革。六亲相保，终无寇贼。欢欣奉教，尽知法式。六合之内，皇帝之土。西涉流沙，南尽北户，东有东海，北过大夏。人迹所至，无不臣者。功盖五帝，泽及牛马。莫不受德，各安其宇。"① 所以，司马迁说秦始皇"自以为功过五帝，地广三王，而羞与之侔"，不只是称"帝"，而合"皇"与"帝"为"皇帝"，称"朕"，以区别于自古圣王与臣民。

臣下对皇帝讴歌颂德。"圣明天纵，神文圣武，开疆拓土，轻徭薄赋，爱民如子，乃真龙天子"之类，为臣下常用的歌颂皇帝之词。造势者是大臣、御用文人和史官。秦始皇二十六年（前221），丞相王绾、御史大夫冯劫、廷尉李斯曰："昔者五帝地方千里，其外侯服、夷服，诸侯或朝或否，天子不能制。今陛下兴义兵，诛残贼，平定天下，海内为郡县，法令由一统，自上古以来未尝有，五帝所不及。"《南齐书》卷1《高帝纪》谓萧道成："姿表英异，龙颡钟声，鳞文遍体。"卷2《高帝纪赞》："与皇太祖，有命自天。"卷3《武帝纪》，谓世祖武皇帝，小名"龙儿"，出生之夜，陈孝后、刘昭后，"同梦龙据屋上"，故名。② 《新唐书》卷3《太宗纪》，云唐太宗生于武功别馆，"时有二龙戏于馆门之外，三日而去"。年四岁，善相者谓李渊，公贵人，且有贵子。见太宗，曰"龙凤之姿，天日之表，年将二十，必能济世安民矣"，因名"世民"。史臣曰："臣观文皇帝，发迹多奇，聪明神武。"③《宋史》卷1《太祖纪》说宋太祖"生于洛阳夹马营，赤光绕室，异香经宿不散，体有金色，三日不变……识者知其非常人"④。上述帝王的神异记录，翻开"二十四史"的本纪，俯拾可见。众人如是说，史官如此记载，凡创业之君、继承之帝，生而有异征，皆天命的真龙天子。

百姓接受并笃信好皇帝。在古代，民家都供奉包括皇帝在内的"天地君亲师"的牌位。"君"为五神之一，且在父祖的"亲"及师傅的"师"之上。可见君的地位之崇高。"君"和"亲"在人们心目中的地位次序，有个变化过程。开始是亲高于君。先秦人们对处理家庭利益与国家利益关系的看法，如若"出仕"与"事亲"有了冲突，人们以事亲为重，就不出仕，而且出仕也是为得到俸禄以养亲，出发点也不在为国君，而

① 《史记》（第1册），《秦始皇本纪》（卷6），北京：中华书局，1982年，第245页。
② 《南齐书·高帝纪、武帝纪》（第1册），北京：中华书局，1972年，第3、40、43页。
③ 《新唐书》（第1册），《太宗纪》（卷3），北京：中华书局，1975年，第21、63页。
④ 《宋史》（第1册），《太祖纪》（卷1），北京：中华书局，1977年，第2页。

是为家庭。这就表明人们将家放在国之上。家、国利益矛盾，忠、孝孰先孰后的问题，在历史上长期存在。楚国的伍子胥因父亲蒙冤而投奔吴国，领兵蹂躏楚国，鞭尸楚平王（或云《史记》记载不实），显然是把家的利益放置在国之上。曹丕在当魏太子时，在一次聚会中询问官员：当国君、父亲同时生病，只有一丸药，是给君主服用，还是给父亲，结果是众说不一。表明此时人们并没有把国看在家之上。到了宋代，大约是经历两晋南北朝以来长期民族战争的影响，在汉人中家国先后论才基本统一，岳飞背刺"尽忠报国"四字，在忠孝不能两全时，将忠君（即国家）放在首位，家庭置于其下。到了后世，民间乃有"君恩重于亲恩"的说法。洪秀全先世、广东嘉应州进士洪钟鸣作《原谱祖训续训》，专写"忠君"一条："君恩重于亲恩，谚云：'宁可终身无父，不可一日无君。'生当明圣省刑薄敛，敬先尊贤，永享太平。其敢忘诸！"① 将忠君看得重于孝亲，所以要做顺民。平民和身居九重的皇帝关系疏远，还谈什么忠道？平江叶氏《家训》就此教导族人："家训莫大于人伦，人伦莫先于君父。君也者，祖宗所赖以存身家，所赖以立子孙，所赖以生长陶成，而绵绵延延维持于勿替者也。"首先说明宗族和家庭之所以能够生存、延续，就是因为有国君给百姓创造的良好社会环境和生存环境，接着说，"普天之下莫非王土，率土之滨莫非王臣，不必搢笏垂绅也，即此食旧德，服先畴，凡隶版图，悉归统属，皆所谓臣矣。……况自先世以来，久享太平之福，使吾侪得有今日，何莫非受用不穷、所当图报者哉！"② 草泽小民也是在皇帝治理之下，既然是子民，当然就得尽忠。武进高氏更进一步讲皇帝圣明，为民造福，所以尽忠有理：皇帝对天下所有臣民都有恩，一个小民能种田，有居处，安居乐业，就是因为皇帝"宵旰忧劳，为之兴利备患"，否则怎能坐享太平之福。③ 皇帝夜不安寝，食不甘味，勤劳国事，小民才能勤耕力作，养妻育子，能不感戴君恩吗！这些训诫认为君恩大于亲恩，先尽忠后尽孝，是天经地义之事，与中古以前的人还要讨论忠与孝孰先孰后的思想状况不一样了。族规进一步认为忠君，不得议论朝廷得失，否则是做人不当，还会惹是生非。清代直隶（今河北）郎氏家规有可戒者十二则，其一不可是"妄议论"，谓："昧理之谈，不经之吐，欲寡尤也得乎？况臣子而议君父，卑下而言高尊，虽不羁祸，幸而免也，尚谨之哉。"④ 任邱边氏祖训有二禁，一为"不许谈朝廷政事，道听途说是无涵养之人也"；二为"禁谈县父母得失，招祸在此，且失忠厚之道"⑤。崇拜皇帝，民间自称"小民""草民""蚁民"，自贬为微不足道之人，而突出皇帝的高大形象。

奸臣成为皇帝罪恶的挡箭牌。曲意回避皇帝罪责，或不得已而为皇帝打掩护，或明知道皇帝有问题，绝不揭明，使之遮掩过去。回叙岳飞之死的故事。绍兴八年（1138）宋金议和，岳飞反对，谓"夷狄不可信，和好不可恃，相臣谋国不臧，恐贻后世讥

① 陈周棠校：《洪氏族谱》，杭州：浙江人民出版社，1982年，第20页。
② 民国《平江叶氏族谱》（卷1），《家训五条》。
③ 民国武进《毗陵高氏宗谱》（卷1），《家训》。
④ 清直隶《郎氏族谱》，《郎氏家规》。
⑤ 清任邱《边氏族谱》，乾隆三十五年（1770）刻本。

议"。是时左相赵鼎，右相秦桧，批评他们谋国不善，而放过皇帝宋高宗。赵鼎主和，但反对下跪称臣，宋高宗不惜一切代价求和，争取速成，罢黜赵鼎，专用秦桧，并同意秦桧的"乞决和议，不许群臣干与"。又表示议和是曲己为社稷，云："大金遣使至境，朕以梓宫未还，母后在远，陵寝宫阙久稽汛扫，兄弟宗族未得会聚，南北军民十余年间不得休息，欲屈己就和。"又说："若使百姓免于兵革之苦，得安其生，朕亦何爱一己之屈。"岳飞被秦桧诬陷，不上书自辩，认为："使天有目，必不使忠臣陷不义；万一不幸，亦何所逃！"在狱案上写"天日昭昭，天日昭昭"八字。对宋高宗或许尚存幻想。然而宋高宗竟对秦桧等所拟议的刑罚下旨："岳飞特赐死，张宪、岳云"依军法监斩。可知是宋高宗与秦桧为清除求和障碍而杀岳飞，宋高宗是主凶，是最终决策人，罪甚于秦桧。同时期反对和议的枢密院编修胡铨亦云宰相无谋，指责求和使臣王伦是"宰相无识"所用。并云："秦桧为心腹大臣，而不为之计，陛下有尧舜之资，桧不能致陛下于唐尧，而欲导陛下于石晋。"① 不是皇帝的错，而是秦桧要让宋高宗做后晋石敬瑭式的儿皇帝。再看唐代杨贵妃之死。安史之乱，唐玄宗逃亡四川，是咎由自取，亡命路上，军士哗变，杀杨国忠及其姊妹，缢杀杨贵妃，消弭可能发生的政变，杨贵妃等成为替罪羊，统兵将领陈玄礼曰，"今天下崩离，万乘震荡"，即受杨国忠之害。认为乘舆播迁，"皆国忠之召祸"。史臣曰："李林甫蔽主聪明，杨国忠致禄山叛逆，以玄宗之睿哲，而惑于二人者，盖巧言令色，先意承旨，财利诱之迷而不悟。"② "蔽主聪明"，李林甫、杨国忠成为罪魁祸首，唐玄宗仅仅是受蒙蔽之咎而已。颠倒了肇事的主从关系，掩盖唐玄宗主恶的罪责。

造反者对皇帝或亦多所原谅，所谓"只反贪官，不反皇帝"，官逼民反，"替天行道"，等待招安。有造反者反皇帝的，如李密讨隋炀帝檄文，谓其罪"罄竹难书"。然而造反者中"只反贪官，不反皇帝"，期盼明君即好皇帝的很多。朝廷往往剿抚并用，两宋是最明显的时代：要做官，先造反；受招安，就去打新的造反者。宋朝招安，各予免罪，显示皇帝宽宏大量，海容反叛。明代武宗时，北直隶刘惠起兵，赵镡更名怀忠，对招抚者表示："群奸在朝，浊乱海内，诛杀谏臣，屏斥元老。乞皇上独断，枭群奸之首以谢天下，斩臣之首以谢群奸。"具有"清君侧"的味道。明末王左卦、张献忠被招抚。李自成反"昏主"，在湖北《进军黄州檄文》："为剿民安民事：明朝昏主不仁，宠宦官，重科第，贪税敛，重刑爵，不能救民水火。"是将矛头指向崇祯帝的。可是在进京的前夕，于太原发布的檄文却说："君非甚暗，孤立而炀蔽恒多；臣尽行私，比党而忠公绝少。甚至贿通宫府，朝廷之威福日移；利入戚绅，闾左之脂膏尽竭。""公侯皆食肉纨绔，而视为腹心，宦官悉龁糠犬豚，而借其耳目。狱囚累累，士无报礼之恩，征

① 参见王曾瑜：《荒淫无道宋高宗》，石家庄：河北人民出版社，2007 年，第 160－167、244－247 页。

② 《旧唐书》（第 10 册），《杨国忠传》（卷 106），北京：中华书局，1975 年，第 3247、3256 页。

敛重重，民有偕亡之恨。"① 认为主要是辅佐群臣的罪恶，崇祯皇帝并非太坏，错误在受蒙蔽而不明。檄文是战斗宣言书，虽是指向崇祯皇帝的，可是又为他开脱——罪在受蒙蔽，这是否照顾到民众情绪，还是不要太给君主难堪，笔者不好断定。

皇帝挨骂，常常有女人伴随，以为女人是祸水，以此或多或少地减轻皇帝罪责。前述唐玄宗与杨贵妃关系之外，尚有最为著名的三组关系：夏桀与妹喜；商纣与妲己；周幽王与褒姒（千金难买一笑、烽火戏诸侯故事的主角）。言女人导致亡国或都城迁徙。

三、皇帝崇拜与等级观念并行而益彰显

从政治伦理的等级观念分析皇帝崇拜长存的原因。

一种奇特的现象：造反者打出皇族、贵族旗号，以此作为号召，发展壮大力量。陈胜起兵，"诈自称公子扶苏、项燕"②。扶苏，秦始皇长子，被秦二世矫诏所害；项燕，楚国贵族，项羽先世。西汉末年起义者中，樊崇自号"三老"，此种十亭一乡的乡官，哪里有号召力，不得已立刘盆子为帝，刘盆子是城阳景王刘章（朱虚侯）之后，其父刘萌已在王莽时代被废为平民，平民的樊崇等认为他有高贵血统，立之日，刘盆子15岁，是不懂事的少年，被发徒跣，敝衣，欲啼，仍从牧儿游。③ 平民造反，无社会地位，不懂礼制，作风行事，以至衣着，为人所贱视，难以发展、维持政权，故需向传统的社会上层学习。比如更始政权的官员头戴汉朝无官职之平民帽子——帻，身穿像女人穿的襦子"诸于"上衣，上朝穿背心、短衣、锦裤，为人笑话，有识之士离开之。所以平民造反者不得不借重皇族、贵族。北宋郓州李太造反，称李太子。康熙间，北京杨起隆造反，伪称"朱三太子"，以号召民众。所谓朱三太子是崇祯第三子，崇祯有七个儿子，第二、五、六、七殇逝，长子为太子，三子朱慈炯，封定王，周皇后生，四子慈炤，田贵妃生，封永王，李自成离开北京，太子、定王下落不明，其后南京福王政权出现伪太子案，人们无法再利用太子名义活动，而崇祯嫡子只有三子定王，故人们伪托朱三太子进行反清。杨起隆之后反清者多称朱三太子，至少有五起。

打出皇族、贵族旗号的同时，是造反者自身称王称帝，纯系皇权主义与等级观念的表现。造反者称王始见于"鱼腹丹书""陈胜王"④。此后造反者设官建制，基本上是官府架构。明末起义军书写"古元真龙皇帝"，也打出真龙天子的旗号。李自成名讳改曰"晟"，摆出帝王避讳的气派。⑤ 原来宋太宗赵匡义继位，改名匡晟。李自成与他雷同，更显帝王之意。

既利用皇族贵族，又自身称王称帝，充分反映的是等级观念。

---

① 《明季北略》（卷3）。
② 《史记》（第6册），北京：中华书局，1982年，第1950页。
③ 《后汉书》（第2册），北京：中华书局，1965年，第478－480页。
④ 《史记》（第6册），北京：中华书局，1982年，第1950页。
⑤ 毛奇龄：《后鉴录》（卷5）。

等级观念是贯彻于古代社会的主导思想、主流意识，根深蒂固。所有的人都生活在一个特定的等级之中，公侯伯子男，或者说王公，是贵族等级；大大小小的官员，是官僚等级；退职的官员与有功名的读书人，是绅衿等级；以上社会集团是特权等级。农、工、商是平民等级，有平民的义务和权利；娼优隶卒、奴隶是贱民等级，被奴役、被侮辱与被损害。皇帝也在等级之列，"天子建国"，处于第一等级的地位。至高无上的地位和权力，天子独尊。刘邦之父刘太公之家臣劝导太公，说"天无二日，土无二王"，刘太公因而有尊重汉高祖的独特表现，益发显示皇帝权威。① 秦汉以降，专制主义中央集权皇权加强，皇权无可动摇。皇权加大，相权越往后越削弱。虽然也有限制君权的舆论和制度，如孟子的民贵君轻论，天人感应说的君德影响政事，言官的谏诤，史官的秉笔直书。民间也有取代皇帝地位的不安分的觊觎，项羽的"彼可取而代之"，刘邦的"大丈夫当如是焉"，俗语的"皇帝轮流坐"。但是都不能阻止皇权的膨胀，没有一种制度能够与皇权制衡。

等级制产生名分观念，尊名定分，人们各有各的本分，依本分行事。君臣、官民、父子、夫妇、主仆之间都有其名分，故臣民、奴仆要忠，为子要孝。等级社会，人身依附关系强烈，民依附于君，所以是君父子民关系。百姓虽然造反，亦是胆战心惊。皇帝制定法律，"十恶"中"谋反"，即谋危社稷；"谋大逆"，即谋毁宗庙、山陵、宫阙；"谋叛"，即背本国，潜从他国；"大不敬"，即盗乘舆服御之物、玉玺，全是为维护皇帝和皇权。十恶不赦的法律及对民人心理的影响巨大，唯有服从，哪敢轻易造反。

等级意识中还有一种血统论，君主世袭，在一个家族内传承，幻想万世一系，故秦始皇称"始皇帝"。司马迁在《史记》的《五帝本纪》《夏本纪》《殷本纪》《周本纪》，试图编制"上古万世皆一统，三代源于一系的世序"②，即尧舜夏商周皆轩辕黄帝的后裔。于是贵者恒贵，贱者恒贱。"龙生龙，凤生凤，老鼠生儿会打洞"，既是血统论，又是宿命论。专制主义皇权必然制造皇帝崇拜，仰仗天恩，君有予夺之权。血统论的上一层理论是天命论。

君主专制是一种人治，因而形成好皇帝、清官的崇拜、信仰。

四、皇帝崇拜与天命观

从政治伦理的天命观分析皇帝崇拜长存的原因，"天人合一"实乃皇帝崇拜的思想基础。

（1）皇帝，受命于天论。

《诗经·玄鸟》云："天命玄鸟，降而生商"，即殷契、殷商之先人，而后有商汤代夏。据郭沫若解释：玄鸟，是凤凰；玄，是玄神。真龙天子，是天之子，当然是天命。

---

① 《汉书》（第1册，卷1），北京：中华书局，1962年，第198页。

② 参见孟世凯：《商史与商代文明》，上海：上海科学技术文献出版社，2007年，第36页。

天命也是天意。

（2）"天人合一"，尊天命，即崇奉天子。

汉代大儒董仲舒讲天人合一，天子受命于天，因此尊天；尊天命，就是尊王，天下应"受命于天子"[①]，"身以心为本，国以君为本"[②]。其意的衍化是：皇帝受命于天—尊天命—尊天子。皇帝被置于神圣地位，皇帝实行大一统，乃天经地义之事。董仲舒讲的"合"，合中有上下、左右、前后、表里之别，主从之别，下服从上，民服从君。这样，才能合而为一。

（3）天子对民人，行施教化权。

圣人的天职是行教化权，董仲舒解"王"字，说："古之造文者，三画而连其中谓之王。三画者，天地与人也，而连其中者通其道也。取天地与人之中以为贯而参通之，非王者孰能当是！"[③]

（4）天不变，道亦不变，君民关系永恒，民永远服从君主。

董仲舒云："天不变，道亦不变。"否定矛盾的斗争性和矛盾双方地位的转化，否定事物的发展。道不变，天不变；道即经、常，不变，权，可以变。

五、关于清除皇帝崇拜文化心态

帝王崇拜文化心态，在专制主义帝制废除之后，本应成为历史陈迹，然而今日仍有其遗存。因为两三千年的皇帝崇拜文化，成为积习，在人们的文化心态上积淀甚深，其影响不时地会表现出来。

皇帝崇拜文化心态主要表现在民众对"好皇帝""清官"的厚望方面。人治社会必然寄希望于明君，现实中的大量人治社会因素，也许就是帝王崇拜文化存在的空间，因为人们希望有好的治理者，有好官，为民作主，出现治世，免受贪赃枉法官吏鱼肉之苦，冤抑之苦。

消除皇帝崇拜文化心态，自然有积习难除的问题，不过关键在于根除人治，实现法治，民主政治若能得到张扬，三千年皇帝崇拜文化阴影就容易解除了。

【作者简介】

冯尔康，南开大学历史学院教授、博士生导师。

---

① 董仲舒：《春秋繁露·为人者天》，上海：上海古籍出版社，1989年。
② 董仲舒：《春秋繁露·通国身》，上海：上海古籍出版社，1989年。
③ 董仲舒：《春秋繁露·王道通三》，上海：上海古籍出版社，1989年。

中西文化关系的隐与显[*]

桑 兵

中国的知识及制度转型与域外文化的关联，就密集与彰显度而论，无疑以晚清民国时期称最。其时中学、西学、东学相互纠结，形式上东学、西学日益压倒中学，而东学相当程度其实是西学的变相。这一大趋势至今没有根本改变，虽然有识之士不断提出洋为中用等命题，试图扭转世风，可是总体上以西为尊为优的心态依然延续，甚至在中国的社会历史文化研究中，西学的重要分支，即西人之东方学和国际汉学或中国研究也逐渐占据主导地位。

西人如何看待中国的历史文化及现状，不仅是一个今日的学术问题，至迟晚清以来，就日益增强地影响中国人的自我认识。虽然整体上移植今天国人所习以为常的这一套新的知识新制度，主要是因缘明治日本，可是许多观念实际上源自西人。例如用"哲学"一词翻译"philosophy"的发明人是日本的西周助，用"哲学"观念谈孔孟老庄之学的是井上哲次郎，可是指孔子儒学是"philosophy"的发端者，却是西人。[①] 尽管其间转折甚多，并非简单混用，结果却造成三者实为一事的错觉。

今人研究中国社会历史文化各方面，无不声称瞄准世界前沿，与国际对话，其心目中的世界，其实主要是西方[②]，所欲对话的国际，大概也是西人，或是位于东方却属于西方的日本，不得已而求其次，也包括以为了解外国较内地为佳的港台。这大概就是今日学界填写的各种表格中与国外、境外诸多关联（包括各种旨在骗钱的头衔。不过，类似情形近年来在各种冒牌及劣质洋货的推销宣传中日益普及，影响所及，未免索然无味）的由来，目的就是证明其国际化程度高，或是得到的国际认可较多。当然，之所以如此，还是因为开放度不够，如果人人皆知底细，骗术也就自然失效。恰如世界名人词

---

  * 本文原载于《广东社会科学》2011 年第 4 期。

  ① 参见桑兵：《近代"中国哲学"发源》，《学术研究》2010 年第 10 期。

  ② 所谓西方的含义和指向，参见桑兵：《华洋变形的不同世界》，《学术研究》2011 年第 3 期。

典、吉尼斯世界纪录，乃至金色大厅献艺，如今都渐渐失去光环，原形毕露或恢复本位。

挟洋自重以致舍己从人，是晚清以来在中西关系乾坤颠倒的大势所趋之下学界普遍的风气，许多推波助澜者的言行往往自相矛盾。如鼓吹科学方法万能的胡适，一方面宣称"等你们在科学试验室里有了好成绩，然后拿出你们的余力，回来整理我们的国故，那时候，一拳打倒顾亭林，两脚踢翻钱竹汀，有何难哉"①，一方面却对欧美的汉学家多不以为然。科学方法先进的西人尚且不能在中国研究方面令一切难题迎刃而解，则国人如何能够轻而易举地循此途径化难为易？而大声疾呼"要科学的东方学之正统在中国"的傅斯年，在承认西洋人治中外关系史等"半汉"的问题上有"大重要性"的同时，觉得"全汉"的问题更大更多，"更是建造中国史学知识之骨架"，批评"西洋人作中国考古学，犹之乎他们作中国史学之一般，总是多注重在外缘的关系，每忽略于内层的纲领"②。这等于说西人的东方学对于研究中国问题还是较为次要。至于同时代的海外汉学家，除伯希和、高本汉等少数高明外，很少能入其法眼。

诚然，近代中国在各方面皆不如人。1931年清华大学成立20周年纪念之际，陈寅恪以国际学术为参照，全面表达了对于"吾国学术之现状"的看法。他说，考察全国学术现状，则自然科学领域，中国学人能够将近年新发明之学理，新出版之图籍，知其概要，举其名目，已经不易，只有地质、生物、气象等学科，因为地域材料的关系，还有所贡献。西洋文学哲学艺术历史等，能够输入传达，不失其真，即为难能可贵，遑论创获。至于社会科学领域，则本国政治、社会、财政、经济状况，非乞灵于外人的调查统计，几无以为研求讨论之资。教育学与政治相通，多数教育学者处于"仕而优则学，学而优则仕"的状态。即使中国史学文学思想艺术，实际上也不能独立，能够对大量发现的中国古代近代史料进行具有统系与不涉附会的整理，还有待努力，而全国大学很少有人能够胜任讲授本国通史或一代专史。至于日本研究中国历史的著作，国人只能望其项背。国史正统已失，国语国文亦漫无准则。并且痛斥垄断新材料以为奇货可居、秘不示人、待价而沽的私人藏家为"中国学术独立之罪人"。③ 此意与游学哈佛时期陈寅恪对吴宓所谈"中国人当可为世界之富商。然若冀中国人以学问、美术等之造诣胜人，则决难必也"的意思相参照，可见其旨意在于中国必须脱胎换骨，深究关于天理人事的精神学问，才能以学问美术胜人，获得学术独立，且贡献于世界。而要达到这一目的，治

---

① 《治学的方法与材料》，欧阳哲生编：《胡适文集》(4)，北京：北京大学出版社，1998年，第114页。

② 傅斯年：《〈城子崖〉序》，岳玉玺、李泉、马亮宽编选：《傅斯年选集》，天津：天津人民出版社，1996年，第293－294页。

③ 陈美延编：《陈寅恪集·金明馆丛稿二编》，北京：生活·读书·新知三联书店，2001年，第361－363页。

学必须具有世界眼光和关怀，闭门造车与格义附会，都是缘木求鱼。

不过，具体到对域外中国研究的看法，陈寅恪显然多有保留。1935 年他讲述隋唐史课程，认为日本以中国为中心的东洋史领域"常有小贡献，但不免累赘。东京帝大一派，西学略佳，中文太差；西京一派，看中国史料能力较佳"①。此说具体而言，还要再打折扣。1937 年 1 月 31 日陈寅恪复函陈述，谈论契丹辽史研究，内称："白鸟之著作，盖日人受当时西洋东方学影响必然之结果，其所依据之原料、解释，已依时代学术进步发生问题，且日人对于此数种语言尚无专门威权者，不过随西人之后，稍采中国材料以补之而已。公今日著论，白鸟说若误，可稍稍言及，不必多费力也。"② 则所谓东京帝大西学较佳，不过如此而已。

尽管傅斯年等人的实际取法的确与众不同，高标西学更多是用作制人挡人的盾牌，但客观上还是助长了挟洋自重的恶俗，加深了格义附会的流弊。一般后进面对截然相反的各种纷至沓来的资讯，难免无所适从。早在 1929 年，傅斯年就声称："此时修史，非留学生不可（朱遏先、陈援庵亦留学生也），粹然老儒，乃真无能为役。然留学生之博闻，而又有志史学，而又有批评的意□在，鲜矣。算来算去，不过尔尔！"③ 傅斯年不仅直接插手北京大学历史系事务，而且利用中央研究院历史语言研究所每年将北大历史系毕业优才网罗而去的地位优势，进一步主导学生的取向。在时趋的影响下，北京大学历史系的学生"群趋东邻受国史"，令陈寅恪发出"神州士夫羞欲死"④ 的慨叹。不过傅斯年心仪的是欧洲，学生纷纷东渡，更加取巧。

被大势所趋裹挟而去的绝不仅仅是青年，自从蔡元培、胡适等人断言研究国学、汉学必须兼治西学，才能比较而得解释演述的系统之后，全无西学知识者差不多就成了过时守旧的同义词。1932 年，对于摩登主义恶感日深的浦江清提议办《逆流》杂志，"以打倒高等华人，建设民族独立文化为目的"，得到向达、王庸、钱穆等人的赞同。"《逆流》者，逆欧化之潮流也。"只是向达"恐出而无销路，奈何！"⑤ 向达的担心并非杞人忧天，抗战期间胡适不满《思想与时代》杂志的态度，特意指出编辑人员当中"张其昀与钱穆二君均为从未出国门的苦学者"⑥。其实除此二人外，该刊的重要成员如冯友兰、贺麟、张荫麟等，均曾留学欧美，所学与胡适相近，水准甚至还在胡适之上。胡适的态度显示出，在渐居主流者挟洋自重的取向之下，不留学而治学，大有不能"预流"之势。

---

① 杨联陞：《陈寅恪先生隋唐史第一讲笔记》，张杰、杨燕丽：《追忆陈寅恪》，北京：社会科学文献出版社，1999 年，第 187 页。

② 陈美延编：《陈寅恪集·书信集》，北京：生活·读书·新知三联书店，2001 年，第 183 页。

③ 《傅斯年致陈寅恪》（1929 年 9 月 9 日）《公文档》，台北："中央研究院"历史语言研究所。

④ 浦江清：《清华园日记·西行日记》，北京：生活·读书·新知三联书店，1987 年，第 36 页。

⑤ 浦江清：《清华园日记·西行日记》，北京：生活·读书·新知三联书店，1987 年，第 61 页。

⑥ 曹伯言整理：《胡适日记全编》（7），合肥：安徽教育出版社，2001 年，第 540 页。

其实，西人的东方学或汉学，也是要寻求对话的，只不过对象并非东方或中国，甚至也不是西人的东方学或汉学，而是西学的主流。西学本来并不实在，所谓主流，大体而言便是研究欧洲（后来也包括衍生的美国）的社会历史文化，所据观念，所用方法，所具有的问题意识，无不由此生成变化，并受此制约。如果文艺复兴后欧洲分裂实际上是拉丁文方言化的产物，《圣经》研究（以版本与文字考订为基础的求其古以致求其是，其实就是西洋的经学）和拉丁文等，正是以欧洲为中心的西学之本。① 虽然随着工业革命、世界扩张和科学时代的发展，不断加入各种因素，仍是底色的敷衍变化。② 东方学之所以能够取得正统地位，要因之一，是所涉及的东方文化，大都已经中绝或变换，即使所在地也难以解读。反倒是欧洲可以凭借其近代以来比较语言学等的发达，在认识能力上技高一筹。而汉学在西学体系内始终处于旁支边缘地位，要想得到承认，必须首先与主流对话。所谓对话，其前提是认可主流的一整套观念、取径、方法、话语，以及建立于其上的所有先期成果，也就是说，要先接受主流的理论方法，学会按照主流的思维做法行事，所使用的理念架构系统符合主流的模式，才有可能说主流听得懂也愿意听的话，否则就是西学的化外，只能游走于边缘。

可是，中国文化与众不同，不仅古今一脉相承，而且思想学术达到很高的水准。以欧洲为中心的主流的理念办法是否放之四海而皆准，并未经过验证，按照那一套理念办法来研究东方或中国，总有不相凿枘之处。这一点，在西人的汉学家或许问题不大，因为中国是否认可，对于自成体系的他们无关紧要。他们开始尚且不过认为从文化的内部或外部看各有长短利弊，随着东方或中国越来越多地采用西式的认识架构，套用西式的理论方法，甚至模仿西人中国研究的选题取径，使得西方的汉学家和中国研究者越来越充满自信。由于失去中国一方批评的监督制衡，天平日益朝着西学主流的方向倾斜。虽然他们时常听到来自中国方面尤其是华人学者的批评抱怨，可是后者注重材料与事实的讲究以及同样不得不努力与西学主流对话的尴尬，反而让他们对自己转手负贩的理论方法更加具有优越感。对于他们而言，重要的不是理论架构是否适合中国，而是如何将中国的材料填充到架构中去，这样不仅使西学主流十分满意地看到自己的理论方法具有普世价值，一些见识功力有限的汉学家或中国研究者们也可以凭借主流的首肯而继续对东方和中国的学习者居高自傲，同时无视种种削足适履、捉襟见肘的现象。其实，在西学的主流看来，他们也是只懂外语，没有理论。具体到历史研究领域，便是只会语言，没有史学。

在这样的格局之下，当西学主流的风向转变之后，东方学和汉学或中国研究也会随之变化，那时检讨批评的声音渐起，曾经熟视无睹的事实和材料被重新翻检出来，用作

---

① 参见唐德刚：《胡适杂忆》（第七章），上海：华东师范大学出版社，1999 年。
② 参见雷海宗：《西洋文化史纲要》，上海：上海古籍出版社，2001 年。

反省批判的论据。只不过此番仍然不是根本改弦易辙，而是形异实同，所据并非中国的材料与事实，而是西学主流的变向。不幸的是，研究取向大别为人本与科学的西学，这样的变向一定时期便会循环一次。于是在西学主流、西洋汉学或中国研究，以及中国学人的研究动态之间，往往存在梯次变动关系，后者所趋之新，常常已是前者所弃之旧。恰如陈寅恪当年所讥讽，言必称西学者"挟其十九世纪下半世纪'格义'之学，以相非难，正可譬诸白发盈颠之上阳宫女，自矜其天宝末年之时世装束，而不知天地间别有元和新样者在"①。如此一来，西方的汉学家或中国研究者固然多少有些尴尬，更加害苦了那些努力学习紧跟西方汉学或中国研究步伐的中国学人，每当他们千辛万苦地掌握了一些新理论新方法并且照葫芦画瓢地开始研究之际，趋时者最容易过时的魔咒便蓦然降临，本来以为是抢占制高点，不料就此跌入深渊，即便硬着头皮坚持，也是了无新意。与其朝着美东的中国研究跟风，不如转目西望，看看欧洲的主流。

令中国学人难堪的远不止如此而已。总体而言，跟着域外中国研究的风向走，一方面，学得愈像则离事实真相愈远；另一方面，学得不像则难免望文生义，受格义附会之讥。一旦读书稍多，见识增长，发现所学与中国的材料事实不合，转而质疑架构解释，域外的中国研究者只要点明言说对象并非中国，就可以轻易化解。结果，亦步亦趋的西学取向不断遭到质疑，所谓邯郸学步，反失其本，最终无所适从。要想依照西人的架构解释中国，必须假定其法真的具有普遍适用性，或是将中国的知识改造成适合其架构解释。依据今日的现状，西人的各种架构解释显然不能完全合于中国的本事本意，而今日国人所具有的知识，经过晚清以来的几番改造，离域外中国研究的架构解释日近，距事实真相渐远。尤其是浅学后进，容易产生共鸣而追摹仿效。以这样的知识为认识前提，长此以往，中国人势必沦于无能力理解本国历史文化，或是即便有所解释也不过附庸的地步。熟悉域外中国研究状况的余英时教授断言："我可以负责地说一句：20 世纪以来，中国学人有关中国学术的著作，其最有价值的都是最少以西方观念作比附的。如果治中国史者先有外国框框，则势必不能细心体会中国史籍的'本意'，而是把它当报纸一样地翻检，从字面上找自己所需要的东西（你们千万不要误信有些浅人的话，以为'本意'是找不到的，理由在此无法详说）。"② 此为过来人的心得，可以检验一切中国人有关中国学术的著作，也应当作为警示来者的箴言。只是按照这样的标准，则有价值的学术尚存几何？与国际对话的基准应是事实，而非外国框框，无论海内外的著作，都要永远接受所论史事的检验。如果不能幡然醒悟，改弦易辙，则无论怎样努力，都难以取得有价值的成果。

---

① 《与刘叔雅论国文试题书》，陈美延编：《陈寅恪集·金明馆丛稿二编》，北京：生活·读书·新知三联书店，2001 年，第 249－256 页。

② 余英时：《论士衡史》，上海：上海文艺出版社，1999 年，第 459 页。

不同文化之间，往往存在许多不相兼容之处。就此而论，跨文化传通多是误解，如"释迦之教义，无父无君，与吾国传统之学说，存在之制度，无一不相冲突。输入之后，若久不变易，则决难保持。是以佛教学说，能于吾国思想史上，发生重大久远之影响者，皆经国人吸收改造之过程。其忠实输入不改本来面目者，若玄奘唯识之学，虽震动一时之人心，而卒归于消沉歇绝"①。严复批评中体西用之说，即认为中西学各有体用，"分之则并立，合之则两亡"②。面对中西文化的冲突融合，国人取向不同，坚持夷夏大防与主张全盘西化，换一角度看，都旨在克服中西文化不能兼容的症结。而全盘西化未必是在西不好，而是于中不行。五四时期新文化派鼓吹废除文言汉字，任鸿隽便调侃说这不是根本的办法："吾国的历史，文字，思想，无论如何昏乱，总是这一种不长进的民族造成功了留下来的。此种昏乱种子，不但存在文字历史上，且存在现在及将来子孙的心脑中。所以我敢大胆宣言，若要中国好，除非把中国人种先行灭绝！可惜主张废汉文汉语的，虽然走于极端，尚是未达一间呢！"③

任鸿隽的反话也有人正说，1926 年胡适在法国与中国驻巴黎总领事赵诒璹（颂南）相识，后者便是一位彻底的西化论者，他极崇拜西洋文明，终身情愿浮沉于领馆，不愿回国，主张废汉文，改用罗马字，认为须把中国人都变成"假洋人"，中国方才有救。所以主张送幼童出洋留学，又主张中西通婚。而且他身体力行，其两子均不懂中国文字。④ 这样的主张能否全面落实姑且不论，其认为只有彻底改造人种，才能实现西化，倒是抓住了西化论的症结。这一极端事例，同样可以从反面提供步趋西洋的中国研究者的戒律。

清季以来，受近代西洋为学术而学术的影响，治学提倡客观中立。诚然，学术研究若不能约束抑制感情，难免陷于主观偏蔽。善于治史者其主观能动性体现于能够最大限度地限制主观。可是此说具体到研究中国，却有为效法西人立说者辩解之嫌。学无国界，不宜理解为将中国的社会历史文化仅仅视为客观对象，如此，则中国学人治中国学问与外国学人治中国学问岂非毫无分别？如果不能为文化所化，安身立命于其中，如何能够了解体味一种文化的精髓？民国时期尽管以西学为时髦，中学素养稍高者还是知道，治中国学问就算全像是外国人，亦难免等而下之。这与时下以形似西人为高深，半桶水故作晃荡的流俗，还是大有分别。

1910 年，章太炎用白话写了《论教育的根本要从自国自心发出来》的长文，对渐

---

① 陈寅恪：《冯友兰中国哲学史下册审查报告》，陈美延编：《陈寅恪集·金明馆丛稿二编》，北京：生活·读书·新知三联书店，2001 年，第 282－285 页。

② 《与外交报主人书》，王栻主编：《严复集》（第三册），北京：中华书局，1986 年，第 559 页。

③ 《新青年》1918 年第 5 卷第 2 号。

④ 曹伯言整理：《胡适日记》（4），合肥：安徽教育出版社，2001 年，第 258 页。或以为只要直接征引外文，不看译本，就可以避免误读错解，不过皮相之见。

成崇洋之势的时趋提出批评，劈头就说："本国没有学说，自己没有心得，那种国，那种人，教育的方法，只得跟别人走。本国一向有学说，自己本来有心得，教育的路线自然不同。"中国古来有学问（当然有强弱之分），近来有心得（也有多少之别），"不过用偏心去看，就看不出来。怎么叫做偏心？只佩服别国的学说，对着本国的学说，不论精粗美恶，一概不采，这是第一种偏心"。"听了别国人说，本国的学说坏，依着他说坏，固然是错；就听了别国人说，本国的学说好，依着他说好，仍旧是错。为什么缘故呢？别国人到底不明白我国的学问，就有几分涉猎，都是皮毛，凭他说好说坏，都不能当做定论。……别国人的支那学，我们不能取来做准，就使是中国人不大深知中国的事，拿别国的事迹来比附，创一种新奇的说，也不能取来做准。强去取来做准，就在事实上生出多少支离，学理上生出多少谬妄，并且捏造事迹，舞弄条例，都可以随意行去。用这个做学说，自己变成一种庸妄子；用这个施教育，使后生个个变成庸妄子。就使没有这种弊端，听外国人说一句支那学好，施教育的跟着他的话施，受教育的跟着他的话受，也是不该！上边已经说了，门外汉极力赞扬，并没有增甚么声价，况且别国有这种风尚的时候，说支那学好；风尚退了，也可以说支那学不好。难道中国的教育家，也跟着他旋进旋退么？……大凡讲学问施教育的，不可象卖古玩一样，一时许多客人来看，就贵到非常的贵；一时没有客人来看，就贱到半文不值。自国的人，该讲自国的学问，施自国的教育，象水火柴米一个样儿，贵也是要用，贱也就要用，只问要用，不问外人贵贱的品评。后来水越治越清，火越治越明，柴越治越燥，米越治越熟，这样就是教育的成效了。"总之，"凡事不可弃己所长，也不可攘人之善"。[①] 此文后来被日本学界斥为无视日本效法西洋取得的学术进步，民国时期国人也指其拉车向后，而一个世纪过去后的今日看来，却不失为先见之明。

在中外文化关系史上，晚清民国属于相当热闹的时期。中外文化的交流影响，源远流长，随时发生。无论华夷冲突，还是崇洋媚外，都是中外关系彰显的表现。这样的外露，自然容易引起关注，却难免流于表面。在前贤看来，中国多以文化论族属，凡是接受华夏文化者，无论血缘，均为华夏。由此产生许多现象，大者如被他人指称的汉人（后来汉族），就人种而论，其实是一大"杂种"；中者如历史上不仅有汉化，还有胡化；小者如全世界均不能融合的犹太人，唯独在中国被同化。不过同时也造成一定的难题，即中外文化的交流融合最为深入者往往隐而不显，不易察觉认识。就精神领域的学问集中而论，受域外影响最深的大致有三期，即以唐宋为中心的新儒学之产生及其传衍、明清之际耶稣会士传入泰西新学以及晚清的西学东渐。除后一时期夷夏大防全面崩溃，不仅西体中用，甚至全盘西化外，前两个时期虽然源流不同，却不无共性，即实际上已经用夷变夏，形式上仍然坚持取珠还椟。

---

① 汤志钧编：《章太炎政论选集》（上册），北京：中华书局，1977年，第502-517页。

1932—1933 年，陈寅恪审读冯友兰《中国哲学史》下册，提出："中国自秦以后，迄于近日，其思想之演变历程，至繁至久。要之，只为一大事因缘，即新儒学之产生，及其传衍而已。"而"新儒家产生之问题，尤有未发之覆在也"。尤其是"关于道教之方面，如新安之学说，其所受影响甚深且远，自来述之者，皆无惬意之作。……盖道藏之秘籍，迄今无专治之人，而晋南北朝隋唐五代数百年间，道教变迁传衍之始末及其与儒佛二家互相关系之事实，尚有待于研究。此则吾国思想史上前修所遗之缺憾，更有俟于后贤之追补者也"。

以儒释道三教代表晋以后中国思想的演进，陈寅恪的具体描述是，儒者在古代本为典章学术所寄托之专家，秦之法制实儒家一派学说之所附系。"汉承秦业，其官制法律亦袭用前朝。遗传至晋以后，法律与礼经并称，儒家周官之学说悉采入法典。夫政治社会一切公私行动，莫不与法典相关，而法典为儒家学说具体之实现。故两千年来华夏民族所受儒家学说之影响，最深最巨者，实在制度法律公私生活之方面，而关于学说思想之方面，或转有不如佛道二教者。""六朝以后之道教，包罗至广，演变至繁，不似儒教之偏重政治社会制度，故思想上尤易融贯吸收。凡新儒家之学说，几无不有道教，或与道教有关之佛教为之先导。如天台宗者，佛教宗派中道教意义最富之一宗也。其宗徒梁敬之与李习之之系，实启新儒家开创之动机。北宋之智圆提倡中庸，甚至以僧徒而号中庸子，并自认为传以述其。其年代尤在司马君实作中庸广义之前，似亦于宋代新儒家为先觉。……至道教对输入之思想，如佛教摩尼教等，无不尽量吸收，然仍不忘其本来民族之地位。既融成一家之说以后，则坚持夷夏之论，以排斥外来之教义。此种思想上之态度，自六朝时亦已如此。虽似相反，而实足以相成。从来新儒家即继承此种遗业而能大成者。"[1]

这样的看法由来已久，早在留学哈佛期间，陈寅恪就认为，接续韩愈事业的宋代新儒家，"皆深通佛教者。既喜其义理之高明详尽，足以救中国之缺失，而又忧其用夷变夏也。乃求得两全之法，避其名而居其实，取其珠而还其椟。采佛理之精粹，以之注解四书五经，名为阐明古学，实则吸收异教，声言尊孔辟佛，实则佛之义理，已浸渍濡染，与儒教之宗传，合而为一。此先儒爱国济世之苦心，至可尊敬而曲谅之者也"[2]。

1948 年，陈寅恪又在《中央研究院历史语言研究所集刊》发表《论韩愈》，改变早年指韩愈为单纯辟佛之说，进一步说明其对于新儒学发端的作用及因缘："退之自述其道统传授渊源固由孟子卒章所启发，亦从新禅宗所自称者摹袭得来也。"韩愈扫除章句烦琐之学，直指人伦，目的是调适佛教与儒学的关系。"盖天竺佛教传入中国时，而吾

---

① 陈寅恪：《冯友兰中国哲学史下册审查报告》，陈美延编：《陈寅恪集·金明馆丛稿二编》，北京：生活·读书·新知三联书店，2001 年，第 282 – 285 页。

② 吴宓著，吴学昭整理：《吴宓日记》（第 2 册），北京：生活·读书·新知三联书店，1998 年，第 102 页。

国文化史已达甚高之程度，故必须改造，以蕲适合吾民族、政治、社会传统之特性，六朝僧徒'格义'之学，即是此种努力之表现，儒家书中具有系统易被利用者，则为小戴记之中庸，梁武帝已作尝试矣。然中庸一篇虽可利用，以沟通儒释心性抽象之差异，而于政治社会具体上华夏、天竺两种学说之冲突，尚不能求得一调和贯彻，自成体系之论点。退之首先发见小戴记中大学一篇，阐明其说，抽象之心性与具体之政治社会组织可以融会无碍，即尽量谈心说性，兼能济世安民，虽相反而实相成，天竺为体，华夏为用，退之于此以奠定后来宋代新儒学之基础。"

在这方面，首先由"新禅宗特提出直指人心见性成佛之旨，一扫僧徒烦琐章句之学"。韩愈"生值其时，又居其地，睹儒家之积弊，效禅侣之先河，直指华夏之特性，扫除贾、孔之繁文"。如《原道》所论："古之欲明明德于天下者，先治其国；欲治其国者，先齐其家；欲齐其家者，先修其身；欲修其身者，先正其心；欲正其心者，先诚其意。然则古之所谓正心而诚意者，将以有为也。今也欲治其心，而外天下国家，灭其天常，子焉而不父其父，臣焉而不君其君，民焉而不事其事。"这与新禅宗的直指人心、见性成佛，同为中国佛教史上并列的大事，为中国文化史中最有关系的文字。"退之固是不世出之人杰，若不受新禅宗之影响，恐亦不克臻此。又观退之寄卢仝诗（春秋三传束高阁，独抱遗经究终始），则知此种研究经学之方法亦由退之所称奖之同辈中人发其端，与前此经师著述大异，而开启宋代新儒学家治经之途径者也。"①

唐宋诸儒取珠还椟的苦心孤诣，给后世的研究者留下难以破解的谜题。陈寅恪所论新儒学的产生及其传衍，断为先吸收异教精粹，融成新说，再阐明古学，以夷夏之论排斥外来教义，与傅斯年等人的看法截然不同。后者只承认李翱受时代的影响甚至感化，不同意其说是变其所宗，援甲入乙，变换儒家思想而为禅学；李翱的贡献在于认出古代心学之所在，而非发明，所说未离于古儒家；即使李翱受时代的外国影响，杂禅程度亦浅，相比之下，受祆教、景教、摩尼教的影响较为直接。况且性情善恶二本为汉代之习言，宋儒及清代朴学家仿佛都已忘记，误以为来自外国，实则反而释家受儒家影响。所以，假设李翱受前人影响，应取较为接近的汉儒二元论。② 此说若成立，则陈寅恪避名居实，取珠还椟说的依据荡然无存，唐宋诸儒非但不是变儒家为禅学，连旧瓶装新酒的可能性亦不复存在。

然而，问题在于，唐宋诸儒究竟是先受到佛教道教性理之说的影响，再上探先秦两汉的儒学，以外书比附内典，构建新儒学，然后据以辟佛，还是相反，鉴于时代风气人伦道丧，先从古儒学中认出心学一派，形成理学，以抵御佛教，两说可谓针锋相对。在

① 陈美延编：《陈寅恪集·金明馆丛稿初编》，北京：生活·读书·新知三联书店，2001年，第319—322页。

② 欧阳哲生编：《傅斯年全集》（第二卷），长沙：湖南教育出版社，2003年，第664—666页。

多位近代学界高明参与的讨论中，陈寅恪的看法曲折反复，难以信而有征，明显处于少数。以情理论，似以陈所说更为可信，恰如欧洲中世纪思想必须借助儒学才能突破变换，很少抽象虚理思维习惯的唐宋诸儒，如果没有内典外书相互比附、性理之学盛行的时代风尚影响，也很难产生思维方式的革命性转换提升。只是陈寅恪的看法过于周折，不易取证，反而傅斯年之说容易找出直接证据，看似信而有征。历史尤其是学术思想史上，实事未必皆有实证，看似可以证实的往往又是表象假象，扑朔迷离，造成诸多困惑，由此可见一斑。①

若将秦以后中国思想演变的大事因缘一直延续到"近日"，似应于儒释道之外加上耶教一脉。明清之际耶稣会士对于中国的影响，近年来有学人分门别类地搜集比较不同时期的中外文本，在自然科学各方面，逐渐可以证实，而在精神思想学问方面，由于方以智等人用西说格义经典以成新说而故意不露痕迹，令研究者同样陷入认识新儒学发生演化之大事因缘的迷惑，只能言其大概，很难具体实证。如何破解此类隐而不显的谜题，考验今日学人的智慧功力。

应该注意的是，在晚清民国这样中西文化关系极为彰显的时期，仍旧存在隐显与深浅的对应情形。正是针对世人不以舍己从人为耻，反而挟洋自重成风的时尚，陈寅恪凭借两千年中外思想接触史之所昭示，重申中国今后即使能忠实输入北美或东欧的思想，其结局在思想史上不但不能居最高地位，而且势将终归于歇绝，主张必须坚守道教之真精神及新儒家之旧途径，一方面吸收输入外来学说，一方面不忘本来民族地位的相反相成态度，才能于思想上自成系统，有所创获。他本人即身体力行，秉承先贤之道，用西学而不着痕迹，其对西学的认识把握以及运用西学创获新说的功力建树，较一般皮傅西学、食洋不化者，固然判若云泥，与忠实输入新知者相较，也不可同日而语。由此可见，唐宋、明清诸儒的取珠还椟固然值得特别重视，即使在以洋化为摩登的近代，真正善于吸收应用西学精义者，也是大道无形。

尤有进者，显的一面也有深藏不露的真情实意，不易查知。清季以来，国人使用概念好以东西对应，追究中外对译是否准确。其实其间甚为曲折，对错并非关键所在。如国人往往以归纳为科举方法的主项，而西周发明归纳与演绎，是用来翻译逻辑方法。至于逻辑方法是否等于科学方法，或者说逻辑方法如何与科学方法相联系，则有多重转折。虽然英国以近代物理学为基础也以为归纳即科学，可是其科学的范围一般并不包括数学。中国人将逻辑的归纳径直与科学方法相连接，当与崇尚乃至崇拜科学的时趋密切相关。

这类隐而不显的部分，既是吸收融合外来学说的高妙之处以及于中国思想史上据有

---

① 参见桑兵：《求其是与求其古：傅斯年〈性命古训辩证〉的方法启示》，《中国文化》2009 年第 29 期。此事由诗词入手，可得部分直接证据，更重要的是以俱舍宗领悟俱舍学之法，从语境解文本实事。

最高地位的所在，也是探究中外文化关系的难解之结。如果忽略不论，则于中西文化关系所见不过半桶水的晃荡。研究类似问题，应当以实证虚。一味信而有征，则不仅表浅简单，而且未必可信，甚至可能误读错解。唯有用陈寅恪探究中国中古思想发展大事因缘之法，庶几可达虽不中亦不远的境地。如此，也可为破解类似谜题提供案例参证。陈寅恪的大声疾呼未必能够即时挽回世运，所提出的法则却有颠扑不破的效应，可以检验所有与此相关的人与事。

【作者简介】

桑兵，中山大学历史系教授、博士生导师。

解开丁汝昌自杀的谜团*

戚其章

近代著名爱国诗人黄遵宪《人境庐诗草》中有一首《降将军歌》，其中写道：

> 冲围一舸来如飞，众军属目停鼓鼙。船头立者持降旗，都护遣我来致词：
> 我军力竭势不支，零丁绝岛危乎危，……本愿两军争雄雌，化为沙虫与肉糜，
> 与船存亡死不辞，今日悉索供指麾，乃为生命求恩慈，指天为正天鉴之。中将
> 许诺信不欺，诘朝便为受降期。……前者阖棺后与尸，一将两翼三参随。两军
> 雨泣咸惊疑，已降复死死为谁？可怜将军归骨时，白幡飘飘丹旐垂。

诗中"船头立者"，即广丙舰管带程璧光；"都护"，系指北洋海军提督丁汝昌。"两翼"为定远管带刘步蟾和护理镇远管带杨用霖；"三参"应指广丙大副黄祖莲、威海绥巩军统领戴宗骞及刘公岛护军统领张文宣。此六人皆是死于威海之役者。此诗乃为讥讽所传丁汝昌遣程璧光向日人乞降之事而作。丁汝昌到底投降没有？北洋舰队之降，究竟是在其生前，还是在其死后？黄遵宪是相信丁汝昌"已降复死"的，故有此诗作。那么，历史的真相是否真是如此？对此，历来聚讼纷纭，疑案莫名。这也可称得上是一个历史之谜了。

为了解开这个谜团，研究者必须详细占有资料，不仅要重视一方面的记述，也要重视另一方面，甚至意见完全相反的记述，然后进行对比研究，以期作出合乎历史事实的结论。譬如说，在黄遵宪的同时代人当中，有人就不相信丁汝昌"已降复死"之说。时人姚锡光著《东方兵事纪略》，即认为北洋舰队之降是在丁死之后：

> 自威海陆道陷，刘公岛居民惶惧，兵轮管带不欲战者复交煽其间，兵勇水
> 手和之。……在岛诸洋员请姑许乞降，以安众心。汝昌谓："我知事必出此。
> 然我必先死，断不能坐睹此事。"……十七日，倭水陆复以炮急攻我，岛中愈

---

* 本文原载于《广东社会科学》2005 年第 2 期。

惶急。……而弹药将罄。是日，得烟台密信，始知东抚李秉衡已走莱州，援兵绝。汝昌召海军诸将议鼓力碰敌船突围出，或幸存数舰，得抵烟台，愈于尽覆于敌。诸将不允，散去。旋勇丁、水手露刃慑汝昌，汝昌稍慰之，入舱仰药。张文宣继之。十八日晓夜四更许，相继死。牛昶昞召诸将并洋员议降。……于是英（美）员浩咸作降草，仍托诸汝昌语，管带闽人某译华文，牛昶炳（昞）署以海军提督印。黎明，广丙管带程璧光乘镇边（北）艇，悬白旗，诣倭军乞降。

姚著问世后，学术界对其评价很高。如称："姚氏于甲午、乙未之际正在山东巡抚李秉衡署中，尝往来辽碣、登莱，观察军情，因即所见所闻，参以中外记载，撰为此书。……此书记载详瞻清晰，虽间有舛误，但远胜一时诸作。"[1] 可知姚氏之作并非有闻即录，而是经过了研究和分析，取其可信者述之，应该比黄遵宪所述更为可靠。

"已降复死"说的根据主要有三：

其一，是《署理北洋大臣王文韶复奏查明丁汝昌等死事情形折》。先是在光绪二十一年正月二十四日（1895 年 2 月 18 日），有电旨谓丁汝昌等之死，"虽据德国兵舰传述，惟情节究未详悉。仍著王文韶确切查复"。王文韶当即转饬山东登莱青道刘含芳详细查明。二月十三日（3 月 9 日），复奏称：

> 登莱青道刘含芳会同威海营务处候选道牛昶昞、北洋海军营务处候选道马复恒禀称……至（十七日）晚，丁汝昌接电，催令冲出，知援兵无期。奈口外倭舰、雷艇布满，而各舰皆受重伤，子药将尽，无法冲出。水陆兵勇又以到期相求，进退维谷。丁汝昌几次派人将镇远用雷轰沉，众水手只顾哭求，无人动手。夜间，舰艇又来攻击，康济中炮受伤，水陆兵民万余人哀求活命。丁汝昌见事无转机，对昶昞等言，只得一身报国，未能拖累万人，乃与马格禄面商，不得已函告倭水师提督伊东……派广丙管驾程璧光送往倭船。程璧光开船之时，丁汝昌已与张文宣先后仰药，至晚而死。杨用霖以手枪自击死。以上各节，昶昞、复恒亲见确实情形。[2]

其二，是《山东巡抚李秉衡奏查明丁汝昌死事情形折》。先是在二月初十日（3 月 6 日），吏部掌印给事中余联沅奏丁汝昌等死情形可疑，请旨饬下李秉衡确查。于是，军机处寄下谕旨："丁汝昌等死事情形，李秉衡相距较近，见闻必确。即著详细查明，据实具奏。"三月三日（3 月 28 日），李秉衡复奏称：

① 中国史学会主编：《中日战争》（七），上海：上海人民出版社、上海书店出版社，2000 年，第 613 页。

② 中国史学会主编：《中日战争》（三），上海：上海人民出版社、上海书店出版社，2000 年，第 519－522 页。

据东海关道刘含芳及北洋营务处候选道牛昶昞、马复恒禀称……十七日，倭雷艇又从两口分进，并南岸炮台三面环攻。丁汝昌欲率各舰冲击，奈口岸倭舰、雷艇布满，兼以各舰行钝，无法冲出；而居民及水陆兵勇万人又哀求活命，丁汝昌乃与马格禄面商，函告倭水师提督伊东云：本意至船尽人没而后止，因不忍贻害军民万人之性命，属倭军入岛后，中外官兵民人等不得伤害，均应放回乡里等语，派广丙管驾程璧光送往倭提督船。程璧光开船之时，丁汝昌与张文宣先后仰药，至晚而死。①

其三，是蔡尔康所辑《中东战纪本末》卷4的《威海卫海军之覆》。书中多采用中外报章所载之战讯，此即其中之一篇也。所述内容又见王炳耀所辑之《甲午中日战辑》。该文称：

西简云：……（丁汝昌）乃于十八日遣广丙管驾程璧光乘坐镇北小舰，高揭白徽，直造日提督伊东昞亨座船，投递降书。……伊东昞亨略与寒暄，因问："丁提督安否？"曰："病。"问："刘总兵安否？"曰："安。"……十九日，镇北又入日营，而下半旗，众咸不解。及接见程差弁，面深墨，容甚戚，日人无不惨然，急叩其故。则曰：昨带贵提督公牍及私函呈丁公，观其容色，似甚感动，即入座作函毕，起而言曰："我事毕矣！"遂入卧室，服生鸦片一大剂。②

据此，便有论者断定，投降书是"出自丁汝昌亲裁"；丁汝昌服毒自尽的时间也不是姚锡光所记："十八日晓夜四更许，即北洋舰队投降前夕。而是在他发出第二封请降书后，即十八日晚到十九日黎明前。"③ 这一推断是否能够成立呢？回答是否定的。对于前引的三条材料，稍微认真查核，便不难发现，其中漏洞甚多，必须对其加以辨析，以识别其真伪，否则是不能放心使用的。

《中东战纪本末》所记丁汝昌死事情形甚详，倒是颇引人注目。书中称所记系根据"西简"而言。所谓"西简"，当是某洋员致上海报馆的书信。这位洋员究为何人，暂时难以推定。即使他确实是北洋海军中的洋员，也不能证明这条材料有多么高的史料价值。相反，在这短短的数百字中，编造的痕迹处处可见。试看，伊东问："丁提督安否？"程答："病。"丁汝昌本无病，为什么不回答"安"而回答"病"呢？此其一。伊东问："刘总兵安否？"程答："安。"这就更是大错了。据李秉衡奏称："十二日定远

---

① 中国史学会主编：《中日战争》（三），上海：上海人民出版社、上海书店出版社，2000 年，第 503 – 505、580 – 581 页。

② 中国史学会主编：《中日战争》（三），上海：上海人民出版社、上海书店出版社，2000 年，第 192 页。

③ 张凤翔：《丁汝昌之死考析》，《内蒙古大学学报（哲学社会科学版）》1986 年第 3 期。

被倭击沉，刘步蟾恐为敌所捞获，十六日用水雷将船身轰散，即于是夜仰药死。"① 刘含芳致北洋大臣王文韶电禀亦称："十七日刘步蟾，十八丁汝昌……均先后殉难。"② 刘步蟾是十六日夜吞的鸦片，延至十七日身故的。对此，程璧光难道会不知道？此其二。程璧光又告伊东曰："昨带贵提督公牍及私函呈丁公，观其容色，似甚感动，即入座作函毕，起而言曰：'我事毕矣！'遂入卧室，服生鸦片一大剂。"照程的说法，丁汝昌复伊东书是亲自写的，更是难以令人置信。即便是丁汝昌当时还活着，也不会亲笔给敌将写信。从现存的丁汝昌函件看，除私函外，公函皆由书吏捉刀，何况致函敌将乎？因系编造之言，必力求其真切，反而愈见其假也。此其三。由此可见，这条材料的真实性是大可怀疑的。

"已降复死"说依据的第一手材料，唯有王文韶、李秉衡二人的奏报，而其所奏皆来自《牛昶昞禀》，仍难令人凭信。众所周知，牛昶昞是北洋舰队投降的主持人。他同伊东祐亨会见两次：第一次，是在十九日上午，他怕伊东不接纳他，对伊东说："我在刘公岛，丁提督次级也。今来贵舰，幸与我共议事。"会谈时，双方在交出刘公岛炮台、军械及军舰问题上皆无异议。但日方提出：投降之中国将弁，将由日兵监护押送至国外。牛面有难色，"请令赴芝罘或养马岛"。伊东勃然作色，责之，牛唯唯而已。当日未成议而散。第二次，是在二十日下午，牛昶昞复至日舰，交出中国将弁、洋员名册及陆军编制表，并告以担任武器、炮台、舰船交接委员的名单。随后，即恳求伊东废监护日兵："贵官诚能垂恩典，使得海路赴芝罘，即望外之幸也。"③ 伊东沉思良久，始诺之。遂签订《威海降约》十一条。牛昶昞既与投降事大有干系，我们对他的报告不能不加分析便完全信之无疑。

与程璧光和伊东祐亨的对话相对照，就可以清楚地看到，他们所说的丁汝昌死事情形是互相矛盾的。程先于牛与伊东会见两次：第一次，是在十八日上午八时半，向伊东致送投降书；第二次，是在十九日凌晨三时，致送复函，要求展限三天。照程的说法，丁汝昌是在他第二次去日舰之前服毒的。而牛的说法却不同，他说得很明白，丁是在程第一次"开船之时……仰药"的。牛、程同为北洋舰队投降的当事人，究竟以谁的话为准呢？看来他们都在力图掩盖事实真相。然而，即使遮饰得再巧，也总难免要露出破绽的。正所谓欲盖弥彰也。

近年卢毓英《卢氏甲午前后杂记》稿本的发现，似乎又为"已降复死"说添了新的论据。然也有可疑之处。试看《杂记》所述：

---

① 中国史学会主编：《中日战争》（三），上海：上海人民出版社、上海书店出版社，2000年，第518页。

② 中国史学会主编：《中日战争》（三），上海：上海人民出版社、上海书店出版社，2000年，第466页。

③ ［日］桥本海关：《清日战争实记》（卷12），刊行时间不详，第415–416页。

（正月）十八日，丁统领命候补直隶州借补游击、海军军械委员陈恩焘作英文情愿输服之书，并请释海军士卒，命广丙管带都司程璧光，乘镇北蚊船，悬挂白旗，献于倭舰统领（伊东）。先是海军仅剩镇、平、济及康济、广丙五艘，并蚊船六艘，益以军火已罄，军粮已绝，无可如何。乃问计于陈恩焘，陈曰外国兵败有情愿输服之例，遂引某国某人有行之者。丁意遂决，乃命陈书而献之。……十八夜，北洋水师统领丁汝昌及黄岛护军统领张得三（文宣）服毒而亡。①

卢谓丁汝昌决定投降，乃是问计于陈恩焘的结果，殊难令人凭信。陈恩焘是马尾船政学堂驾驶班第五届毕业生，不过任军械委员，当时刘公岛上船政驾驶班第一届毕业且担任管驾官者还有多人，如副将叶祖珪、邱宝仁等，官职皆比陈高，还有威海营务处候选道牛昶昞和海军营务处候选道马复恒，则是丁汝昌以下掌握实权的人物，丁汝昌都不与他们商议，却单单问计于陈恩焘，这是不可想象的。如果不是卢毓英记忆有误的话，那么，这肯定是陈恩焘的自我吹嘘。何况陈恩焘所述与其他文献多有矛盾，《牛昶昞禀》说是"与马格禄面商"，《戴乐尔回忆录》说美籍洋员郝威"倡议假丁提督之名作降书，并亲自起草，书成，译作中文"②，等等，都说明卢毓英的话是靠不住的。至于卢氏所说丁汝昌的服毒时间，并不能说明什么，因为他虽身在岛上，却已无任职，甚为惶恐不安，抱着"今朝有酒今日醉"的心理，整天间"扫明灯，吐云吐雾，置外间之事于不见不闻"③，所以他并不是丁汝昌自杀的亲见者，《杂记》所述不过是重复所闻《牛昶昞禀》中的话而已。

回过头来再看姚锡光的《东方兵事纪略》，便不难发现其所述丁汝昌之死确有根据。为什么这样说呢？

根据之一，是英籍洋员戴乐尔（W. F. Tayler）的对华回忆录《中国事记》。内称："12日（夏历正月十八日）清早，丁提督自杀身亡。我不曾亲临目睹当时所发生的一切，惟得自传闻及事后发表的瑞乃尔报告而已。盖丁氏既死，马格禄、郝威及中国官员数人上岸至牛道台寓所，遇见瑞乃尔。郝威倡议，伪托丁提督名义作降书，并亲自拟稿。译成中文，并钤提督印。"④ 戴乐尔所记丁汝昌死事情形，并非向壁虚构。据他自称：一是得自传闻（rumour）；一是根据德籍洋员瑞乃尔（T. H. Schnell）的报告。英语 rumour 一词，有传闻、谣言、流言等含义，张荫麟先生的译文作"谣传"⑤，显然与原

---

① 卢毓英：《卢氏甲午前后杂记》，未刊稿，第46－48页。
② 中国史学会主编：《中日战争》（六），上海：上海人民出版社、上海书店出版社，2000年，第67页。
③ 卢毓英：《卢氏甲午前后杂记》，未刊稿，第46－48页。
④ W. F. Tayler：*Pulling Strings in China*，London，1929，p. 85.
⑤ 中国史学会主编：《中日战争》（六），上海：上海人民出版社、上海书店出版社，2000年，第67页。

文意思不合，因为"谣传"系指传播无事实根据的话，与戴乐尔的本意是相违的，故应译作"传闻"为是。瑞乃尔时为炮兵教习，曾积极鼓动投降，始终参与其事，所以戴乐尔说："我采取瑞乃尔报告所述，以其可靠性颇高。"① 对照《东方兵事纪略》和《中国事记》，可知姚锡光与戴乐尔对丁汝昌之死的记述，是完全一致的。

根据之二，是提督衙门卫士谷玉霖的《甲午威海之役拾零记》。内称："丁军门（汝昌）先在定远，后在靖远督战。但为投降派所逼，知事已不可为，就从军需官杨白毛（绰号）处取来烟膏，衣冠整齐，到提督衙门西办公厅后住屋内吞烟自尽。我当时是在提督衙门站岗的十卫士之一，亲眼所见，所以知道详细。丁军门自尽后……（牛昶昞）集众筹议投降事。"② 谷玉霖是威海卫北沟村人，原在来远舰当炮手，来远舰沉没后调提督衙门担任卫士，所记为其亲临目睹之事，而非道听途说之言，自属可信也。

根据之三，是镇北舰水手苗秀山的口述记录："刘公岛吃紧时，岛上绅士王汝兰领着一帮商人劝丁统领（汝昌）投降，丁统领说什么不答应，还把他们训了一顿。张统领（文宣）是个硬汉子，想守到底，后来实在不行了，丁统领一死，他就在西瞳的王家服毒死了。领头投降的是牛提调（昶昞）。当时派镇北舰去接洽，我也在船上。受降地点在皂埠东海面上。我们船靠近日本船时，只听日本人用中国话呵斥：'叫你们抛锚啦！'弟兄们都低下头，心里很难受。去接洽投降的中国官有五六个。结果港里十条军舰都归了日本，只留下康济运送丁统领等人的灵柩。"③ 苗秀山是刘公岛人，从小就跟北洋舰队的官兵混得很熟，后来上镇北舰当水手，也是当时的目击者之一，所述也足以证明"已降复死"说之非。

根据之四，是《丁氏宗谱》："丁先达，赏穿黄马褂赏戴双眼花翎西林巴图鲁正一品封典北洋海军提督，讳汝昌，字禹廷，生于道光十六年丙申十月初十日巳时。……卒于光绪二十一年正月十八日辰时初。"十八日辰时初，也就是十八日早晨7时许，适可与戴乐尔所记的十八日"清早"相印证。由此可知，姚锡光所记丁汝昌身故时间确凿可信，并非无稽之谈。

据上所述，便可以得出以下几点结论：

第一，丁汝昌身故的确切时间是正月十八日（2月12日）辰时初，即晨7时许，而不是像《牛昶昞禀》所说十八日上午8点半钟"程璧光开船之时……仰药，至晚而死"，也不是像《中东战纪本末》所记十八日下午3时程璧光离日舰回岛以后"服生鸦片……殉节"。

第二，丁汝昌是吞鸦片自尽的，必有一段弥留的时间。戴宗骞、刘步蟾和丁汝昌都是吞鸦片自尽的，刘含芳致电王文韶称："初九日戴宗骞，十七日刘步蟾，十八日丁汝

① W. F. Tayler：*Pulling Strings in China*，London，1929：p. 85.
② 戚其章：《北洋舰队》，济南：山东人民出版社，1981年，第211、225、220页。
③ 戚其章：《北洋舰队》，济南：山东人民出版社，1981年，第211、225、220页。

昌……均先后殉难。"① 所说"初九日""十七日""十八日"等皆是身亡的时间，而不是吞鸦片的时间。戴宗骞是正月初七日下午由北帮炮台撤进刘公岛的，据当时在其门外站岗的水手陈学海说："戴统领进岛后，第二天（初八日）喝了大烟，但药力不足，抬在灵床上又挣扎着起来。当时萨镇冰守在旁边，又让他喝了一些大烟，这才咽气。"② 咽气的时候已是初九日了。刘步蟾的弥留时间也很长。据目睹其死的卢毓英称："至（正月）十六日午后，刘（步蟾）来余住处，沈幼昑……无意中写及'千古艰难惟一死'之句，刘见之，微笑推案而起，续曰：'伤心岂独息夫人！'念毕遂出。是晚即服阿芙蓉。"③ 丁汝昌亦当如此。姚锡光说他是在十七日（2月11日）得烟台密信，知援兵绝后，才仰药自尽，延至十八日（2月12日）晨而死，是十分可信的。

第三，"议降"之事，虽不排除在丁汝昌死前或弥留之际已有人密谋策划，但此事的发生却是在其死后，而不是像牛昶昞所说那样由丁"与马格禄面商"而亲自裁定的。

丁汝昌对于自己的死，其实是早有思想准备的。当威海卫吃紧时，他曾嘱咐二儿媳张氏说："吾身已许国，汝辈善视吾孙可也。"④ 并"派员将水师文卷送烟，誓以必死"⑤。那么，他为什么早不死晚不死，偏偏要选在正月十七日自尽呢？据牛昶昞称：正月十四日，各船水手"哀求生路"，丁汝昌"晓以大义，勉慰固守"。并当众宣告："若十七日救兵不至，届时自有生路。"以"十七日"为期的许诺，究竟包含着什么含义？《山东巡抚衙门档》的发现，为我们揭开了谜底。

原来，早在日军登陆龙须岛之初，丁汝昌即认为，日军从海上进攻威海必不成功，但威海战局能否支持，很大程度上还决定于后路的援军情况。所以，在丁汝昌看来，当时死中求活之法只有一个，就是后路有大量援兵开到。其实，这也是各方面普遍关注的问题。先是在十二月二十七日（1895年1月22日），廷旨准将已奉旨北上之贵州古州镇总兵丁槐所部5营截留山东。二十八日，刘坤一到天津与李鸿章晤商，决定饬从徐州起程之徐州镇总兵陈凤楼马队5营，及皖南镇总兵李占椿等步队15营，皆迅赴烟台，以救援威海。从《山东巡抚衙门档》可以知道，当时李秉衡估计，威海如能支持20天，这批援军必可赶到，可解威海之围。他在致朋辈电中说："电奏允留丁槐一军，并准截留北上二十营助剿，如威能二十日无事，添此兵力当可挫贼。"⑥ 他还将此意电告了威海诸将。从十二月二十七日奉旨起，再过20天，适为正月十七日。这就是丁汝昌所以许诺以十七日为期的原因。

① 中国史学会主编：《中日战争》（三），上海：上海人民出版社、上海书店出版社，2000年，第466页。

② 戚其章：《北洋舰队》，济南：山东人民出版社，1981年，第211、225、220页。

③ 卢毓英：《卢氏甲午前后杂记》，未刊稿，第46－48页。

④ 施从滨：《丁君旭山墓表》，《丁氏宗谱》，民国十一年（1922）壬戌刊本。

⑤ 《清光绪朝中日交涉史料》（卷33），故宫博物院，1932年，第11页。

⑥ （清）李秉衡著，戚其章辑校：《李秉衡集》，济南：齐鲁书社，1993年，第618页。

丁汝昌既向士兵们讲明要坚守到正月十七日，因此他盼望援兵的心情也最为焦急。正月十二日（1895 年 2 月 6 日），他致电刘含芳告急，内称："昌等现惟力筹死守，粮食虽可敷一月，惟子药不允，断难持久。求速将以上情形飞电各帅，切恳速饬各路援兵，星夜前来，解此危困，以救水陆百姓十万人生命，匪特昌等感大德矣。"① 十五日（1895 年 2 月 9 日），又派营弁夏景春偷渡威海，从旱路潜往烟台，带函给刘含芳，告以："十六七日援军不到，则船、岛万难保全。"② 并请转一函给陈凤楼称："此间被困，望贵军极切，如能赶于十七日到威，则船、岛尚可保全。日来水陆军心大乱，迟到，弟恐难相见，乞速援救。"③ 暗示正月十七日援军不到，即将自尽之意。但是，陈凤楼马队有 3 营刚到潍县，又被李鸿章奏请调往天津。对此，李秉衡大为不满，致电刘含芳说："陈凤楼到潍，傅相电止，奏调回直。奈何？岛、舰无兵救，真堪伤痛！"④ 其他各军则行进缓慢，电催扎饬，急如星火，也无济于事。直到北洋舰队覆没之时，援军尚距威海甚远。丁汝昌的盼援终于落空了。他一直盼到正月十七日晚，知援兵已绝，遂仰药自尽，以实践自己口许的以十七日为期的诺言。

由上述可知，丁汝昌恰在正月十七日"仰药"，并不是偶然的巧合，而是他早就做好了两种准备：若援军按期赶到，则刘公岛之围可解；万一援军逾期不至，则决心以死殉国。"已降复死"之说显然与历史事实不符，是不能成立的。

【作者简介】

戚其章，山东社会科学院研究员。

---

① 《清光绪朝中日交涉史料》（卷 31），故宫博物院，1932 年，第 16 页。
② 《清光绪朝中日交涉史料》（卷 34），故宫博物院，1932 年，第 14 页。
③ （清）李秉衡著，戚其章辑校：《李秉衡集》，济南：齐鲁书社，1993 年，第 665－666 页。
④ （清）李秉衡著，戚其章辑校：《李秉衡集》，济南：齐鲁书社，1993 年，第 673 页。

未刊文献中所见之容闳[*]

吴义雄

　　容闳一生的绝大部分时间，都与中国近代史上最为引人瞩目的事件联系在一起。他 80 多年的生命，本身就是一部精彩纷呈的历史。学术文化界和一般读书界对他持续不断的关注，证明了他作为近代史上第一流人物的地位。然而，与晚清时期立于历史潮头的其他人物不同，容闳身后留下的文献资料不多。容闳研究者经常征引的主要材料，是他晚年完成的自传——《我在中国和美国的生活》（更有味道、也更经典的书名翻译是《西学东渐记》）。多年来，研究者尽力从各种文献中挖掘相关史料，不过总体上来说仍然是有限的。

　　另外，现在存世的与容闳直接相关的一些原始文献，却又没有得到应有的重视和利用。早在 1965 年，就有学者在关于容闳的论文中运用了耶鲁大学所藏的容闳致卫三畏（Samuel Wells Williams）的亲笔函件和美国康涅狄格州档案馆所藏的容闳日记。[①] 二十多年前，章开沅先生在耶鲁大学接触到该校所藏包括函件在内的容闳文献。章先生在 1998 年珠海召开的"容闳与中国近代化"学术研讨会上作了题为"先驱者的足迹——耶鲁馆藏容闳文献述评"的学术报告，引起与会学者的关注。章先生后来还发表了两篇学术论文，对这些文献进行了介绍和论述。[②] 有的研究者在 20 世纪 80 年代初就引用过藏在康涅狄格州档案馆的容闳日记。[③] 但总的来说，这两种珍贵的原始文献，迄今并未

---

　　*　本文原载于《广东社会科学》2014 年第 5 期。

　　①　Edmund H. Worthy, *Yung Wing in America*, *The Pacific Historical Review*, 1965, Vol. 34, No. 3, pp. 265 – 287.

　　②　见章开沅：《先驱者的足迹——耶鲁馆藏容闳文献述评》，吴文莱主编：《容闳与中国近代化论文集》，珠海：珠海出版社，1999 年（该书另有 2006 年版）；章开沅：《西学东渐与东学西渐——耶鲁馆藏容闳档案简介》，《浙江社会科学》1999 年第 1 期。

　　③　如袁鸿林：《容闳述论》，《近代史研究》1983 年第 3 期，第 129 – 157 页。按：该文也引述了耶鲁所藏容闳函件。日本亚细亚大学容应荭教授曾向笔者提供 1902 年容闳日记的部分照片，谨致谢意。

得到大部分研究者的重视和运用。

笔者近年在容闳故乡珠海市有关部门的支持下，从耶鲁大学购回该校所藏容闳文献的缩微胶卷，并获得了 1902 年容闳日记的复制件。现在，正与合作者一起，对这些文献进行翻译、整理和研究，不久之后会交付出版。本文尝试运用这些材料，在已有学术成果的基础上，对容闳生命中的几个片段，作进一步的展现和阐释。

一、求学时代的容闳

耶鲁所藏容闳文献中数量较多的是他写给卫三畏的信。卫三畏原是美国公理会派往中国的印刷工，在广州和澳门生活多年，对中国社会及历史文化都很熟悉，后为著名的中国研究专家，以《中国总论》等多部著作享誉西方学术界。他亦曾在美国驻华使团任职。章开沅先生在他的《先驱者的足迹》一文中，曾对这些信件的内容作了很好的介绍。[①] 这里结合笔者的理解，就相关问题再作一些阐述。

容闳给他的第一封信写于 1849 年 4 月 15 日，其时，他在美国"能再待多久尚在未定之数"。他在这封信中谈到了赴美后求学的状况，谈到他学习英文的经历，还提到他开始学习拉丁文以为升入大学做准备。为此，他请求卫三畏给他帮助，首先是请后者雇用他的哥哥容阿林（Yung Alum），其次是请求卫三畏和他的叔叔容名彰（Yung Ming Cheong）商谈他继续留在美国的事。他告诉卫三畏，"我很想在这里受大学教育，而且可能性很大"[②]。这虽然是他到美国后就产生的一个心愿，但与其家人对他在美留学期限的预期不一致。因为他曾向家人许诺"出国两三年就回家"。他写道："所以我请您和我叔叔探讨，尽您所能劝服他接受我在这个国家多留 6 年的目标，以及我在这里受教育将会得到的结果"，即大学教育和学到更多知识对他将来生活的影响。"您同他谈过后，他会找机会和我母亲说。如果您雇了我哥哥，我留在这里的障碍就微乎其微了"，因为这样他就可以推迟回国，无须马上担负起养家的重任。他解释说，他之所以请求卫三畏去做这件劝说家人的事，"是因为您的中文比其他（外国）人更好，同时，他们对您也比对其他任何人都相信"[③]。他还请求卫三畏在有空时，向当时为卫氏工作的一位表兄弟阿申（Ashon），说明他信上帝和学习科学知识"是多么好的事情"，因为他的母亲很相信阿申的话。他写道："他们不希望我留在这里的首要原因，是惟恐我拥抱这个新的宗教"；还怕他在美国结婚"并滞留终生"；当然"还希望我回家挣钱"。[④] 这表明，

① 章开沅：《先驱者的足迹——耶鲁馆藏容闳文献述评》，吴文莱主编：《容闳与中国近代化论文集》，珠海：珠海出版社，2006 年，第 281－283 页。
② *Yung Wing to S. W. Williams*，Apr. 15，1849. 据《南屏村容氏族谱》（1925 年纽约版），容名彰为容闳三叔。容闳之兄名容光杰，号穗郴。
③ *Yung Wing to S. W. Williams*，Apr. 15，1849.
④ *Yung Wing to S. W. Williams*，Apr. 15，1849.

容闳此时很可能已经加入基督教会。① 以上所述也说明，容闳在两年期满后留在美国继续求学，其困难不仅来自原有经济来源的断绝，还来自等待他挑起养家担子的家庭。

容闳的忧虑并不止于这些实际的因素，他还担心观念上的原因会使家人或其他人士难以理解他的行为。他在这封信里还说："您很了解中国人的偏见，知道他们如何曲解事物，他们无法像您和其他有知识的人那样，理解教育的目标、优长及其价值，无知和迷信封闭了他们的大部分心灵，他们如何能够理解事物的真正价值！"② 他的这段话是针对其家人或其他人士可能无法理解他为何需要在美国留学如此之久的境况而说的，是为了解释请求卫三畏为他滞留美国之事向他的叔父解释为何是必要的。这段话显示了容闳对当时中国人缺乏对于近代教育的了解的无奈之情，也表明他在受西式教育近 10 年，又在美国的文化环境中更直接、更完整地体会这种教育之后，对于西式教育价值之肯定。容闳决定留在美国继续求学，是为了在更高的层次上接受优质、美好的教育，而在思想上与其家人和当时对西人教育略有所知的其他中国人有了相当的距离，绝不满足于用他已经学到的流利的英文回国谋一份通事之类的差事。青年容闳对于近代西方教育的肯定和对于国人教育观念的否定，预示了 20 多年后他对海外留学运动的大力倡导。

将与自己命运相关的事情托付给卫三畏，说明容闳对卫氏非常信任，也说明他和卫氏之间有着比较深厚的友谊。他在 1850 年圣诞节又写了一封长信给卫三畏。其时，他已经如愿考入耶鲁大学。他对过去一年没有回复卫三畏的两封信表示歉意，原因是他"一直在为考大学而作准备"，"所以写信比以往少得多"。③ 他报告说，他已经成功考入耶鲁大学，而且也完成了一个学期的学习任务。他在信中谈到了对新鲜的大学生活的感受，谈到学业的繁重；他承认，由于他准备的时间不够充分，与其他经过长时间准备的同学相比，基础不够厚实，学习有些吃力。④

这封信的几个段落，可以让我们了解容闳真实的内心世界。这位一心在远隔重洋的异国求学的青年，心中始终记挂着他的母亲、他的家人。他向卫三畏倾诉"我的思亲之情甚于一切"，他从母亲的来信中得知兄长去世的消息，"难过了整整两个星期，放弃了上大学的所有期望，尽管当时我正在全力以赴"，请求卫三畏"告诉我整个事情的真相，以使我从巨大的焦虑中解脱"。他表示，"我有时想放弃我的决心，带着我已经学

① 容闳早年在孟松学校时期入教这一点是没有疑问的。他到耶鲁读书后，加入了学校的公理教会。1877 年，他写信给与教会相关的人士，确认他"与大学教堂的关系未有变更"，并表示："由于我经常变更住处，如果教会不反对的话，我希望与教会保持关系直到安息之时。"（*Yung Wing to Franklin B. Dexter*, Oct. 8, 1877）但他后来又改变了想法。1887 年，他又写信给耶鲁校长德怀说："我希望将我在耶鲁公理教会的会籍转至康涅狄格州哈特福德庇护山（Asylum Hill）公理教会，如果显示我在孟松公理教会会籍的记录已按时准备好的话。"（*Yung Wing to T. Dwight*, Dec. 2, 1887）原因大概是他已经选择哈特福德作为永久定居之地。

② *Yung Wing to S. W. Williams*, Apr. 15, 1849.

③ *Yung Wing to S. W. Williams*, Dec. 25, 1850.

④ *Yung Wing to S. W. Williams*, Dec. 25, 1850.

到的知识回去，以便改善我的母亲和其他与我有血缘关系的人的境况"，"没有什么比他们更让我思念的了"。一位游子的愁肠跃然纸上。然而，容闳毕竟是有着坚强信念的人，他的理智最终战胜了伤感，这使他决定坚持完成学业。① 一年后，容闳托人将自己通过打工挣得的 30 元钱带给卫三畏，请他将其中的 25 元转交给他的母亲，"如果她还活着的话"。他的确不知她的生死，因为已有一整年未得到她的音讯。如果母亲不幸已经去世，他请卫氏帮忙分给他的弟弟或妹妹。②

剩下的 5 元钱里，有 4.5 元是用来支付卫三畏帮他购买书籍的钱的。读过容闳自传的人都会注意到，他在 1854 年回国后，对自己的母语竟然既不会说也不会写。他在 1850 年的信里描述了他当时的生活状态，使我们可以理解后来发生的这种情形。他写道："我倍感孤独，无人与我用中文谈话。我的中文写作能力快速丧失"；"在我离开中国时，我没有带任何中文书"。没有同胞与他交流，以前在马礼逊学校的同学，包括和他一起到美国、后到英国的同学黄胜，都没有给他写信。③ 可以想见，容闳当年面对的是多么大的语言、文化上的孤独。他清醒地意识到，必须尽力维持与母语之间的联系，所以一年后请卫三畏代购中文书寄给他，还在信的附言中要求卫三畏帮他购买波乃耶（Dyer Ball）所编写的中英文对照年历，"因为我已经忘记了中国的日期"。他还说："由于我的中文知识有限，请您在寄给我之前为这些书做些断句。"④ 这些话都很清楚地表明了，出国前只受过有限中文教育的容闳，在当时那种完全脱离了祖国的文化环境、也没有机会接触到任何同胞的情况下，两三年间就几乎丢掉了原来的语言，而他为了维系与祖国间的文化联系，也在力所能及的情况下进行了努力。

到 1852 年底的时候，容闳已经度过了大学时代的大部分时间。他在耶鲁受的是博雅教育（liberal education），而非专业化的训练，故他开始考虑将来的职业问题。他在给卫三畏的信中写道："我将在 1854 年夏得到文学士学位（B. A.），之后我将回家，学习我未来的职业。关于职业，我还没有一个确定的想法。不过有件事是肯定的，那就是我会学习农业化学。我也许还会学习内、外科医学。有这么多的东西可以学，每一门都对造福国家大有价值，这真令人兴奋。"⑤ 他在信的末尾还提到，他在纽黑文见到了阔别多年的美国传教士裨治文（E. C. Bridgman）夫妇。他和裨治文商量将化学引进中国之事。可见，容闳希望他将来的职业是要对中国有益并具有实际用途的。他认为他个人的判断和兴趣在其职业选择中都不重要，"我希望在上帝的指引下能够做出满意的选择"⑥。我认为，他的意思是，要在回国后根据实际的情况或机遇再做决定。

① *Yung Wing to S. W. Williams*, Dec. 25, 1850.
② *Yung Wing to S. W. Williams*, Dec. 30, 1852.
③ *Yung Wing to S. W. Williams*, Dec. 25, 1850.
④ *Yung Wing to S. W. Williams*, Dec. 25, 1850.
⑤ *Yung Wing to S. W. Williams*, Dec. 30, 1852.
⑥ *Yung Wing to S. W. Williams*, Dec. 30, 1852.

现在所存容闳归国前的最后一封信写于 1853 年 7 月 27 日，也是写给卫三畏的。他在信中询问卫三畏是否收到他前一年底所寄的 30 元，重复说明他请香港《德臣报》（The China Mail 或译《中国邮报》）的编者、他当年赴美的赞助人安德鲁·肖特里德（Andrew Shortride）转交给卫三畏的信中所交代的这些钱的用途。他特别提到不知母亲是否健在，担心她已经辞世，请卫三畏告诉他实在情形。他在信中表示，完成学业后立即归国，"我希望从现在起一年后能见到你，如果我还能活着的话"①。他在信中还提到了太平天国，要求卫三畏在回信中告诉他"关于这场革命的事，因为对它所有的活动都深感兴趣"。对太平天国的这种兴趣，也许是他后来探访天京的一个早期导因。作为一个基督徒，他也对基督教在华传教活动表示关心："传教士们怎么样？裨治文博士翻译《圣经》的事进行得如何？您的身体怎么样？"②

以上所述的容闳函件，当然还是不完整的。但从这些函件中，我们可以窥见他早期的精神世界。他孤独地坚持完成了七年的异国学习生涯，付出长期离别亲人的代价，但也获得丰厚的回报。异国的优质教育使他形成了领先于他人的历史性眼光、诚实的品性、坚强的意志和信念等。但他也有一个少小离家的青年人那种平凡的情怀。他在信中倾诉的孤独、惆怅和强烈的思乡之情，向后人呈现了他丰富的情感和常人所有的脆弱的一面。这样的容闳才是真实的。

二、容闳与留美幼童教育的筹划

青年容闳的经历有助于历史学家描述"最早的留美学生"的形象。容闳另一个大放异彩、具有历史性意义的人生阶段，是他开创并管理 120 名中国幼童留美事业的时期。耶鲁所藏的容闳文献，自 1853 年夏容闳致卫三畏的信之后，时间上中断了 20 多年。在这封信之后的，是 19 世纪 70 年代容闳管理幼童留学时期的一些函件。

派遣幼童留美，是晚清教育史上一件具有历史意义的大事。容闳为此筹谋策划多年。他虽然位卑言轻，却是这一计划实际上的发起人、推动者和执行者。1872 年 2 月，在出洋肄业局的筹备和招生工作大致就绪之际，容闳给时任耶鲁大学校长的诺亚·波特（Noah Porter）写了一封长信，详细说明清政府的这一留学计划。这封信内容丰富，有助于我们进一步了解幼童出洋留学计划。

该信的第一段写道："我极为愉快地通知您，1871 年 10 月 1 日，中国政府未让我们再次等待，批准了派遣本国青年到合众国接受完全的教育，以便将来在各方面为中国公众服务的计划。"③ 容闳自传中关于清政府批准派遣幼童留学计划时间的说法是："一

---

① *Yung Wing to S. W. Williams*, Jul. 27, 1853.

② *Yung Wing to S. W. Williams*, Jul. 27, 1853.

③ *Yung Wing to Prof. Noah Porter*, Feb. 17, 1872.

八七〇年冬，曾文正办天津教案事毕，回任两江，抵南京后，奉到前所上封奏朱批着照所请。"① 对时间的表达比较笼统。而这封信中则明确说是 10 月 1 日。由于这是在事情进行过程中所作的叙述，而非多年后的回忆，所以应该是比较准确的。

接下来他对整个计划进行了比较详细的介绍。这段文字与容闳自传所述在细节上有些不同，这里可作一些对比。

　　容闳自传：旋决定学生人数，照予前次所拟，暂定为百二十人。学生年龄，定为十二岁以上，十五岁以下，须身家清白，有殷实保证，体质经医士检验，方为合格。考试科目为汉文之写读，其曾入学校已习英文者，则并须试验其英文。应考及格后，当先入预备学校，肄习中西文字，至少一年，方可派赴美国留学。当未出洋之先，学生之父兄须签名于志愿书，书中载明自愿听其子弟出洋留学十五年。十五年中如有疾病死亡及意外灾害，政府皆不负责……此规定学额及招考章程之大略也。②

　　容闳致波特校长：此计划的主要内容略如下述：在上海建立一个预备学校，从各地招来的学生在此接受录取考试。录取要求包括具有学习能力，体格强健，品行端正，身家殷实，年龄在十到二十岁。要求他们学过一些（中国）经典，年龄在十五至二十之间者须能按中国固定格式作文一篇。预备学校将教授英文和中文，每天时间平均分配……

　　尽管每年只招三十人，但招考常年进行。现在的计划只打算每年派遣三十人，连续四年派遣，故总数为一百二十人。但不是说这一百二十人都要派出去，可能也会中途停止。计划的持续端赖于第一批三十人学习的情况，以及他们最终学到的东西。也有可能在两三年后，有些人会被派到英国，有些也许会被派到普鲁士接受教育。③

显然，容闳在自传中所说的计划与他给波特的信中所说的有几点明显的不同。除了关于学生年龄的表述不同外，致波特信中关于派遣方式的表述更详细一些。特别是关于派遣学生赴英国和普鲁士的计划，是包括其自传在内的其他材料所未提及的。

信中提到的规定还有："他们不得成为美国公民，不得永久居留，也不得为了牟取个人钱财而中辍学业。由于他们是由政府资助留学的，须承担西点军校或安那波利斯海军学院学生对美国政府所承担的类似责任。"④

容闳在信中谈到了当时准备工作的进展，告知首批幼童将乘 6 月的汽船前往美国。他也提到对幼童进行管理的出洋肄业局的组成以及译员和中文教师的情况。值得注意的

① 容闳著，恽铁樵、徐凤石译：《西学东渐记》，珠海：珠海出版社，2006 年，第 115 页。
② 容闳著，恽铁樵、徐凤石译：《西学东渐记》，珠海：珠海出版社，2006 年，第 116 页。
③ *Yung Wing to Prof. Noah Porter*，Feb. 17，1872.
④ *Yung Wing to Prof. Noah Porter*，Feb. 17，1872.

是，容闳写道："除非官方提前召回，他们将驻在美国直到幼童完成学业。整个学习期限为十五年，若全部或部分学童能提前完成其专业课程，则并无禁止其返乡之规定。"[1]最后这句话显示，已在中国官场历练数年的容闳，一开始就知道留学幼童存在被官方"提前召回"的可能性。

这封信又一个值得注意之处，是关于幼童留学目的的说明："中国政府最希望（幼童）学习的专业是陆军、海军、医学、法律和土木工程。在科学方面，他们应深入学习化学、自然哲学（物理学）、地质学和天文学的知识。"[2] 很明显，清政府一开始就希望将这些学生将来优先使用于军事、外交等方面。故当数年后容闳报告美国国务院拒绝中国学生进入军事院校时，李鸿章的回信令容闳感到"留学事务所前途之无望矣"[3]。即是说，李鸿章可能将中国学生能否进入美国军事院校与是否维持留美学生事务直接关联起来了。容闳自传对李鸿章的决策颇多怨言。但他1872年写的这段话表明，派遣幼童到美国学习军事是清政府的首要目的，并非李鸿章个人的一时主张，或是出于对美国违背《蒲安臣条约》的愤慨；而在此目的失败后即中途取消已经实施多年的计划，的确显得鲁莽轻率，缺乏高远的见识；但从清政府的角度来看，这种结果意味着当年派遣幼童赴美的一个主要目的遭受挫折，维持这项事务的一个重要理由也就不复存在，在吴嘉善等极为负面的报告和奏折的共同作用下，作出撤回留美学生的决定，自有其必然的逻辑，虽然这是一个非常短视的有害决定。

容闳在上海给波特写信的主要目的，是请他和耶鲁的其他教授一起，为留美幼童在美国的教育进行筹划，以便他先期抵达美国后得到他们的建议。容闳请他们一起考虑"适合于将他们培养成最为有用的人才的最佳教育模式"。他介绍了这些幼童的基本情况，作为供这些教育家考虑的材料。他请波特等人根据这些情况"拟订一个明确的课程表"。容闳对这些幼童的介绍表明了他对这些人的基本看法，也是颇具参考价值的。[4]他要求这些教授在制订教育计划时考虑以下情况：他征询意见，希望了解：既然住在城里费用较高，故如将他们送到费用较低的乡村生活，"是否诱惑较少而风俗朴实，较之城市更有利于学生良好习惯及大丈夫性格之养成"？是否应将他们分散到许多学校以便他们能较快地学习英语？是应将他们送进寄宿学校，还是应为他们寻找寄宿家庭？是一开始就将他们分散到各地，还是先让他们在一起住上半年，再让他们分开？显然，容闳提出这些问题，说明他虽请求波特等人制订教学计划，但他自己实际上也为培养幼童的模式进行过具体的思考，在细节上提供了一些初步的想法。

---

① *Yung Wing to Prof. Noah Porter*，Feb. 17，1872.

② *Yung Wing to Prof. Noah Porter*，Feb. 17，1872.

③ 容闳著，恽铁樵、徐凤石译：《西学东渐记》，珠海：珠海出版社，2006年，第134页。

④ *Yung Wing to Prof. Noah Porter*，Feb. 17，1872.

三、容闳、卫三畏与美国华工问题

卫三畏从中国回美国后，被耶鲁大学聘请为中国语言文学教授，这使得容闳与他之间的联系重新密切起来。有 5 封容闳在 19 世纪 70 年代后期致卫三畏的信被保存了下来。不过，他的这几封信谈的主题不是留美幼童的教育，而是美国西部沿海地区及华盛顿政客的排华问题。容闳自传中叙述了他在 1874 年前后受清政府之命前往秘鲁调查华工受迫害之事。在这之后，他还在美国进行了一些活动，其自传中却没有提及。因此，他的这几封信就成为可以弥补原有记载空缺的宝贵资料。

1877 年 2 月 19 日容闳致卫三畏的回信，是现在可以看到的 1853 年后容闳写给卫三畏的第一封信。容闳表示将到纽黑文去拜访卫氏。随后，这封信谈到《哈特福德新闻报》（*Hartford Courant*）登载了 14 日容闳等人拜会康涅狄格州议会的消息，表示他会寄一份给卫三畏，但怀疑该报所载是否能比纽黑文的报纸更详细。这封信的以下文字表明了容闳所谈的事件性质："恭亲王和总理衙门无疑会对我们受到的善意接待感到高兴，而且我很肯定，当他们比较不同的立法机构之行为时，中国人在太平洋沿岸所受到某个特定阶层的美国人残酷的、几乎是野蛮的对待，会使他们心中发生一种生动的对比。"[①] 这些话透露的信息是，在调查秘鲁华工的状况后，容闳继续为改善美洲华工的处境而努力。他之所以与卫三畏谈论此事，是因为长期在中国活动的卫三畏，也是为华工辩护的人物。"作为这个苦难和被诬陷的民族的代表，卫三畏最有力的杰作是一篇关于'中国移民'的论文，1879 年该文在萨拉托加的社会科学学会上被宣读，后来由斯克雷伯勒兄弟公司以小册子的形式出版。"[②] 不过卫三畏的努力并非从 1879 年开始，容闳的信件告诉我们，卫氏从回美国后就开始发出自己的声音，实际上代表了有良知的美国人的意见。卫三畏除了在公共媒介上发表有一定影响力的文章外，还进行了一些实际的游说工作。容闳的后一封信提到，卫三畏给美国政要西华德（Mr. Seward）写信，并且向排华运动最剧烈的加州的调查委员会致函。[③] 从这个角度来看，这位在中国度过数十年光阴的美国人，可以看作一位"中国之友"。[④]

容闳在第二封信中也谈论了他的康涅狄格州议会之行，告诉卫三畏《哈特福德新闻报》刊登了关于这次会见的完整叙述。这封信还谈到，他没有兴趣在华盛顿租房，尽管他此时已被清廷任命为驻美副使。这说明他的心思所系是留学事务。信中还谈到西班牙

① *Yung Wing to S. W. Williams*, Feb. 19, 1877.
② ［美］卫斐列著，顾钧等译：《卫三畏生平及书信》，桂林：广西师范大学出版社，2004 年，第 291 页。
③ *Yung Wing to S. W. Williams*, Feb. 21, 1877.
④ 有关情况见［美］卫斐列著，顾钧等译：《卫三畏生平及书信》，桂林：广西师范大学出版社，第 291 - 293 页。

就其船只在台湾发生的船难与清政府的交涉，并向清廷索赔。容闳愤慨地写道："中国应当就西班牙人在古巴对三四十万华人的奴役，并为在种植园监工的蹂躏下死亡的中国人，索取完全的赔偿。"[①]

美国政府的排华议案引起有识之士持续的抗争，容闳也密切注视着事情的进展。卫三畏曾提醒容闳注意美国国会华工问题调查委员会的报告，容闳在另一封回信中告知他已经获取这份报告，并"怀有浓厚兴趣"地读到卫氏在一份"外交通信"中发表的文字。他还对美国几位"政客"的言论进行了谴责，认为他们的言论"对有思想的公众"不会带来有益的启发，"尽管无法否认他们真的对某些群氓具有影响力"。同时，他也对一些有正义感的政治家表示赞美。[②]

容闳在以往留学时代，以及随后的一些岁月里，接受过著名的、在历史上坚决反对鸦片贸易的奥立芬公司（Misers Olyphant & Co.）的帮助。但看来这个公司后来参与了向秘鲁运送中国苦力的勾当。容闳在信中用比较长的篇幅表达他的失望。他向卫三畏了解"奥立芬公司充当向秘鲁输送中国苦力的代理商一事是否属实"，认为"即使所获条件再好，这也是一项令人厌恶的生意。我无法想象奥立芬公司会允许他们的美名被这只能带来憎恶和堕落的贸易所玷污"。[③] 一年之后，在另一封致卫三畏的信件中，容闳再次对此表示遗憾之情，说"我只能认为他们为秘鲁政府充当输出中国劳工代理之事败坏了他们的声望和令誉"，并说驻美公使陈兰彬也对此表示"极大的遗憾"。[④] 容闳在华工问题上表达的正义感和民族立场，是很明显的。

四、容闳之交游

容闳从进入教会学校之日起，就开始结识各方人士，在随后半个多世纪的时间中，活跃于中美两国的历史舞台，涉足于学、商、政各界，交游极为广阔。可以说，观察以他为中心的各种交往，可以窥见晚清史演变的基本过程。本文所论容闳文献依然有限，但或许可以为研究者提供一些有趣的片段和线索。

给了容闳最优质教育的耶鲁大学，是他一辈子的精神家园。容闳在离开耶鲁后展开的精彩的人生历程，本身已是对耶鲁最好的回报。但这位既没有金钱，也没有显要地位，却很著名的耶鲁学子，也想对母校作点实际的贡献。他在 1878 年向耶鲁捐献了 40 种 1237 卷中国书籍，包括《纲鉴易知录》《三字经》《百家姓》《千字文》"四书""五经"《山海经》《三国志》《康熙字典》《李青莲诗》等。为此，他和耶鲁大学图书馆馆

---

① *Yung Wing to S. W. Williams*, Feb. 21, 1877.
② *Yung Wing to S. W. Williams*, Jun. 7, 1877.
③ *Yung Wing to S. W. Williams*, Jun. 7, 1877.
④ *Yung Wing to S. W. Williams*, Aug. 23, 1878.

长范内姆（*Addison Van Name*）教授多次书信往还。① 从这些函件来看，这是容闳从国内运到美国的一批书中的大部分。他在 3 月 1 日的函件中说，"我留了一点做参考"，"那套历朝正史属于出洋肄业局。如果我还有一套的话一定会送给（耶鲁）大学"。② 函件还显示，容闳选择此时向耶鲁赠书与卫三畏也有一定关系。容闳在就此与耶鲁方面联系的过程中，提出他捐献这些图书的唯一前提，就是耶鲁须先设立汉学教授讲席，并在他给范内姆的信中一再强调这一点。他在 3 月 1 日的函件中说："一旦我收到设立中文教授的通知，我就会将书寄出"；还说，"卫三畏博士将会就书目中的中汉字问题给您出主意"。③ 卫三畏大约在这个时间被耶鲁聘为中国语言文学教授。可见，他希望这次捐献也能够推动耶鲁教育发展和加强中美交流。其后，容闳还表示写信回国为耶鲁购买历朝正史、《大清律例》、《大清一统志》等图书。其中，《大清律例》在 1879 年寄到耶鲁图书馆。④

耶鲁所藏"容闳文献"中保存的最早的一封信件，是 1848 年 6 月容闳写给托马斯·盖劳德特（Thomas H. Gallaudet）牧师的。托马斯·盖劳德特早年毕业于耶鲁大学，又进入波士顿的安多佛神学院学习过，后来则成为美国著名的聋人教育家，在康涅狄格州哈特福德开办了北美第一间聋人学校，成为聋人教育的先驱。他虽然主要从事教育，但显然还保持着圣公会牧师的身份。从这封信来看，刚到美国不久的容闳在 1847 年冬季就和他的家庭之间有较多往来。⑤ 这是一封因爽约而道歉的信。容闳曾表示，他在 1848 年暑假的某个时候将拜访盖劳德特夫妇，但由于在他求学于马礼逊学校时期的老师带他和黄宽、黄胜到美国的鲍留云（Samuel Brown）的家里耽搁太久，而他当时就读的孟松学校开学在即，无法践约，故特致函说明。这封信中有一句话值得注意："我会在离开这个国家前往他处之前，设法找时间到哈特福德拜访您。"⑥ 根据容闳自传，容闳等三位中国学生的赞助人支持他们游学美国只到 1849 年底为止。故容闳说："在孟松之第一年，予未敢冀入大学。"⑦ 这封信可以证明，晚年的容闳对他当时境况的回忆还是准确的。

从容闳早年这封信来看，这位求学于异国的青年虽然英文还不够好，但品德上坦诚而有礼。正因为如此，他才能在异国的文化环境中比较深入地融入当地社会。文献显示，容闳与盖劳德特家族结下了长期的友谊。1848 年，托马斯·盖劳德特作了一首题

---

① *Yung Wing to Addison Van Name*, Feb. 26, 1877; Mar. 1, 1877; May 4, 1878; May 9, 1878.

② *Yung Wing to Addison Van Name*, Mar. 1, 1877.

③ *Yung Wing to Addison Van Name*, Mar. 1, 1877. 1910 年，容闳的自传出版后，他也送了一本给耶鲁图书馆，"作为我爱耶鲁的一点小意思"。（*Yung Wing to J. C. Scharb*, Dec. 13, 1910）

④ *Yung Wing to Addison Van Name*, Mar. 26, 1879.

⑤ *Yung Wing to T. H. Gallaudet*, Jun. 2, 1848.

⑥ *Yung Wing to T. H. Gallaudet*, Jun. 2, 1848.

⑦ 容闳著，恽铁樵、徐凤石译：《西学东渐记》，珠海：珠海出版社，2006 年，第 26 页。

为"致耶稣"的诗送给他。容闳将这首诗珍藏了数十年。到 1911 年，托马斯的儿子爱德华·盖劳德特（Edward M. Gallaudet）又从容闳处将此诗抄回，此时容闳已是 83 岁高龄的老翁。容闳与这个具有相当社会地位的美国家庭保持了终生的交往。① 同样，容闳与当年带他到美国的鲍留云及其家庭，也保持了长期的、密切的联系。②

耶鲁所藏容闳文献中，有相当大一部分是该校 1854 届的毕业纪念册。这一纪念册原属容闳，经过有心人珍藏而保留了下来，里面记录了他的同学给他的毕业赠言。现存的几十则同学赠言或长或短，但都表达了美国同学对这位来自遥远东方的同窗的情谊和祝福。章开沅先生的文章已经介绍了其中的部分内容，这里再摘录一些。一位叫作亨利·鲍德温（Henry Baldwin）的同学写道："我知道您将来无论做什么，都一定会成就非凡。如果我能访问中国，我一定努力找到您。"③ 查尔斯·巴瑞特（Charles Barrett）则说："很乐意在这一页纸上写下对你的爱心和勤勉的赞誉。我愿意永远把你当作亲近和珍爱的朋友。我们分开后请想着我。真诚希望你的所有努力都会获得丰厚的回报。"④ 有人展望未来，说"让我们做个交易——您要我的药，我要您的茶。这很公平，不是吗？"还祝福容闳未来成为"为女人所爱、为男人所敬"的"天朝共和国总统"。⑤ 詹姆斯·巴蒂赫卢斯（James T. Batiherus）看来从孟松学校时期就是容闳的同学，所以他在赠言中写道："我们作为学习上的同伴，度过了漫长的 6 年，在这期间，我们的友谊因为相互热爱和温情而牢固。"⑥

容闳的品德和为人不仅为他赢得了众多的朋友，也使这些对中国所知甚少的美国青年因为他而对遥远的东方国度产生良好的印象。一位叫作威廉·考其索（William Kautchisow）的学友写道：

> 我清楚地记得，我曾认为能做一个中国人是件激动人心的事。现在我相信我有一个中国好朋友……我会一直怀着愉快的记忆想到你。无需提起你的才华，因为更好的评判者已经多次予以褒奖。你的君子之风使我获益匪浅。作为同学和图书馆员，我们曾很接近。我们一同工作的许多美好场景将会浮现在记

---

① 盖劳德特家族的简况如下：托马斯·盖劳德特生于费城，其父曾为美国第一任总统乔治·华盛顿的秘书。托马斯·盖劳德特是北美第一所聋人学校的创办人之一。其子爱德华·盖劳德特继承了他的事业，并于 1864 年在聋人学校的基础上创建第一所聋人学院，该学院于 1986 年成为盖劳德特大学（Gallaudet University）。托马斯的另一个儿子也叫托马斯·盖劳德特，是圣公会的牧师，也为聋人教育作出过贡献。容闳文献中还保存了一封容闳写给爱德华妻子的信，感谢她邀请他的两个儿子参加此次聚会。见 Yung Wing to Mrs. Gallaudet, Jan. 1, 1889.

② 如他在 1877 年的一封信中还提到鲍留云等传教士的情况，见 Yung Wing to S. W. Williams, Jun. 7, 1877.

③ Selected Autographs to Yung Wing by His Classmates of 1854, Yale College, Henry Baldwin.

④ Selected Autographs to Yung Wing by His Classmates of 1854, Yale College, Charles Barrett.

⑤ Selected Autographs to Yung Wing by His Classmates of 1854, Yale College, L. M. Gibson.

⑥ Selected Autographs to Yung Wing by His Classmates of 1854, Yale College, James T. Batiherus.

忆的画面中。①

有些同学给容闳的赠言则比较长。如卡廷（T. W. Cattin）的赠言表达了对容闳依依惜别之情："我相信我和您在（耶鲁）大学的相识，是您回到地球的另一边您的故土之后值得回忆之事。我向您保证，我将永不忘记我的中国同学，他的热心肠和他对我们的文化的热爱之情；同时，他为他的中国，为了她的最高利益而奉献的愿望，令我深爱，并深感趣味。"② 随后，他还写了一长段话，回顾他和容闳在耶鲁度过的美好时光，从中也可了解容闳在耶鲁的生活和思想的细节，他强调二人之间"那么多的交往和温情使我们的大学生活如此地令人愉快"，提到他们作为划船俱乐部成员的友情，提到一起漫步林间和街市的愉快经历。他特别提及容闳向他诉说的对祖国的情感和抱负，表示他"将期待和希望听到您在未来中国历史上创下的大业——我真的希望您为了她所立的大计划终会实现，而您将在您的同胞的生活中成为一位伟大、优良和有用之人"。③

卡廷并不是唯一一个提到容闳的"大计划"的同学，如另一位同学哈伯尔（Henry L. Hubbell）写道：

> 在你"劳作并等待"那热切的努力带来嘉惠同胞的变革之时，让这份情感使你快乐。在你奋斗的时候请记住在美国的许多朋友。他们热烈的同情心与你同在，他们也为你将要投入的服务人类的工作而祈祷。在曾栖身于教堂的朋友当中，我会永远愉快回忆我们的交往，因为发生过会使我忆起你的事。亲爱的伙伴，现在离别在即，让我祝福你发挥潜能，结交一大群朋友，名列世界优秀人物榜。④

这些充满情感的话语，也间接地为我们提供了容闳在耶鲁生活的简单素描，让我们了解到他在异国求学时对自己的祖国怀有的深情，以及他在大学时代为了未来改造中国而立下的雄心壮志。从他人的笔下写出的这些话，如容闳的自传一样，体现了他的思想和情操。这些同学所说的"大计划"，是否就是后来他筹划和推动的中国学生海外留学计划？这一点颇能令人产生遐想。我相信后者至少是他的"大计划"的一个部分。容闳在自传中屡次提及，推动中国青年的海外留学事业，是他长久以来的计划。其他同学给他的题辞中，也有不少人祝他实现报效祖国的计划和抱负。可见，容闳在耶鲁求学的几年中，一定时常向同学讲述他的这种志向。

容闳给同学的赠言，在他的同学看来，一定有着很难得的东方情调。他给一些同学的赠言中，包含了用中文所写的格言，同时附有英译。他在这些赠言中所写的格言有：

---

① *Selected Autographs to Yung Wing by His Classmates of* 1854，Yale College，William Kautchisow.

② *Selected Autographs to Yung Wing by His Classmates of* 1854，Yale College，T. W. Cattin.

③ *Selected Autographs to Yung Wing by His Classmates of* 1854，Yale College，T. W. Cattin.

④ *Selected Autographs to Yung Wing by His Classmates of* 1854，Yale College，Henry L. Hubbell.

"人为万物之灵"；"礼之用，和为贵"；"大人者，不失其赤子之心者也"；"有志者，事竟成"；"手拈一管笔，到处不求人"；等等。他给同学的赠言，现在留下的不多。章开沅先生在他的文章里曾予介绍，可参见。①

由于容闳与耶鲁同学之间的这种深厚的情谊，他在 1864 年借奉曾国藩之命赴美采购机器之机会，愉快地参加了毕业十周年同学聚会。"旧雨重逢，一堂聚话，人人兴高采烈，欢乐异常。虽自毕业分袂后，十载于兹，而诸同学之感情，仍不减当年亲密。"②他在自传中专门记载此事，表明他对这种经历的珍惜。

现在保存在康涅狄格州图书馆的容闳 1902 年日记（*Diary of Yung Wing*, 1902），则留下了他晚年社会交往的一些记录。他的日记比较连贯，自光绪二十七年十一月二十二日（1902 年 1 月 1 日）到光绪二十八年十月三十日（1903 年 11 月 29 日），共 11 个月、300 多天，除少数日期有失记的情形，绝大部分日期都有或多或少的记录。容闳在日记本中印刷的阳历日期的后面，用阿拉伯数字标上阴历日期，每天如此，回美国后也保持这个习惯，显示了他的严谨风格。

与他的上述书信不同，容闳这一年的日记基本上是对每天日常事务的简短记载，我们无法从中了解他的活动和思想的详细情形。如第一天（1902 年 1 月 1 日）的日记：

> 昨日自香港返回。
>
> 起草还款保证书供杨兰臣签字。自 1901 年 6 月起他不时向我借款，共欠 5 770 元。利息 7%。
>
> 向逸卿（Yung Yat Hing）预付两个男孩食宿费 20 元。

其中提到的杨兰臣欠款之事，在此后数月成为日记的一项经常提及的话题；容逸卿是容闳的侄子，在他居澳门和家乡期间容闳为他打理事务。上述文字就是容闳当年日记的典型面貌，其他日期的内容有的多些，有的更少。但即使内容较多之时，文字也极简略。不过，这些简短的记载也可以显示从其他史料中难以得到的信息，显示容闳的生活状态、他的行踪、他所处理的事务，偶尔也针对特定的人和事物吐露他的情感。这一年的日记提供了他上半年在香港、澳门一带居住和活动的资料，下半年返回美国途中的见闻，以及定居哈特福德后的记录。例如，日记中记录较多的是他和其他人的经济来往，他与家人、亲朋故旧之间的往来，他的健康状况，等等，而大家熟知的文献里却很少这样关于容闳个人生活状况的资料。这些，虽然与国家大事无甚关系，却展示了这位七旬老人的生活细节。如 5 月 8 日的日记记录："试图购买船票，但又没买到。最后前往太古邮轮公司，得到'伽力克号'（Garlic）的一张船票，价格 45 镑——536.65 元，据公

---

① 章开沅：《先驱者的足迹——耶鲁馆藏容闳文献述评》，吴文苿主编：《容闳与中国近代化论文集》，珠海：珠海出版社，2006 年，第 287 – 288 页。

② 容闳著，恽铁樵、徐凤石译：《西学东渐记》，珠海：珠海出版社，2006 年，第 98 页。

布 15 日开行。"① 次日的日记记录他前往太古公司支付了他的一等舱船票的票款。根据日记,前往美国的"伽力克号"实际的开行日期是 5 月 16 日。该船于 6 月 11 日抵达旧金山。13 日,容闳花了 78.89 元购买前往哈特福德的火车票,14 日到达洛杉矶,次日与他的大儿子容觐彤(Morrison)会面。17 日觐彤与他一起登上东行的列车,但次日父子二人又分别。他在 6 月 21 日早晨 7 点,抵达哈特福德。次日他又到纽黑文,与他的次子觐槐(Bartlett)相会。这些细节,在日记中记录得很清楚。

这一年的日记记录了容闳交游的情形。他和家人、亲戚关系很密切,特别是与他两个儿子以及他的其他亲属通信和见面都很频繁,其中包括容星桥、容逸卿、阿春等。日记记录了他回美国后与各地朋友的接触、通信,显示他具有非常广泛的社会交往面。这些,都可以作为研究容闳生活的宝贵资料。

容闳日记中提到的知名人物也有不少。他和这些人物的交往记录,可为研究近代史事提供史料。如 2 月 14 日的日记提到他会见后来清华学堂的创办者唐国安。1902 年,容闳居住在家乡附近,正是他与革命党人、维新党人都有比较密切联系的时候,而他回美国后,也与中国的维新、革命两派保持密切联系。研究者已经对他的活动进行过不少论述,但他的日记却很少透露这方面的信息。不过,日记中也有一些简单的记录,可以显示他与各方面人物的联系。

"伽力克号"于 5 月 24 日抵达横滨,停留数日。26 日日记载:"与梁启超、冯镜如及他的弟弟冯紫珊共进午餐。他们提出给我一笔钱,让我在日本游览,我谢绝了。一点钟离开长崎。"② 显然,梁启超等是很想与容闳加强联系的。而容闳回美国后不久,也多次与梁启超通信。7 月 21 日,容闳"收到一捆来自西部太平洋沿岸与不列颠哥伦比亚中国维新会(保皇会)的中文信件"③。保皇会中与容闳联系最多的是徐勤(字君勉)。容闳日记中第一次出现徐勤是 1902 年 3 月 6 日,只有一句简单的"收到徐勤(Chu Khan)一封信"④。他回美国后,作为保皇会重要骨干的徐勤当时正在美东地区活动,积极与容闳联络。8 月 21 日,容闳在日记中记录:"给徐君勉(Chu Kwan Mien)寄信。"⑤ 8 月 29 日,徐勤到哈特福德看望容闳,晤谈甚久。⑥

从容闳拒绝梁启超等人资助游览日本一事来看,他希望与康梁一派人士保持距离。8 月 31 日,徐勤到访后两天,容闳写道:"拒绝参加帮助保皇运动的工作。"⑦ 这句简短的话,很鲜明地表明了他的政治态度。不过,此后保皇会还经常通过书信、电报与容闳

① *Diary of Yung Wing*, May 8, 1902.
② *Diary of Yung Wing*, May 24, 1902.
③ *Diary of Yung Wing*, Jul. 21, 1902.
④ *Diary of Yung Wing*, Mar. 6, 1902.
⑤ *Diary of Yung Wing*, Aug. 21, 1902.
⑥ *Diary of Yung Wing*, Aug. 29, 1902.
⑦ *Diary of Yung Wing*, Aug. 31, 1902.

联系。如 10 月 18 日,容闳又收到保皇会问候他健康状况的电报。显然,该会密切地观察容闳的动向,并希望维持与他的联系。[①] 徐勤与容闳之间的联系则更为频繁。史实表明,在此后的数年中,容闳与梁启超、徐勤乃至康有为等保皇会人物,都有不少交往,上述日记中的话,也可能是一时情绪的表露。

不过,容闳在 1902 年后与革命党人的关系的确越来越密切。是年 9 月 17 日,容闳收到了谢缵泰 8 月 13 日从香港寄给他的挂号信。两天后容闳即给他回信。[②] 11 月 17 日,谢缵泰再次给他寄了一封挂号信,内附一个密码本。20 日,容闳也给谢氏寄了一封挂号信。[③] 他们之间这种郑重其事的通信,特别是密码本的出现,也许可以从一个侧面证明,谢氏在《中华民国革命秘史》中所言他与容闳之间策划革命行动之记载,是具有相当真实性的。容闳没有记录与谢氏往来书信的内容,正如他也未记录与梁启超等往来书信的内容,都是令人遗憾的事。

容闳日记还透露,他在美国还进行了其他试图帮助中国的事务。如 10 月 24 日的日记:"写信给托马斯·丹尼(Thomas Denny),约定与他见面,商谈为在中国实施初等教育筹集款项之事。"[④] 而日记正文之后所附中国中央政府发行国债计划,也说明他在关心并筹划中国各方面的事务。

以上所说的日记内容,只能提供一些研究容闳生活及他与中国的改良与革命运动关系的线索,而无法从中了解更丰富的内容。我们目前所知道的只有这一本 1902 年日记存世,希望其他时间的容闳日记以后也能重现于世。[⑤]

从前述容闳的函件中,我们还可以获取其他的历史信息,如他谈到了耶鲁大学授予他的荣誉[⑥];谈到与他一起到美国留学但较早回国的黄胜[⑦];等等。容闳的日记本也还有一些其他有意思的资料。如其中夹了一封他的侄子容逸卿在是年初写给他的中文信,主要内容是财务问题;一个帝汶物产的单子;两张印度与中国的财政收入对照表;一份英文"在中国发行政府公债计划",共 10 点。相信这些资料,不仅可以使我们更全面深入地了解容闳这个历史人物,也有助于我们对近代史上相关史事的研究。

作者附记:以上有关容闳文献的论述,主要以耶鲁大学图书馆整理的容闳档案和康涅狄格州图书馆所藏的容闳日记为基础。鉴于多年来容闳研究的第一手资料较为缺乏,

---

① *Diary of Yung Wing*, Oct. 18, 1902.

② *Diary of Yung Wing*, Sep. 17, Sept. 19, Dec. 19, 1902.

③ *Diary of Yung Wing*, Nov. 17, Nov. 20, 1902.

④ *Diary of Yung Wing*, Oct. 24, 1902.

⑤ 容闳 1902 年 11 月 29 日日记:"到镇上购买 1903 年的日记本,花费 1.65 元。"可见,1902 年后容闳继续写日记。

⑥ *Yung Wing to Franklin B. Dexter*, Oct. 4, 1876.

⑦ *Yung Wing to S. W. Williams*, Aug. 23, 1878.

这些史料可谓弥足珍贵。笔者与学生近日已将这些资料整理、译校完毕，年内应可付梓。但据我了解，存世的容闳文献并不止此。2013 年下半年，笔者有机会赴美访问，在耶鲁大学披阅各种档案，从中觅得容闳手稿多件，也收集到与容闳相关的其他文献，可谓所获颇丰；最近又经友人帮助，从其他途径寻得容闳文献多件。故本文所论，仅为未刊容闳文献之一部分。对新近所获容闳文献之整理与研究，当俟诸异日。特此说明。

【作者简介】

吴义雄，中山大学历史系教授、博士生导师。

义和团运动再认识[*]

李时岳

通常所说的义和团运动，实际上包含两部分虽有联系而性质迥异的内容，一是义和团的反洋教斗争，一是义和团反对八国联军侵略的战争。前者为国内民众运动，后者为国家间的战争，性质是完全不同的。二者的联系则在于帝国主义借口义和团的反洋教斗争，发动了干涉中国内政的军事侵略。

一

先谈反洋教：事出有因，但不宜歌颂。

洋教指基督教。早在唐太宗贞观九年（635），被罗马教廷视为异端的亚述教会，曾由波斯教士传入中国（当时称为景教），受到太宗、高宗、玄宗、肃宗的礼遇，入宫翻译经典、修功德，在长安及各州建立教堂（初称波斯寺，后改大秦寺），历时二百多年，因武宗灭佛受波及而中绝。元朝（1271—1368）建立欧亚大帝国后，景教和罗马教廷相继派教士来华，北京、镇江、扬州、杭州等地均建有教堂，并没有发生什么冲突，景教后因罗马教廷的衰败和元朝的瓦解而再度中绝。明末清初，天主教耶稣会教士利马窦等又来华传教，他们迎合中国礼俗，如以"天"比附上帝，以"祭祖"为报本，"祀孔"为纪念先贤，又因为他们具有天文、历算、地理、物理、生物等科学知识，不仅没有遭到排斥，而且得到士大夫的敬服和朝廷的重用，广建教堂，吸收教徒，译撰西书，绘制地图，参预修历、制炮，对中西文化交流作出了一定的贡献。因此，断言中国人具有敌视基督教的长期传统[①]，是没有根据的、不符合事实的。

---

[*] 本文原载于《广东社会科学》1989 年第 1 期。

① ［美］费正清编，中国社会科学院历史研究所编译室译：《剑桥中国晚清史》（上卷），北京：中国社会科学出版社，1985 年，第 603 页。

冲突肇始于罗马教廷干涉中国礼俗，把"祭天祀孔拜祖"视为偶像崇拜而下令禁止。1705 年，康熙看到教廷禁令十分恼怒，下令遵从教廷禁令的教士退出中国，不许再来传教。雍正为防范天主教势力构成对清朝统治的威胁而严申教禁，乾隆、嘉庆、道光一仍旧贯，直到鸦片战争。

鸦片战争后，清政府被迫解除教禁。传教士以不平等条约为护符，深入内地建堂传教，不仅破坏礼俗，而且侵权违法。于是，中西文化的冲突，帝国主义和中华民族的矛盾交织在一起，迅速激化。封建官绅不懈地进行大规模的反洋教宣传鼓动，主题是攻击基督教"灭伦伤化"：不祭天地、不敬鬼神、不祀祖宗、不拜孔子、不分男女、不别尊卑，并着力渲染传教士的"淫心兽行"：诱奸妇女、采生折割、剜眼剖心、榨油取髓、取胎炼丹、丸药惑人等。自然，这些渲染往往是对密室忏悔、临终涂油、为垂死婴儿施洗以及剖验死尸等的附会和讹传，但在蒙昧无知的群众中却有很大的煽惑力。清政府解除教禁本来是被迫的。传教士充当侵略先锋、谋士和间谍也不全是捕风捉影。某些传教士的飞扬跋扈、僭越权柄、霸占田产、包揽词讼，某些教徒狐假虎威、横行乡曲、作奸犯科、欺压良善，更"证明"了基督教海外布道的政治侵略性。"凡教中犯案，教士不问是非，曲庇教民，领事不问是非，曲庇教士；遇有民教争斗，平民恒屈，教民恒胜。教民势焰愈横，平民愤郁愈甚，郁极必发，则聚众而群思一逞。"① 反洋教运动于是兴起。

从 19 世纪 60 年代到 19 世纪末，发生了数不清的民、教纠纷，上百起重大"教案"。许多教堂、教会办的育婴堂、学堂、医院以及教士、教民住宅被焚毁，许多教士、修女、教民被殴打逐杀。1870 年"天津教案"一举打杀"洋人"20 名。1865—1876 年川东接二连三的"民、教械斗"每次都有上百家教民住宅被焚，上万两财物被毁。1891 年的"长江暴动"，从无锡、扬州、镇江、南京到芜湖、安庆、九江、宜昌，十几个城市"哄闹如狂"，焚毁教堂、教会育婴堂数十处。1898 年四川余栋臣号召反洋教起义，参加起义的群众曾达到一万人。发动斗争的，最初有地方文武官员（如贵州），继之有豪绅、民团（如湖南、四川），随后又有会党（如长江中下游）。参加斗争的，包括士农工商城市贫民、流氓无产者等。风潮愈演愈烈，但始终没有摆脱"崇正辟邪""忠君卫道"的封建羁绊。

反洋教运动得到清朝顽固派的赞扬和支持。他们强调洋教伤风败俗，反洋教是"民心""民气"的表现，主张"宜加抚循"，并可"假民之愤，议撤传教之条"，甚至做着"尽焚在京夷馆，尽戮在京夷酋"，闭关锁国回归大一统天下的美梦。② 不过，顽固派只会坐而论道，历次"教案"的处理却不能不倚重洋务派。洋务派虽然认为反洋教

---

① 宝鋆等编：《筹办夷务始末：同治朝》（第76卷），故宫博物院影印，1930年，第30页。
② 宝鋆等编：《筹办夷务始末：同治朝》（第73卷），故宫博物院影印，1930年，第21页。

"事出有因"，对绅民的"公愤"也不无同情，但不赞成反洋教的盲目排外和焚烧逐杀的暴烈行动。他们指出，这种"私斗"不仅达不到御侮图强的目的，而且会给外国提供"挟制"中国的口实。《晚清洋务派与教案》一文曾概括说，洋务派处理教案的基本方针是"悉遵条约""力保和局""分清曲直""持平核办"①。这个方针具有明显的弱国外交的性质，既然要"力保和局"就很难"持平核办"。历次反洋教斗争无不以"惩凶""赔偿"结案。仅三十起教案，就有 60 名官员被处分，70 名群众被处死刑，赔款近 200 万两。②洋务派进退失据，既遭到顽固派的攻击，又得不到群众的谅解，连同他们"采西学""制洋器"的"借法自强"活动也统统被斥为"勾结洋人"和"变鬼"。"每办结一案，必多集一谤"，乃至感到"侧身天地，至无所容"③。

平心而论，反洋教既反映了中西文化的冲突，又反映了帝国主义和中华民族的矛盾，但由于缺乏正确的引导，群众反侵略、反欺凌的热情被封建顽固势力引向不分青红皂白、盲目排斥一切外人和外来事物，引向焚烧逐杀的非理性行动。传教士中固然不乏披着宗教外衣的帝国主义分子，但也有洁身自好者。有的人到中国来是为了谋求衣食、寻找出路，有的人确实怀着传播"基督福音"的宗教热忱，还有的人对中国人民抱着善意的同情，乃至赞助中国的革新事业。传教士的非宗教活动，如办医院、办学堂、办慈善事业，更不能统统看成文化侵略。至于教民，绝大多数属于祈求上帝赐福和死后升入天堂的善男信女。盲目排斥、一概逐杀是不对的。数十年的斗争，无数生命财产的损失，没能阻止基督教的传播（宗教信仰问题是不能用暴力解决的），也没能阻止帝国主义侵略势力的深入，甚至成为"借法自强"运动的一个阻力，帝国主义者扩大侵略的借口（德国借巨野教案强占胶州湾，即某一例）。事出有因但不足取法。限于当时的认识水平，群众的偏激情绪是可以理解的，不必苛责，但也不宜歌颂。

二

再谈义和团的反洋教：盲目性与落后性的进一步发展。

义和团运动时期政治形势的特点，一是瓜分的危机，二是维新的反动。交叉作用的结果，使反洋教运动的盲目性、落后性在义和团的"仇洋灭教"活动中得到进一步的发展。

甲午战后的瓜分危机，迫使中国人奋发图强。康有为号召"变法"以救亡，掀起了颇具声势的维新运动，并争取到光绪皇帝的支持，自上而下地推行"新政"——仿照西方资产阶级国家的政治制度和社会制度以改造中国。对于顽固守旧势力来说，维新

①　赵春晨：《晚清洋务派与教案》，《历史研究》1988 年第 4 期。
②　《近世教案表》，王文杰：《中国近世史上的教案》，福州：私立福建协和大学中国文化研究会，1947 年。
③　丁日昌：《百兰山馆政书》（第 11 卷）。

的威胁不下于瓜分。一为了保障自己的权位，他们拼死反扑，终于通过慈禧太后发动了戊戌政变，光绪被囚禁于瀛台，维新六君子血染菜市口，康、梁逃亡海外，一批和维新有牵连的官员被贬斥、革职、监禁、充军，维新的反动笼罩全国。顽固守旧势力弹冠相庆之余，力图根绝维新隐患，谋害光绪或废除光绪，另立新君。起初，他们宣告光绪病重。英国公使警告说："我坚信，假如光绪帝在这政局变化之际死去，将在西洋各国之间产生非常不利于中国的后果。"① 法国公使坚请派医诊视，法医入诊后声称：皇帝没病。接着，他们又宣告"帝久病不能君天下"，改谋害为废立。两江总督刘坤一等表示"君臣之分已定，中外之口宜防"。康有为在华侨中组织了声势浩大的"保救光绪皇帝会"，纷纷电请皇帝"圣安"。梁启超在日本办《清议报》，竭力歌颂光绪"圣德"，大骂慈禧老妪及其亲信。清廷购求康、梁首级不可得而恼恨不已，最后，他们不惜违反清朝不立储君的祖制，决定先立"大阿哥"（皇储）以"徐篡大统"，让光绪禅位。慈禧选定端王载漪之子溥儁为"大阿哥"。首先接到立储电诏的上海电报局总办经元善约集两千多人联名抗议。"保皇会"华侨通电反对者号称数十万人。清廷示意各国公使入宫朝贺，又遭拒绝。清廷想惩治经元善，经元善逃往澳门，又托庇洋人去了。废立计划一再受阻，愈益证明光绪具有可怕的政治潜力，愈益表明废立计划刻不容缓。这时，在载漪周围，形成了一个极端仇恨维新、急于实现废立的亲贵集团，主要人物有载勋、载澜、刚毅、徐桐、莫年、启秀、赵舒翘等。这些人既顽固，又愚蠢，对世界形势蒙昧无知，深恨洋人搅乱了大清的一统天下。为了废立的顺利实现，他们认为，必须显示自己的力量使各国公使不敢反对，即所谓"借兵力慑使臣"②。他们自己手里没有"兵力"，据说具有"神力""扶清灭洋"的义和团，便成为他们企图"抚而用之""以备缓急"的力量。熟悉朝廷内幕的挥毓鼎指出："甲午之丧师，戊戌之变政，己亥之建储，庚子之义和团，名虽四事，实一贯相生。"③ 义和团运动就是在这种政治大气氛下由山东兴起、蔓延直隶而进入京津的。

义和团源流，众说纷纭。从它的基本特点看，实属拳技与巫术的结合。拳师占"场"（厂）以练武，巫师设"坛"以降神，广泛活动于民间，既不是宗教道门，也不是秘密结社。练武为自卫身家，降神为消灾祈福。"甲午而后，强邻肆虐，中国怯弱，人民益忿。因思外洋所恃者枪炮，必有避枪炮之术乃能御之。"④ 于是，武术的"运气练功"和巫术的"降神附体"相结合，形成"刀枪不入"的义和拳或神拳。在民、教

---

① 《英国蓝皮书》（中国·第1号），1899年，第303页。

② 中国史学会主编：《中国近代史资料丛刊·义和团》（一），上海：上海人民出版社，1957年，第47页。

③ 中国史学会主编：《中国近代史资料丛刊·义和团》（一），上海：上海人民出版社，1957年，第47页。

④ 《茌平县志》。

冲突中，村民往往约请拳师设坛聚众，以抵抗洋教的欺凌。坛场既多，渐次发展为传帖各坛，约期攻打教堂、屠戮教士、教民。历任山东巡抚李秉衡、张汝梅、毓贤都是守旧官僚，对反洋教斗争深表同情。1898 年 11 月，拳师赵三多在冠县竖"助清灭洋"大旗，率众攻打教堂，可以看作义和团运动在山东兴起的标志。张汝梅有过"将拳民列诸乡团之内"的建议。1899 年秋，平原县民、教冲突，拳师朱红灯应邀率众相助，抗击知县蒋楷、统领袁世敦的镇压。毓贤奏请将蒋楷和袁世敦撤职。于是，义和团高举"扶清灭洋"旗帜，迅速从山东蔓延到直隶，并在 1900 年春、夏进入京津。

义和团的反洋教，首先仍着眼于洋教破坏了中国的礼俗，并把不祭天地、不拜鬼神、不祀祖宗和当时华北六省大旱联系起来。如说："天久不雨，皆由上天震怒洋教所致，因其劝人勿拜鬼神也"；"兹因天主、耶稣教欺神灭圣，忘却人伦，怒恼天地，收住云雨，降下八百万神兵，扫平洋人，才有下雨之期"，"神助拳，义和团，只因鬼子闹中原。劝奉教，乃霸天，不敬神佛忘祖先。男无伦，女鲜节，鬼子不是人所生。如不信，仔细看，鬼子眼睛都发蓝。不下雨，地发干，全是教堂止住天"。[1] 类似的"告白""晓谕"不胜枚举，成为动员广大灾民投入反洋教活动的有力号召。自然，天旱和教堂渺不相涉，义和团以其蒙昧思维创造了一种鼓动民众的有效范例。反映瓜分的危机，义和团把反洋教扩大为逐杀一切在中国的洋人："三月之中都杀尽，中原不准有洋人，余者逐回外国去，免被割据逞奇能。"[2] 反映维新的反动，义和团又把矛头指向洋务、维新，并横扫一切外来的新事物以及涉"洋"人员。指斥"修铁路，架电报，制造洋枪洋炮"——这些机器工艺为洋人"乖戾之天性所好"；号召"挑铁道，把线砍，旋再毁坏大轮船"，"先将教堂烧去，次将电竿毁尽，邮政报房学堂，自当一律扫净"[3]。义和团还曾约期"拆毁同文馆、大学堂等，所有师徒，均不饶放"；怒斥"贼子通洋保国会"，责令"康有为回国治罪"，并指出"罪魁乃当今皇帝"，咒骂他"业已后继无人，断子绝孙"，扬言"当尽灭诸夷，不受赐，愿得一龙（光绪）、二虎（奕劻、李鸿章）头"[4]。

"扶清灭洋"集中体现了义和团的封建大一统思想。"灭洋"不等于反帝，何况义和团把"洋"扩大到了无边无际的程度。"自洋人、教士、教民，以至华人之与洋人往还、通洋学、谙洋语者，用洋货者，其间分别等差，共有十毛之目"，"十毛之人……

① 陈振江、程歗编著：《义和团文献辑注与研究》，天津：天津人民出版社，1985 年，第 33 页。

② 陈振江、程歗编著：《义和团文献辑注与研究》，天津：天津人民出版社，1985 年，第 35 页。

③ 陈振江、程歗编著：《义和团文献辑注与研究》，天津：天津人民出版社，1985 年，第 51、33、55 页。

④ 陈振江、程歗编著：《义和团文献辑注与研究》，天津：天津人民出版社，1985 年，第 20、42、53、51 页；中国史学会主编：《中国近代史资料丛刊·义和团》（一），上海：上海人民出版社，1957 年，第 12 页。

必杀无赦"①;"最恶洋货,如洋灯、洋磁杯,见即怒不可遏,必毁而后快","见有售洋货者,或紧衣窄袖者,或物仿洋式,或上有洋字者,皆毁物杀人。见洋字洋式而不怒者,惦洋钱而已"②。盲目性已经达到无以复加的地步。所谓"扶清",扶保的是顽固腐朽的大清。有人说,"扶清灭洋"适应了民族矛盾上升为主要矛盾的客观事实,具有号召人民和抵塞官府的策略作用。还有人说,由于分不清朝廷和国家的区别,"扶清"包含有保卫国家的意义。这些解说的共同缺点在于认定"扶清灭洋"是农民斗争的口号。事实上,历时数十年的反洋教运动始终没有摆脱崇正辟邪、忠君卫道的封建羁绊,而义和团运动又是在维新后的反动政治气氛中进入高潮的,并且和"欲借之以尽歼在华之洋人而定废立大计"的载漪亲贵集团有着密切的关系。把大清、朝廷、国家加以区别并不太难。维新运动中康有为组织保国会,顽固派就攻击说"保中国不保大清"。在义和团运动中出现的一些不能指实为义和团文献的揭帖里,也隐含有反清复明、改朝换代的预言。③ 就算是分不清朝廷和国家的区别,从义和团的矛头所向看,他们攻击洋务派,攻击维新派,攻击光绪,但不攻击慈禧、载漪、徐桐之流,可见所扶保的大清是慈禧、载漪的大清,扶保的朝廷是慈禧、载漪的朝廷,扶保的国家也是慈禧、载漪的国家。大清、朝廷、国家,这些抽象的概念都是有其阶级内容的。首举"顺清灭洋"旗的四川"闹教英雄"余栋臣,在清朝覆亡之后还号召"灭洋复清",啸聚两千余人,称"扫除新政光复大清忠勇保命军",企图叛乱而遭民国政府逮捕正法,可见其顽固性。④ 总之,"扶清灭洋"只能按照它的本意联系义和团的实践去理解,既反映了瓜分的危机,又反映了维新的反动,是反洋教运动的盲目性、落后性的进一步发展,任何附加的、引申的注释都是多余的。

载漪亲贵集团利用义和团是为了乱中夺权。在载漪亲贵集团的纵容下,义和团进入京津,京津随即成为恐怖世界。"城中日焚劫,火光连日夜,烟焰涨天。红巾左握千百人,横行都市,莫敢正视之者。夙所不快者,即指为教民,全家皆尽,死者十数万人。其杀人则刀矛并下,肌体分裂,婴儿生来匝月者亦杀之,惨酷无复人理。"⑤ 北京最繁

① 中国史学会主编:《中国近代史资料丛刊·义和团》(一),上海:上海人民出版社,1957年,第271页。

② 中国史学会主编:《中国近代史资料丛刊·义和团》(二),上海:上海人民出版社,1957年,第146页。

③ 这类揭帖集中著录于孙敬:《义和团揭帖》,《近代史资料》1957年第1期。按,孙敬所辑录,原无标题,"义和团揭帖"的标题为《近代史资料》编者所加。查其内容,充满了"劫运"的观念和不易索解的隐语,和义和团运动的"仇洋灭教"活动完全脱节。孙敬为何许人,著录用意何在,均不可考。没有根据确定这些揭帖是义和团的文献。

④ 《申报》,民国元年(1912)7月8日、31日。

⑤ 中国史学会主编:《中国近代史资料丛刊·义和团》(一),上海:上海人民出版社,1957年,第14页。

华的大栅栏一带，数千店铺被烧成一片瓦砾。"街上行人，见匪避道，畏之如虎。匪亦自命为神，生杀任意，无辜受戮者，不知凡几。洋货不准买卖，洋货店多被抄掠"①，"曾有学生六人，仓皇避乱，因身边随带铅笔一支、洋纸一张，途遇团匪搜出，乱刀并下，皆死非命"②，"甚至一家有一枚火柴，而八口同戮者"③。失去理性的暴乱群众，表现出无比的野蛮和残忍。"义和团之杀教民毛子也，备诸酷虐，刳舂、烧磨、活埋、炮烹、支解、腰斩，殆难尽述。"④ 在载漪亲贵集团的指使下，义和团还曾闯入宫禁，企图搜杀光绪皇帝，并冒天下之大不韪，围攻各国公使馆。所有这些，能说是符合"反帝大方向"吗？究竟于反帝事业有何补益？

近代中国面临着两大历史任务，一是争取国家的独立，一是谋求社会的进步。从总体上说，两大任务是相互联系、相互制约的，因为没有国家的独立，就不能保证社会的真正进步，而没有社会的进步，则无法赢得国家的真正独立。"师夷之长技以制夷"，洋务派的"借法自强"，维新派的变法救亡，在当时代表了中国前进的正确方向。那种盲目排外、反对"以夷变夏"、回归闭关锁国的旧时代去的企图，反映了封建顽固势力的垂死挣扎，既阻挠社会的进步，也无助于国家的独立，貌似爱国，实属误国、祸国，是不值得肯定的。始终受封建顽固思想支配的反洋教运动和义和团运动，是与洋务运动、维新运动相悖的，尽管事出有因，并有广大群众参加，但不能认为是正确的。群众反侵略、反欺凌的热情被引向盲目排外的、非理性的暴烈行动，甚至成为野心家篡位夺权的工具，难道值得一味歌颂吗？

三

最后，谈谈和义和团战争有关的几个问题。

反对八国联军侵略的战争，已经超出了义和团反洋教运动的范围，它是中华民族面对全世界帝国主义军事压迫的生死搏斗。然而，这场生死搏斗从一开始便笼罩着令人沮丧的黑影。

八国联军以代中国平乱为名，并没有向清政府宣战，而清政府却是对外宣战了的。在宣战诏书上，尽管慷慨陈词，却没有说明为什么事宣战，也没有说明对哪个国家宣

---

① 中国史学会主编：《中国近代史资料丛刊·义和团》（一），上海：上海人民出版社，1957 年，第 471 页。

② 中国史学会主编：《中国近代史资料丛刊·义和团》（一），上海：上海人民出版社，1957 年，第 289 页。

③ 中国史学会主编：《中国近代史资料丛刊·义和团》（一），上海：上海人民出版社，1957 年，第 305 页。

④ 中国史学会主编：《中国近代史资料丛刊·义和团》（一），上海：上海人民出版社，1957 年，第 290 页。

战，可说是世界战争史上绝无仅有的奇文。据熟悉内情的人说："当宣战之日，固逆计异时之必归于和。使馆朝夷，皇位夕易矣。大事既成，盲风怪雨不转瞬而月星明概。虽割地以赎前愆，亦所不恤。"① 原来，宣战的目的还在于实现废立。为了加速实现废立，载漪亲贵集团杀主和大臣许景澄、袁昶以立威，加紧进攻各国公使馆，假造"归政"照会以激怒慈禧，不惜以国事为孤注。他们并不是为江山社稷而战，只是为"皇位"而战，因此，主战不等于爱国。相反，主和倒不失为从国家大局出发、不顾个人安危、犯颜直谏的较为明智的主张。主和不等于卖国。与此相联系，对于违抗宣战诏谕的"东南互保"，也就不宜苛责。"东南互保"的内容无非是"上海租界归各国公同保护，长江及苏杭内地均归各督抚保护，两不相扰"②。它没有出卖新的利权，却使东南十省免遭战火蹂躏，免作无谓牺牲，实属在非常情况下保境安民的权宜之计，不应该看作是"勾结帝国主义"的卖国行径。

抗击八国联军侵略的主力是清朝军队。为守卫大沽炮台，罗荣光指挥守军激战六个小时。历时一月的天津保卫战，主要依靠聂士成军和马玉昆军。义和团虽曾参战，但往往"官兵在前"，团民"在后相随"；义和团单独执行任务则"每战必败"③。李秉衡率"勤王师"四军迎战京东，"请义和拳三千人以从"，一战而溃。本来，让赤手空拳，或持引魂幡、混天旗、雷火扇、阴阳瓶的团民进入敌人的枪烟炮火中，无异于驱民入死地。战死者其志可嘉，其情可悯，溃逃者也情有可原，无足深求。过分夸大义和团的战绩，实际上是和迷信"神力"的官员宣扬关圣帝君如何显灵之类没有什么实质性区别的。数以万计的义和团民进攻仅有三四千人（包括妇孺）的北京西什库教堂和东交民巷使馆区，历时两月而未能得手。八国联军两万多人从天津出发，仅仅十天便攻下了北京，城内数十万团民不见踪影。靠"刀枪不入"的迷信武装起来的团民，是经不起战斗考验的。落后决不能成为克敌制胜的法宝。

反抗八国联军侵略的战争是民族战争。清朝军队和义和团的主体都是农民，但它们是清政府所支配、受封建统治者驱使的。有人说，既然主体是农民，战争实质上就是农民战争，因为斯大林说过，在殖民地和附属国，"所谓民族问题，实质上是农民问题"④，毛泽东也曾说过，"抗日战争，实质上就是农民战争"⑤。这里，首先要指出，"民族斗争实质上是阶级斗争"这个理论前提本身就不能成立，因为在阶级产生以前已

① 中国史学会主编：《中国近代史资料丛刊·义和团》（一），上海：上海人民出版社，1957年，第50页。
② 中国史学会主编：《中国近代史资料丛刊·义和团》（三），上海：上海人民出版社，1957年，第385页。
③ 中国史学会主编：《中国近代史资料丛刊·义和团》（二），上海：上海人民出版社，1957年，第20、153页。
④ 《斯大林全集》（第7卷），北京：人民出版社，1958年，第61页。
⑤ 《新民主主义论》，《毛泽东选集》（第2卷），北京：人民出版社，1991年，第692页。

经有民族斗争，而阶级消灭之后民族斗争仍然继续存在；其次应明白，斯大林、毛泽东的原意，无非是指出农民是殖民地、半殖民地国家人口的大多数，强调农民问题的重要性，强调无产阶级必须把占人口大多数的农民发动起来，才能取得反帝斗争的胜利。因此，不能推导出一切民族战争都是农民战争的结论。反抗八国联军侵略的战争，战前有义和团的"扶清灭洋"运动，前面说过，它反映的是封建大一统思想；战中有义和团参加，也只是配合清军作战，这些都不足以决定战争的性质。如果仅从"主体"立论，那么，太平军和湘军的主体都是农民（湘军的主体还是山区的农民），岂不都成了农民军？岂不成了农民军镇压农民军？关键的问题在于政治方向。不考虑政治方向而胶着于"主体"云云，将导致极为荒唐的判断。

八国联军侵略战争的直接后果是《辛丑条约》的订立。这个条约对中国近代历史具有重大的影响，即中国的半殖民地地位至此确立。半殖民地的基本特征有二：一是帝国主义列强的共同支配，一是中国政府成为列强统治中国的工具。从 1840 年鸦片战争以来，列强共管的形势已渐次形成，但清朝统治者特别是封建顽固势力很不甘心，一再试图反抗或挣扎。《辛丑条约》使清政府在财政上完全受帝国主义控制，在军事上直接受帝国主义威胁，在政治上承担了保护外人和镇压人民"排外"斗争的义务，从而完全成为帝国主义统治中国的驯服工具。顽固派作为一种政治势力从此消失，半殖民地地位于是确立。

自然，半殖民地地位的确立并不表明瓜分的危机已成过去。对于帝国主义者来说，最"方便"的形式还是殖民地。义和团运动彻底粉碎了帝国主义瓜分中国的阴谋，这种说法显然是悖于实际的。沙皇俄国借口"护路"而派遣大军占领东北，《辛丑条约》订立后仍拒不撤军，这是割占中国大片领土——瓜分的真正开始。直到 1904 年日俄战争期间，沙皇政府还指示远东总督说："只有合并满洲，才能补偿俄国此次战争之牺牲"，所以"应利用一切适当的时机，以采取重大步骤走向此目标"，迅速将东北并入沙俄。[①] 日俄战争前夕，英国派军进攻西藏，占领拉萨；德国要求"租借"洞庭湖和鄱阳湖沿岸，企图打进英国经营多年的势力范围，并派炮舰驶入鄱阳湖，鸣炮示威；英国不甘退让，一面要求"租借"舟山群岛作为"抵偿"，一面派军舰进入长江，准备封锁鄱阳湖德国炮舰的出口；美国和法国也都要求清政府同意他们的军舰开进长江一带湖泊。瓜分危机更甚于义和团战争以前。论者往往引用联军统帅瓦德西的话："无论欧美日本各国，皆无此脑力与兵力可以统治此天下生灵四分之一，故瓜分一事，实为下策"，证明义和团运动阻止了瓜分。[②] 事实上，瓦德西个人的观感并不能代表德国的政策，德皇一直把瓜分作为对华政策的基点，上述要求"租借"洞庭湖和鄱阳湖沿岸的行动就

---

① ［苏］罗曼诺夫著，民耿译：《帝俄侵略满洲史》，1937 年，第 466 页，注 60。
② 范文澜：《中国近代史》，延安：新华书店，1947 年，第 412 页。

是明证。只是由于帝国主义之间的矛盾，瓜分才没有实行。日俄战争的结果，日胜俄败，瓜分危机缓和下来，但瓜分暗流仍时隐时现。20 世纪头十年，中国人民为抵制瓜分而一再奔走呼号，并非无的放矢、无病呻吟。帝国主义者可能因中国人民的反抗而改变其侵略的方式，但不可能改变其侵略的实质。在相当长的时期内，俄国、德国和法国的对华政策都着眼于瓜分，而一国企图瓜分，势必引起他国效尤，因此粉碎瓜分阴谋，在相当长的时期内仍然是中国人民不断奋斗的课题，而这个课题的彻底解决，不能依靠盲目排外，只能依靠中国社会的不断进步，道理很清楚，历史也作出了结论。

【作者简介】

李时岳，广东省社会科学院孙中山研究所研究员。

情感、思想与运动：近代中国民族主义研究检视[*]

黄兴涛

关于近代中国民族主义的研究，成果很多，而且大有持续兴旺之势。近年来，学界对 20 世纪 90 年代以来的有关研究，也屡有"综述"出现。[①] 但在笔者看来，目前的有关研究和综述仍然存在一些被忽视或重视不足的问题点值得注意。本文试图在把握近年来有关近代中国民族主义研究动向的基础上，再以扼要的形式提出几个重要的学术焦点问题并略作解析，以期拓展同仁思路，推进相关研究的深化。

一、从传统"民族"意识到近（现）代"民族主义"：不容忽视的历史过程与内涵转换

民族主义是一个近代性或现代性的范畴。它是一种建立在"主权"观念基础上的民族自我意识，一种追求、保护本民族利益和发展壮大自身的主体自觉状态。它对外灌注着反抗压迫、维护国权的主权诉求，对内则充溢着国民平等而又团结统一的精神感召，并凝聚为建立和发展现代民族国家的持久冲动。民族主义不仅是一种普遍存在的情

---

[*] 本文系为日本东京大学饭岛涉、久保亨、村田雄二郎主持的《20 世纪中国史》系列第 4 卷《现代中国与历史学》所写专稿。现征得主编同意，以中文在国内发表。原载于《广东社会科学》2009 年第 3 期。

[①] 综述主要有王春霞、王颖的《近十年来关于"中国近代民族主义"的研究综述》（《中州学刊》2002 年第 4 期），萧守贸的《近年来中国近代民族主义研究概述》（《历史教学》2003 年第 3 期），暨爱民的《20 世纪 90 年代以来中国近代民族主义研究述评》（《教学与研究》2006 年第 1 期），崔明德、曹鲁超的《近十年来中国民族主义研究述评》（《烟台大学学报（哲学社会科学版）》2006 年第 1 期）。关于近代中国民族主义的研究专著不少，有些文中会提到或引用，此不备举。2000 年以来的专题论文集较有代表性的有两种，一种是郑大华、邹小站主编的《中国近代史上的民族主义》（北京：社会科学文献出版社，2007 年）；一种是李世涛主编的《知识分子立场：民族主义与转型期中国的命运》（长春：时代文艺出版社，2000 年）。

感取向、一种思想原则并表现为多姿多彩的观念形态，还往往作为一面政治大旗被弱小民族和国家公然揭橥、不断挥舞，成为一种合法而强势的意识形态。与此同时，它还通常直接构成和导致所在民族与国家现实的政治、经济、文化运动和社会实践。因此，作为历史现象的民族主义无疑是复合型的、多层次的、立体的和动态的。不过，由于各民族主体的自身历史、当时的国际地位和其他现状的不同，在近代不同时期和不同国家，民族主义出现与活跃的特点也必然存在种种差异。

在近代中国，民族主义的兴起是多种因素综合激发的产物。从思想来源上说，它既包括传统族类意识、华夷观念、"大一统"和"正统""道统"观念的延续作用，更包括近代西方种族、主权观念，历史、地理和政治法律等方面的其他相关新知乃至专门的民族主义"学理"输入的观念启导。从现实刺激方面看，作为"他者"的欧美、日本等近（现）代强势民族和印度、越南、波兰等弱小民族的命运参照和比鉴之效也显而易见，而列强对中国不断进行的军事侵略、政治讹诈、经济掠夺以及文化与种族歧视所导致和强化的民族现实危机，更成为驱动近现代民族主义在中国兴起、发展的直接动力。

有学者认为，与民主主义的思想主要来源于西方不同，近代中国的民族主义主要来源于传统的族类观念，特别是"华夷之辨"的传统民族观[1]，这种见解值得商榷。早在20世纪70年代初，王尔敏先生就曾敏锐地指出，中国近代民族主义实际上由三种自觉意识组成，一种是族类自觉意识，一种是文化自觉意识，一种是近代国家"主权"自觉意识。前两种东西中国自古并不缺少，只有"主权"观念乃属近代时从外新来，并且构成近代中国区别于中国古代民族意识（他称之为古代民族主义）之特色所在。他以王韬、曾纪泽等几个"思想先知"为代表，勾勒了19世纪60年代之后近代"主权"意识在中国逐渐觉醒的历程。同时还以戊戌时期的学会活动为依据，对此期以"保国、保种、保教"三者并提且以"保国"的主权意识为首的近代民族主义勃兴的情形，给予了清晰揭示。[2]

应当说，王尔敏先生简洁、朴实而睿智的看法，对今人了解传统中国民族意识与近现代民族主义之间的关系富有启发意义。不过，笔者对王先生的见解虽多表赞同，但也觉得其中仍有不甚完备之处。一则，他把"主权"观念仅局限在外交层面，实忽略了民族国家"主权"的拥有者主体是平等、自主的"国民"而不是专制君主这一层基本连带意涵。孙中山先生后来强调国内各民族一律平等的民族主义价值，正是基于这一层面的内涵；二则，他对清初尤其是晚清以来西方传入的新的种族知识、政治文化观念及

① 参见冯天瑜：《中国近世民族主义的历史渊源》，《湖北大学学报（哲学社会科学版）》1994年第4期。

② 王尔敏：《清季学会与近代民族主义的形成》，《中国近代思想史论》，北京：社会科学文献出版社，2003年，第177-197页。

其由此带来的变化与影响似也不甚重视。这不免会妨碍我们更为全面准确地认知相关问题。

在笔者看来，今人探讨近代中国民族主义兴起问题时，应不能忽略两个历史过程，一个是清代尤其是晚清以来中国就与早已进入现代民族国家行列的欧美各国及其人民打交道的历史过程；一个是西方"种族"、历史和地理、政治法律等新知识、新思想和价值观念传入中国，并与传统民族意识互动而发生作用、导致相应变化的历史过程。这两个过程又是不可分割的。比如，就中国人带有明显现代性因素的国家疆域和边界意识而言，我们就不能说从戊戌时期才开始，甚至也不能说从 19 世纪 60 年代初《万国公法》翻译成中文出版，现代"权利"特别是"主权"概念以及国际法知识得以正式输入和传播才形成，实际上至少在康熙皇帝与欧洲国家打交道的时候就已经形成了。康熙和雍正时期通过与俄罗斯无数次的谈判，以一系列条约形式划定了长数千俄里的边界线的行为众所周知，乾隆皇帝在给英国国王的敕谕中更是明确宣称："天朝疆界严明，从不许外藩人等稍有越境搀杂。……天朝尺土俱归版籍，疆址森然，即岛屿沙洲，亦必划界分疆，各有专属。"① 1820 年完成的《嘉庆重修大清一统志》不仅在前朝几部"一统志"的基础上增添了划界与边疆统部辖境内容，还明确绘有全国总图，并标明与邻国的边界。这些无疑都是鸦片战争前近代国家（领土）主权意识因素在中国不断积聚的重要证据。②

又比如，鸦片战争前后中国人开始部分见证、传播清末民初大肆流行开来的新"人种"知识，这种知识对近代中国民族意识形成的推动作用也不能忽视。早在 1853—1854 年传教士慕维廉编著的《地理全志》一书中，有关世界人种就被分为白人、黄人、红人、黑人、铜色人（又称"棕色人"）五种，且附有人种形象插图③，此后关于这些人种的外形特征，他们的历史和风俗文化，以及在世界各地的不同命运等信息和知识，也随之逐渐流传，正是因此，中国人那种以"黄种人"自我定位、自我期许的民族意识得以逐渐形成，并构成了清末民初中国人"亡国灭种"危机意识和奋发进取的民族自信之重要组成部分。戊戌时期，生物和社会进化论之所以发挥如此巨大的作用，也不

① 《清高宗实录》（卷 1435），乾隆五十八年（1793）己卯。

② 有的学者甚至认为当时的中国实际上已是近代民族国家。参见于逢春：《论中国疆域最终奠定的时空坐标》（《中国边疆史地研究》2006 年第 1 期）。还有学者指出，早在宋代，由于北方辽、西夏和后来的金、元等异族政权的先后崛起，唐以前汉族中国人关于天下、中国和四夷的观念才被打破，明确的边界意识开始出现。这种意识有别于欧洲近代民族国家意识，却"成为中国近世民族主义思想的一个远源"。见葛兆光：《宋代"中国"意识的凸显——关于近世民族主义思想的一个远源》，《文史哲》2004 年第 1 期。

③ 题为"人类形貌图"，见《地理全志》（卷八），1853—1854 年上海墨海书馆铅印本。冯客（Frank Dikotter）著的《近代中国之种族观念》（The Discourse of Race in Modern China）一书（南京：江苏人民出版社，1999 年，杨立华译），对晚清西方种族知识的传播用力甚为不足，连 1903 年林纾、魏易合译出版的重要著作《民种学》一书也未曾提及。

能说与这种建立在新"种族"知识基础上的民族自我意识无关。在这方面，梁启超1897年发表的那篇具有民族自觉宣言性质的《论中国之将强》一文可以为证。在此文中，梁氏民族自信的一个重要理由就是所谓黄种人的"优越性"。他慷慨激昂地说：

> 吾请与国之豪杰，大声疾呼于天下曰，中国无可亡之理，而有必强之道。……彼夫印度之不昌，限于种也。凡黑色红色棕色之种人，其血管中之微生物，与其脑之角度，皆视白人相去悬绝，惟黄之与白，殆不甚远，故白人所能为之事，黄人无不能者。日本之规肖西法，其明效也。日本之种，本出于我国，而谓彼之所长，必我之所短，无是道也。……

> 夫全地人类，只有五种，白种既已若是，红种则湮灭将尽，棕黑两种，其人蠢而惰，不能治生，不乐作苦，虽芸芸犹昔，然行尸走肉，无所取材。然则佃治草昧，澄清全地者，舍我黄人末由也。今夫合众一国，澳大一洲，南洋一带，苟微华人，必不有今日。今虽获兔烹狗、得鱼忘筌，摈之逐之，桎之梏之，鱼之肉之，奴之仆之，然筚路蓝缕之功，在公论者终不没于天下。……殆亦天之未绝黄种，故留此一线，以俟剥极将复之后，乃起而苏之也。[1]

由此可见西方种族知识对于中国近代民族自觉影响之一斑。

与此同时，进化论还改变了中国传统的"文明"和"文化"观念，将"竞争""尚武"和物质层面发展的内涵也纳入其中[2]，并由此使中国人同时感受到一种前所未有的文化危机意识。凡此，都成为影响近代中国民族主义的完整形态最终发生于甲午战争以后的重要因素。当然，清末民初现代民族主义成熟思想形态的出现，也是梁启超、康有为、蒋智由、孙中山、陶成章等先进知识分子从日本接受现代"民族""民族主义""帝国主义"等思想概念，"收拾西方学理"（章太炎语），并结合传统的民族意识资源，借用传统民族象征符号，加以创造性发挥和动员的结果。[3] 他们的有关思想文本，遂成为近代中国民族主义理论自觉的直接象征。

---

① 见《时务报》光绪二十三年（1897）六月初一日，《强学报、时务报》(3)，北京：中华书局，1991年，第2073-2079页。

② 黄兴涛：《晚清民初现代"文明"和"文化"概念的形成及其历史实践》，《近代史研究》2006年第6期。

③ 沈松侨的《我以我血荐轩辕——黄帝神话与晚清的国族建构》（《台湾社会研究季刊》1997年第28期）与《振大汉之先声——民族英雄系谱与晚清的国族想象》[贺照田主编：《学术思想评论（第十集）》，吉林人民出版社，2003年]等文，对这方面的问题有过专深的研究。王明珂、石川祯浩和孙江有关20世纪初年中国"黄帝"的论文也可资参考。见王明珂：《论攀附：近代炎黄子孙国族建构的古代基础》，台湾《"中研院"历史语言研究所集刊》2002年第七十三本；石川祯浩：《20世纪初年中国留日学生"黄帝"之再造——排满、肖像、西方起源论》，《清史研究》2005年第4期；孙江：《连续性与断裂——清末民初历史教科书中的黄帝叙述》，载王笛主编：《时间·空间·书写》，杭州：浙江人民出版社，2006年。

二、近代中国民族主义值得深入透视的几个现象与特点

整体把握近代中国民族主义，总不免要对其特点加以思考。然而一旦真正探讨起这个问题来，才发现已有的说法虽有不少，但真正得到学界较为认同的观点其实并不多。由此也可见该问题的难度。在笔者看来，以下几个现象，或许可以为我们进一步思考这一问题提供些许启示。

在近代中国，民族主义作为一种对列强欺压和侵略予以自觉回应的现代性思潮和运动，始终与"日本因素"特别是其连续不断的侵华活动密切相关。长期以来，这样一个似乎相当明显的事实和特点，从近代中国民族主义思潮全局的角度加以把握者并不多见，从"民族主义"的心理、思想和运动"三位一体"的角度来自觉进行整体性剖析的，就更为少见了。

实际上，同为"黄种"、过去深受中国文化影响但不为中国所重的日本，通过学习西方成功改变自己被列强欺辱的民族命运，并最终在甲午战争打败中国，不仅成为刺激中国现代意义的民族主义勃然兴起的标志性开端，随后大批中国人到日本留学和由日本大量转输西方新式文化资源，还孕育出清末第一批完全自觉的民族主义者。日本在军国主义的支配下，对"同文同种"的中华民族不断实施侵略、掠夺与歧视的残酷打击，可以说成为近代中国民族主义最为重要和持续性的动力来源，同时也塑造了这一民族主义耻愤交加、空前奋发和最终在绝境中通过涅槃获得重生与自信的情感品格和精神素质。"中华民族复兴"这一近代中国民族主义最具象征性的论题之提出及其思想建设，中共文化"民族性"意识觉醒并将"民族性"置于新民主主义文化特性之首的重要转变[1]，现代"中华民族"观念的普及和认同的基本形成，也都是在九一八事变日本占领东北、1935 年日本入侵华北和全面抗战爆发之后才得以实现的。

对于日本与近代中国民族主义发展关系的研究，美国学者柯博文（Parks M. Coble）1991 年出版的《走向"最后关头"：中国民族国家构建中的日本因素（1931—1937）》一书[2]，是一部有价值的著作，该书对国民党政权的有关努力及其与民族主义意识形态之间的冲突与一致关系的审视，尤为难得，不过其探讨的时段主要限于日本大

---

[1] 参见黄兴涛、王峰：《民国时期"中华民族复兴"观念之历史考察》，《中国人民大学学报》2006 年第 3 期；黄兴涛、刘辉：《抗战前后中国共产党文化"民族性"意识的觉醒及其意义》，《北京档案史料》2002 年第 1 期。

[2] 该书英文版 1991 年在哈佛大学出版，中译本由马俊亚译，2004 年由社会科学文献出版社出版。

规模侵华时期①。最近，有中国学者著文尝试从甲午战后中日关系全局的角度来整体把握近代中国的民族主义，显示出将中日关系的事件史与民族主义的思想史结合起来的可贵自觉。②该文以 1895、1905、1915、1925、1935、1945 年六个关键年度为视点，考察了伴随中日关系的中国近代民族主义的演变历程，透视了各个时间点民族主义的特征及其与日本因素的关系。当然，这一问题所涉范围极为广泛，难度不小，作者的有些分析似还存在可以商讨的余地，比如作者认为中国近代民族主义形成于 1905 年，就未必妥当；而他认定 1945 年抗日战争胜利后这一民族主义就走向了"基本的终结"之结论，恐也难以服人。在笔者看来，此后以"沈崇事件"为标志，以反美帝侵略为主题，以至不少典型的自由主义者也都卷入其中的民族主义浪潮，应该才是鲜明地体现了该思潮的时代特色和历史功能终结的标志。③

另外，近代中国民族主义包含"抗议与建设的两面"，总的说来两者是"相辅相成而不可分割"的关系④，但与前述现象相关，它也表现出"反抗"或"抗议"的一面更受关注并凸显、"建设"的一面相对发展不足的特点。一方面，"反抗""抗议"本身，既彰明了中国近代民族主义的"防御"性质、政治正当性和激烈悲壮的道义色彩，同时巨大的生存危机对"民族自信力"的本能呼唤，又为"文化民族主义"的繁蘖创造了条件；而另一方面，民族主义"建设"面向的展开，则蕴涵了其与民主主义、自由主义等思潮复杂胶合的历史多面性及其内在张力。其中"自由民族主义"的思想选择，至今仍是一个亟需重视和深入研究的课题。

由于始终不断的救亡逼迫，对内建设"民族国家"的许多任务不及着手，遑论完成？近代中国民族主义与民主主义、自由主义建设因此发生现实矛盾乃至思想冲突，实不足怪。但如果仅以此来认识两者之间的历史关系则是偏颇的。从理论上说，民族主义的最终价值根据恰是独立和平等的民主原则，而从历史上看，近代中国民族主义一开始就以激昂的声音呼唤"新国民"，无论是提出"三民"思想的严复，还是鼓吹"新民说"的梁启超，实际上都已成为基于自由民主价值自觉的民族主义思想先驱。

不过，关于"自由民族主义"的提法在西方学术界虽早就存在，国内的研究者在相关民族主义分类中也早有提及，但有关近代中国"自由民族主义"的系统深入的专

---

① 更早一些，日本学者池田诚编著的《抗日战争与中国民众——中国的民族主义与民主主义》（中国人民抗日战争纪念馆编研部译校，北京：求实出版社，1989 年），也在相同时段讨论了相关问题。此书日文原本于 1987 年由京都法律文化社出版。

② 臧运祜：《近代中日关系与中国民族主义》，载郑大华等编：《中国近代史上的民族主义》，北京：社会科学文献出版社，2007 年，第 412 - 432 页。

③ 甲午以后，除日本外，美国和俄国等是对近代中国民族主义影响较大的国家。关于美国与中国近代民族主义的关系，王立新《美国对华政策与中国民族主义运动》（北京：中国社会科学出版社，2000 年）一书的研究，颇有价值。

④ 这里借用了罗志田教授的提法。见其《近代中国民族主义的史学反思》，《二十世纪的中国思想与学术掠影》，广州：广东教育出版社，2001 年，第 104 页。

题研讨却一直相当缺乏。这与近代中国文化民族主义研究的热闹情形恰成对照。在这方面，许纪霖教授近年发表的《在现代性与民族性之间——现代中国的自由民族主义思想》一文，颇值得关注。① 该文不仅认真梳理了从梁启超到张君劢的自由民族主义思想的发展历程，而且细致论析了其内部由政治民族主义向文化民族主义演化的思想脉络和该思潮的一些重要特点。其自觉将文化民族主义置于自由主义的框架里而不是以往学界通行的文化保守主义的框架下来认识，的确对今人认知近代中国民族主义的特质和复杂性有所助益。不过，对于近代中国"自由民族主义"的研究也不能情绪化，有学者不分时段，也不具体问题具体分析，总是一厢情愿地把那顶"理性民族主义"的桂冠戴到那些身份待定且不断游移的所谓"自由民族主义者"头上，这种简单化的做法本身就未必是"理性"的和符合当时历史实际的。

回到"反抗"与"建设"的关系上来。事实上，在有的自由民族主义者看来，自觉、持久、有组织有准备的"对抗"过程不单是"建设"即民族建国的前提，甚至其本身就是"建设"的一部分。傅斯年和张君劢等人就都曾具有以"反抗"求"建设"的自觉意识。如日本占领东北后，傅氏就曾激动地声言："大规模的抵抗便是中国受严格的国民训练之开始。中国之彻底腐败，非借机锻炼一下子不可的。譬如打铁，钢是打出来的。以局势论，这是中国人挺起身子来做人的机会，以力效论这是我们这老大国民再造的机会。打个落花流水，中国人才有翻身之一日。"② 可见对于傅斯年等人来说，"反抗"只不过是"建设"的一个手段而已。

在民族主义"建设"的面向里，尤其是在强烈不满政治文化现状的"未来取向"的思路中，还会自然出现程度不同的所谓"反传统"倾向问题。明确提出"反传统"是近代中国民族主义"特殊形态"并由此引人深入思考两者之间"历史"关系的，仍然是罗志田教授（见前引文）。不过对此一断言，笔者虽大体接受，却以为尚需要作点分辨。

在近代受外来列强欺压而又专制严重、缺乏近代民族传统的弱小民族里，民族主义者通常都不会绝对不反"传统"，他们也会干着以"以传统反传统"，或确切地说"以此传统反彼传统"，以历史反现实，以"复兴"相号召的事情。但真正思想上自觉的民族主义者，尤其是"文化民族主义"者却一般不笼统地、全方位地、整体性地"激烈反传统"，而是在批评某些传统的同时，又特别自觉、有选择地积极强调、阐发和弘扬主流传统或至少是部分传统文化的意义与价值。只有少数强烈认同现代民族国家价值的"政治民族主义"者，在民族危机相对弱化的特定时期，才会有全盘激烈反传统的异常

① 许纪霖此文前三节刊于《社会科学》2005 年第 1 期，第四节刊于《学海》2005 年第 1 期。
② 傅斯年：《中国做人的机会到了！》，《独立评论》1933 年第 35 号。参见张太原：《建立一个民族的国家：自由主义者眼中的民族主义》，载郑大华等主编：《中国近代史上的民族主义》，北京：社会科学文献出版社，2007 年，第 259 页。

之举，故罗志田称之为中国近代民族主义的"特殊形态"，笔者也表示认可。但是，这与有些学者将"激烈反传统"径直归为"文化民族主义"者的认识①，实在仍存在差别。

关于这一问题，笔者愿从"爱国主义"与"民族主义"的异同角度，再略作一点发挥。

在笔者看来，若暂不考虑"爱国主义"与"民族主义"思想的西方来源，仅就两者汉字字面和近代中国人的习惯用法而言，它们当属既有密切关联和重合内涵，又有一定区别的概念。"爱国主义"大体可以与"政治民族主义"的有关诉求相对应，但其也不排斥文化民族主义的有关诉求。由于"民族"（或译为"国族"）主要是一个带有政治性的社会文化范畴，故"民族主义"必然含具一种与生俱来的对其主体历史延续性的固执强调，而"爱国主义"则不。"爱国"主要是一个带有文化性的政治范畴，作为政治范畴的"爱国主义"并不必然要求对"传统"的忠诚。换言之，爱传统和反传统，都可以构成"爱国主义"的表现，但激烈的全面的反传统，即便在当时也难以被"民族主义"同道所容纳，甚至连激烈反传统者自身也不会去进行这种自我身份认同。这就是那些批评民族主义或至少不愿认同民族主义价值的人，却可以也愿意声称自己是一个"爱国者"或不是"非爱国者"的原因。② 在这方面，五四时期以激烈反传统著称的陈独秀、鲁迅，20世纪20年代后期和30年代初期鼓吹"全盘西化"的陈序经和胡适等，可谓突出代表。值得注意的是，他们在激烈和全方位反传统之际，恰恰并不以"民族主义"相标榜，而明明自觉地认同于与民主民族建国取向并不必然矛盾的"世界主义"。

在近代中国，如果说改革导向的"国语"运动更多地体现了政治民族主义的文化关怀，那么保守取向的"国学"运动则较多地反映了文化民族主义的学术追求和时代特色。这有助于我们理解两者之间的差别与联系。

还有，在近代中国民族主义思潮和运动中，以"中华民族"为主要符号标志，在通常所谓的"大民族"与"小民族"之间存在着一种矛盾统一的双重认同并存的局面，这也可以说是近代中国民族主义的一大现象和特色。这种双重认同曾不免造成一定程度的政治困扰，不过在抗日战争的血火洗礼中，其整体认同最终还是得以形成并不断趋于稳固。

值得指出的是，在国共两党之间，对于"中华民族"的理解也曾有所差别。抗战时期，国民党政权为了增强民族凝聚力，曾一度机械地按照西方现代民族国家观念，在

---

① 参见曹跃明、徐锦中：《中国近现代民族主义之路》（《天津社会科学》1996年第5期），他们认为："所谓文化民族主义应当具有下面两层含义：①以传统文化为民族国家的象征和根本命脉；②不论是发扬和攻击传统文化，都认为只有从思想观念入手才能解决民族问题。"这其中，两者间似不无矛盾之处。

② 关于近代中国爱国主义的研究，可参见李文海主编：《中国近代爱国主义论纲》，北京：中国人民大学出版社，1991年。

将整个中华民国的国民全体称为"中华民族"的同时，把国内包括汉族在内、清末以来特别是民国之初即已普遍取得现代"民族"称谓和身份的满、蒙、回、藏①等转称为"宗族"，结果遭到许多抵制；相比之下，中共在基于长期历史文化和血缘交流关系的政治命运共同体的意义上使用"中华民族"概念，似更显政治智慧②；潘光旦等社会学家在介于"种族"和"国家"之间互动内涵的"民族"意义上使用"中华民族"概念，有其学理创造性。当然，还有其他的理解。不过，不管当时作为认同主体的中国人所秉持的"民族"概念有何差别，也不论学者们对此认同过程如何认识和评价，"中华民族"的共同符号的确最终成了现代中国各民族普遍认同的身份象征，完全独立的现代民族国家也终于诞生。这无疑是近代中国民族主义一个最为重要的政治成果。

在"中华民族"的现代认同问题上，笔者不太赞同那些过于夸大认同者的主观人为性"建构"努力，而较为轻视历史文化重要影响和制约因素的认识倾向。其实，在中国历史上，传统意义上的少数"民族"，许多也曾具有双重"民族"认同的历史。一方面他们要建立自己独立的政权，维护本民族的利益和文化，而同时又无不想或实际上入主内地和中原，接受或至少是部分接受汉族的制度和文化，从而表现出对包涵庞大汉族在内的"大中国"的认同。这一点，在满族建立的大清朝的历史中体现得最为充分。雍正皇帝亲撰并发布的《大义觉迷录》可谓这种双重认同的绝佳文本。清末西方现代"民族"观念传入中国之初，不仅在梁启超、杨度等汉族知识分子那里激起一种各民族基础上建成"大民族"共同体的构想，在满蒙回等一些留日学生那里，也同时出现过类似的观念，这种现象便实在绝非偶然③，它对把握近代中国民族主义历史基础的意义是至关重要的。

三、"新文化史"研究方法的运用与思想分析力度强化之需求

长期以来，近代中国的民族主义都是吸引中外学者共同兴趣的学术领域，特别在西方汉学界，作为一种认知工具的"民族主义"，还一直是专攻中国近代史的史学家们最惯见而又常常能使其研究新见迭出的视角。但 20 世纪 90 年代之后，随着深受后现代思潮影响的"新文化史"方法的介入，有关近代中国民族主义的研究开始发生一些重要变化。总体而言，"民族主义"从原来的由政治史、思想史、文学艺术史等传统史学领

---

① 关于国民党曾经提倡五族共和，认可五族为"民族"，后来又转而放弃五色旗等的认识和行为变化，可见［日］村田雄二郎：《辛亥革命时期的国家想像——五族共和》，《现代中国研究》2001 年第 9 号。

② 关于国共两党民族观及其演变和差异，可见［日］松本真澄著，鲁忠慧译：《中国民族政策之研究：以清末至 1945 年的"民族论"为中心》，北京：民族出版社，2003 年。

③ 关于"中华民族"观念及其传播和认同的研究，可见黄兴涛：《民族自觉与符号认同："中华民族"观念萌生与确立的历史考察》，《中国社会科学季刊》（香港）2002 年第 1 期创刊号。

域分别研究的问题，逐渐变成了一个真正跨领域综合把握的历史对象。

所谓"新文化史"或称社会文化史的一个重要特点，就是从"文化"的大视角出发，始终关注文化与政治、社会一体化互动的主体"实践"（Practice）史，重视揭示思想观念的社会化过程及其功能。就其追求而言，它乃是一种力图将传统的思想史、文化史和社会史关怀结合起来的史学方法。这种新的方法被引入之后，对"近代中国民族主义"的研究所产生的影响是显而易见的。过去的研究通常是将民族主义作为一种社会心理和思想形态来把握，"问题意识"是认知它如何形成，又如何具体渗透和影响到政治、经济和文化各具体领域历史发展的进程；"新文化史"的有关研究，则不仅将民族主义视为社会心理和思想形态，同时还将它直接视为一种连接心态、思想，并贯通政治、经济和文化诸领域的主体社会化"实践"，研究者除了原有的那些问题意识并对其加以调整之外，某种程度上还特别关心政治和文化诸领域如何因"民族主义"而互动的历史情形。

虽然，自觉或不自觉地大体以这种"新文化史"的追求来关照近代中国民族主义课题的学者及其研究成果，也是五花八门、互有差异①，但总的说来，这种方法的引入还是有助于克服以往思想史研究的不足，使相关的探究更加丰富多彩，更加充满活力，不仅扩展了关注范围，提高了综合深度，也在整体上推进了研究的进展。这是因为，"新文化史"方法的综合性，正好与近代中国民族主义现象集社会心理、价值倾向、思想意识形态和社会实践运动于一身，合政治经济文化现象于一体的综合特点一拍即合。

在以新文化史的方法来研究近代中国民族主义的论著中，澳大利亚学者费约翰（John Fitzgerald）的《唤醒中国：国民革命中的政治、文化与阶级》和英国牛津大学葛凯（Karl Gerth）的《中国制造：消费文化与民族国家的创建》两书，最见风采。《唤醒中国》以"睡狮"被唤醒作为一语双关的民族主义隐喻，以国民革命的领导集团如何"唤醒"中国民众为研究主题，从立体角度全方位展开分析和论述，它既注重领导人的有关思想、政治和文化活动，又注重政府宣传机关和部门的结构、运作与功能，并将许多关于民族主义重要的思想问题如"阶级"与"民族"关系，民族利益的"代表"及其资格，以及"封建主义"等政治概念如何发挥民族主义作用等问题，置于动态的实践过程中去把握，同时通过对一些涉及中外关系的特别事件如"临城劫车案"，美国新闻记者甘露德（R. Y. Gilbert）具有民族歧视性的作品《中国怎么了》等引起的风波之意义透视，来综合揭示此间"民族觉醒"的全息图景。笔者阅读此书，对"新文

---

① 有的学者后现代关怀更为鲜明和强烈，喜欢以"话语实践"理论来处理民族主义及其分支论题（如"国民性"），强调主体之间"权力"博弈的文化"建构"功能，有的则力图淡化"话语"分析的偏颇性，努力吸收其分析法的长处。有的在以安德生（Benedict Anderson）民族为"想象的共同体"的理论解构近代中国民族主义"话语"的同时，还致力于建构自己的理论。如杜赞奇（Prasenjit Duara）的"复线历史"（bifurcated history）观，刘禾（Lydia H. Liu）的"跨语际实践"（translingual practice）理论等。

化史"那种纵横捭阖、综合立体的研究风格印象极深。应当承认，许多思想问题的民族主义意涵，也的确只有在这种多维历史关系的实际透析中，才能更好地了解与把握。①《中国制造》则从近现代"消费文化"的兴起与"民族国家"创建之历史关系的独特角度，生动地揭示了民族主义在近代中国的成长及其影响问题。② 该书关于"男性形象的民族化""女性消费群体的民族主义化"的讨论，将社会史的性别关注与传统思想文化史的"民族主义"关怀有机结合起来考察，给人的印象相当深刻。此外，该书以民族资本家吴蕴初为例对"塑造爱国企业家"问题的讨论；以"民族主义商品展览会"为例对所谓"民族主义视觉认知"问题的论析等，也多新颖独到之处，别具匠心。特别是书中精心选配的各种精彩的图片，不仅有助于揭示研究主题的内涵，还能使读者展开相关联想。这也是新文化史研究能格外吸引人的魅力所在之一。

关于近代中国民族主义兴起史的研究，近年来也有两部带有新文化史研究风格的著作值得一提，一部是美国学者柯瑞达（Rebecca E. Karl）的《登上世界舞台：20 世纪初中国的民族主义》③，一部是日本学者吉泽诚一郎的《爱国主义的创成——从民族主义看近代中国》④。前者从全球化环境和世界空间的形成展开，从全球观念、世界意识与中国民族主义关系的角度，对 20 世纪初中国民族主义的兴起作独特透视。探讨了"太平洋"和"夏威夷"是如何成为"中国民族主义空间"的；菲律宾反美革命是如何被服务于中国人认知"殖民主义"目标的，布尔战争及其国民话语又是如何成为提升中国民族的知识和手段的，同时还涉及"种族""殖民""亡国""膨胀主义"等概念如何被用于书写上述这些全球性事件，以激发中国民族主义意识和运动的，等等，一言以蔽之，即以一种世界的视野和综合的眼光，来生动地揭示当时中国民族主义的知识和话语生产的情形。后者则从海外移民与人种主义、都市秩序与国家意识、地理概念与历史

① ［澳］费约翰著，李恭忠等译：《唤醒中国：国民革命中的政治、文化与阶级》（*Awakening China: Politics, Culture, and Class in the Nationalist Revolution*），北京：生活·读书·新知三联书店，2004 年。

② ［美］葛凯著，黄振萍译：《制造中国：消费文化与民族国家的创建》（*China Made: Consumer Cultureand the Creation of the Nation*），北京：北京大学出版社，2007 年。在该书导论中，作者明确表示："本书论证，消费主义在民族主义明晰化过程中扮演了一个基本角色，同时，民族主义对于界定消费主义也是如此。对所有商品进行'本国'和'外国'的区分，有效地产生了'叛国的产品'和'爱国的产品'这两个概念，这就使得民族主义塑造出了萌芽中的消费文化的基本形态。这种民族主义化了的消费文化就变成了一个表达场所，在这个场所里，'民族'这个概念和中国作为'近代民族国家'的概念是相关联的，他们都在被制度化，以及在被实践着。经由民族观念来解释商品消费，不但有助于形成'近代中国'的真正概念，而且也成为中国的老百姓开始认为自己是近代国家的公民这个概念化过程的主要途径。"这段文字典型地反映了新文化史的方法和研究旨趣，故特引录于此。

③ Rebecca E. Karl, *Staging the World: Chinese Nationalism at the Turn of the Twentieth Century*, Durham: Duke University Press, 2002.

④ 吉泽诚一郎：《爱国主义の创成ナショナリズムから近代中国をみる》，東京：岩波書店，2003 年。

认知、身体与文明化之关系、悼亡爱国者等多重视角出发，并围绕同胞团结意识的形成，中国一体性的追求等问题，探讨近代中国民族主义形成的过程与特点，也颇有自己的独到之处。

其实，早在多年前，相关内容陶绪教授在《晚清民族主义思潮》① 一书中也有过扎实的探讨，不过因缺乏类似的方法和视野，其所提供的问题意识和造成的认知效果与之有着相当的不同。

当然，目前以新文化史方法研究近代中国民族主义的不少著作，也存在某些不能让人完全满意的地方。除了因后现代意识过强所造成的偏颇之外，有些论著还普遍表现出"主题"思想讨论相对分散，归纳性研讨少，发散性思辨多的问题，往往是火花四闪而论题频移，涉及庞大而讨论难深，笔者以为，救济之法，可能是自觉将传统思想史研究的固有长处融合进来；或许也可以以传统思想史为主体，将目前新文化史的一些优点适当收容进去。总之，强化思想分析力度，乃是目前近代中国民族主义研究的迫切任务之一。

在提升研究的思想力度方面，目前实有很多基础的工作亟需推进。比如，关于近代西方民族思想在华传播的问题，学界迄今便只做过一些零散的研究，从没有系统地进行过整理。即便是关于"民族"概念的认知也是如此②，更不用说那些系统的思想著作和当时关于民族主义思想的相关研究成果了③。而这对于深化近代中国民族主义思想研究的意义却是不言而喻的。与此相关，一些与民族主义紧密相关的重要概念、观念和思想范畴，如"帝国主义""殖民主义""国际主义""世界主义"和"爱国主义"等，也需要对其在华传播和被中国各阶层人理解、运用的历史进行专题的考察和系统的研究。

---

① 陶绪：《晚清民族主义思潮》，北京：人民出版社，1995 年，第 75 - 134 页。此前，俞旦初在《二十世纪初年外国爱国人物在中国的介绍和影响》等文［后收入《爱国主义与近代中国史学》（北京：中国社会科学出版社，1996 年）一书］中，也多曾涉及于此。

② 比如，我们知道李大钊、吴文藻等人都在历史文化族群的意义上理解"民族"（nation），1914 年光昇在《论中国之国民性》（《中华杂志》创刊号）一文中，也介绍了柏哲士的同样观点。最近笔者在阅读五四时期的有关资料时发现，美国思想家杜威在 1920 年初的中国也传播过相同思想。他在中国的一次演讲中指出"国家"（state）、"国"（country）和"民族"（nation）的不同时说："'国'只要土地人民就够了，'国家'的重要成分却不仅在土地人民，而在行使职权和能力的机关。这权力对外可以抵抗防御，对内可以执行法律。这便是国家的特性。'国家'又与'民族'（nation）不同。有相同的语言、文字、文学，及大同小异的风俗、习惯、思想，就可以算一个民族了。但民族不是国家。试看欧洲波兰等民族，久在那里想变成一个国家。这可见民族可以变成一个国家，却未必就是国家。有对内对外的威权，才是国家的特性"（见《社会哲学与政治哲学》，杜威讲演，伏庐笔记，《晨报》1920 年 1 月 21 日）。

③ 如被公认为西方民族主义研究两大开山之师之一的海斯（Carlton Hayes）的有关著作内容在华传播的情况，就缺乏关注。早在 20 世纪 30 年代初，海斯的名著 *The Historical Evolution of Modern Nationalism* 就被译作《族国主义》在华出版，译者为著名人物蒋廷黻，他与近代自由民族主义的关系极为特殊。蔡乐苏、金富军的《蒋廷黻外交思想探析》（《清华大学学报》2005 年第 1 期）一文，对蒋氏翻译此书情形有所介绍。

它们不仅影响今人对于近代中国"民族主义"概念的认知，实际也是当时中国人进行民族主义动员、激发民族主义情绪的有力思想工具。

同时，从一般思想史角度着眼，对那些具有近代中国时代特色和深刻民族主义思想内涵的流行观念、理念、信念和命题等加以进一步关注和深入透视，也是提升目前民族主义研究思想水准的不容忽视的方面。除"中华民族复兴"理念和已深受关注的"国学"观念等之外，当时更为一般性的关于"民族自信力"的议题与讨论等，也具有深入挖掘的思想价值。

在近代中国这样一个落后被欺压的弱小民族里，特别是在屡遭外来民族的军事侵略、政治压迫、经济掠夺、种族和文化歧视的时代背景下，"民族自信力"问题的重要性显而易见。该问题在近代中国究竟如何被意识、被提出、被讨论，不同的政党、思想派别又如何认识它并提出怎样的应对方案，等等，至今仍是近代中国民族主义思想史领域缺乏专门研究的课题。

即便是广受关注、如今人们似乎已厌烦的"国民性"问题，也还有从民族主义角度加以整合研究的必要。以往我们只关注"改造国民性"思潮及其文学渗透等问题，如今又乐于一味对其进行解构。其实许多问题都还没有进行深入细致的研究。不说别的，仅就这一问题的中西日三方互动关系及其对中国民族主义的影响而言，就有不少重要的文本迄今无人讨论。

至于中国人以西文著述，直接向西方抒发民族主义的情怀，进行民族主义辩护，阐发民族主义思想的这一重要民族主义载体，目前就其整体而言，基本上还处于被忽略的境地，而它对我们认知近代中国民族主义的特征本应是大有裨益的。

全面加强中国近代民族主义的研究，当然不仅是一个提升思想分析能力的问题。如前所述，现今许多充满活力的民族主义研讨，恰恰是在那单调的"思想"把握之上，又添补和渗入了活生生的社会心理与政治文化实践的内涵。不过，这却并不意味着可以从以上任何一个层面即能单独确定某种意识、思想和行为的民族主义性质。比如我们判断一种思想属不属于民族主义范畴，就不仅要看其主体者的心理层面，起码还要看其在思想层面是否认同民族主义的基本价值目标，是否使用现代民族主义的基本概念和词语，甚至还要看其思想主体者的相关行为。在这个意义上，笔者不太认同罗志田教授将那种主张所谓"超人超国"的近代思想现象也直接归结为民族主义范畴的观点，尽管其视角独特，无论是对于理解近代中国"超人超国"思想流行现象的形成、传播，还是对从心理层面来认知近代中国民族主义都有启发意义。同时，我们也不会不看心理和行为，就天真地给那些标榜"曲线救国"的思想及其思想者以"民族主义"的身份。

实际上，在研究近代中国民族主义的时候，既需避免仅停留在民族心理和情感层面，将民族主义泛化的理解和处理方式①，也需避免不深究思想内涵和历史的实际存在情形，一味从逻辑上进行分类且乐此不疲的"理论"癖。适度地将情感、思想形态和社会实践结合起来认知，乃是近代中国民族主义历史现象所提出的内在要求，也是我们今后的研究需要进一步努力的方向。

【作者简介】

黄兴涛，中国人民大学清史研究所教授、博士生导师。

---

① 耿云志先生在《中国近代思想史上的民族主义》一文中的意见与笔者类似，他曾强调："民族主义会牵及民族感情，甚至可以承认，民族主义有其心理和感情的基础，但绝不可以因此将民族主义归结于感情，或停留在感情的层面上。"（李翔海等：《"中国近代史上的民族主义"笔谈》，《史学月刊》2006 年第 6 期）

《新青年》新文化与民初上海文化生态*

熊月之

《新青年》在近代史上所起的那么大的影响，是与跟《新青年》有关联的一系列事件综合产生的，包括蔡元培在北大进行的改革、陈独秀到北大任教，包括白话文倡导在内的新文化运动的发生、五四运动发生、共产党成立，而这些事件的发生，每每与上海的城市环境、文化生态、京沪两地的文化差异、文化人的互动有密切关系。

一、《新青年》创办与上海出版市场

陈独秀当初创办《新青年》（初名《青年杂志》），是有着创办一大型出版公司、兼营杂志的一揽子规划的。他原先在日本帮章士钊编《甲寅》杂志，因妻子高君曼在上海生病住院，乃于1915年6月回到上海。回沪途中，他就酝酿了创业计划。他的理想愿景是：联合上海安徽籍的出版商汪孟邹（亚东图书馆老板）、汪叔潜（通俗图书馆老板），湖南籍的陈子佩、陈子寿兄弟（群益书社老板）成立一家大书局，以出版《青年杂志》为旗帜，再把安徽人胡适从美国请回来，负责编译工作。回沪第二天，他就陆续与一些同乡、好友进行商量。湖南人章士钊，安徽人柏文蔚、张己振等都曾参与讨论。经过一段时间的奔走，这一宏大计划虽然没有完全实现，但是，出版杂志作为计划的一部分得以先行了。也正是因为有了这个一揽子计划，群益书社才会在并无赚钱胜算的情况下，每月慨然投入编辑费和稿费二百元来出版《新青年》。①

为了实施这一计划，陈独秀与汪孟邹在1916年11月专程到北京招股筹款，勾留月余，筹得十余万元。他认为，以筹得之款，加上亚东图书馆、群益书社的资产，总共三

---

* 本文原载于《广东社会科学》2015年第6期。

① 陈思和对此有具体论述，见陈思和：《重读有关〈新青年〉阵营分化的信件（下）——〈新青年〉研究中的两个问题》，《上海文化》2015年第6期。

十余万元资本，可以先开办起来，再徐图发展。[①] 就在他在京筹款之时，蔡元培找上门来，邀他到北大任职。诚如陈思和所说，如果不是横道插进蔡元培三顾茅庐把陈独秀请到北京大学当文科学长，这个计划没准就实现了。[②] 1917 年，陈独秀出任北大文科学长之后，也还没有放弃这一宏大计划。他只答应蔡元培暂时承乏，做三个月，然后南返上海，继续致力于出版事宜。[③]

陈独秀的这一计划，并不是不切实际的空想，而是有着很大的可行性的。清末民初的上海，已是中国出版中心，全国出版业的 80% 以上集中在这里。这里已形成比较完善的出版市场，从著书、编书到印刷、发行，都相当齐备。这一时期，上海出版业发展飞快。以书局数量而言，辛亥（1911）五月前，上海有 116 家书店。1912 年新开业的就有中华书局、尚古山房、中华图书馆等 35 家。此后，亚东图书馆（1913）、中外舆地局（1913）、泰东图书局（1915）、广仓学会（1916）相继开设。以出版业产值而言，前清末年，每年四五百万元，到民国初年，翻了一倍，约一千万元，其中商务占十分之三四，中华占十分之一二。[④] 外资的广学会、申昌书局等尚不在内。从前景看，时人普遍认为，中国出版业潜力巨大，前途广阔。[⑤] 陈独秀谋求在出版行业发展，既与他此前从事过报纸、杂志的经历有关，更与他对上海乃至全国出版前景的乐观判断有关。中华书局就是一个现成的榜样，它自 1912 年正式开张，不到五年时间，便成为上海仅次于商务印书馆的大公司。

办出版社，以书籍、杂志并行，杂志为旗帜，书籍为后盾，这是当时上海大型出版公司的通行做法，商务印书馆的《东方杂志》（1904）、《教育杂志》（1909），中华书局的《中华教育界》（1912）、《大中华》（1915）等，都相当成功。商务印书馆与中华书局，都有针对不同年龄段人群的杂志。前者有针对幼儿的《儿童教育画》（1908）、针对少年的《少年杂志》（1911）与针对青年的《学生杂志》（1914），后者则相应有《中华童子界》（1914）、《中华儿童画报》（1914）与《中华学生界》（1915）。这种经

---

① 陈独秀在 1917 年初致信胡适："弟与孟邹兄为书局招股事，于去年十一月底来北京勾留月余，约可得十万余元，南方约可得数万元，有现金二十万元，合之亚东、群益旧有财产约三十余万，亦可暂时勉强成立，大扩充尚须忍待二三年也。书局成立后，编译之事尚待足下为柱石，月费至少可有二百。"《致胡适信》，《陈独秀著作选》（第一卷），上海：上海人民出版社，1993 年，第 259 页。

② 陈思和对此有具体论述，见陈思和：《重读有关〈新青年〉阵营分化的信件（下）——〈新青年〉研究中的两个问题》，《上海文化》2015 年第 6 期。

③ 钱玄同 1917 年日记，1 月 6 日："陈独秀已任文科学长，足庆得人，第陈君不久将往上海，专办《新青年》杂志，及经营群益书社事业，至多不过担任三月。顷闻陈君去后，蔡君将自兼文科学长，此亦可慰之事。"杨天石主编：《钱玄同日记》，北京：北京大学出版社，2014 年，第 298 页。

④ 陆费逵：《六十年来中国之出版业与印刷业》，《陆费逵文选》，北京：中华书局，2011 年，第 397－398 页。

⑤ 陆费逵：《六十年来中国之出版业与印刷业》，《陆费逵文选》，北京：中华书局，2011 年，第 397－398 页。

营模式对陈独秀自有影响。他的一揽子计划在某种程度上也可以说是商务印书馆、中华书局等成功模式的复制。有论者注意到陈独秀《青年杂志》与基督教青年会《青年》杂志的关系，其实，他的想法可能受商务印书馆、中华书局的影响更直接也更大。他想在上海出版行业参与竞争，大干一场。汪原放回忆录里引当事人的议论，可以折射出陈独秀等人的心态：

> 群益过去好，近来听说也不很好了。他们的《英汉辞典》《英汉双解辞典》，不如以前了。从前，连商务印书馆也要向他们配不少《辞典》，据说月月结账，要用笆斗解不少洋钱给他们。后来商务出了《英华辞典》等等，价钱比群益便宜，内容也很好。群益也急哩。
>
> 中国图书公司都搞不过商务，群益怎么搞得过。而且，中华书局也在出《英汉小字典》等等了。群益实在很危险，搞不过资本大得多的商务、中华的。
>
> 恐怕子沛翁、子寿翁有眼光，和亚东一并，靠湖南、安徽的资本来大干，也来一个大公司，也说不定。①

从陈独秀经营《新青年》的实践也可以看出，作为全国出版中心的上海，对于陈独秀的事业也是有实际意义的。《新青年》创办以后，前两年在上海编辑、印刷、发行，自不用说。即使陈独秀到北大任职、《新青年》编辑部移京以后，其排字、印刷、发行地点仍是上海。

二、新文化人才与上海的渊源

清末民初的新文化人才，多与上海有所关联。新文化运动的领袖蔡元培、陈独秀、胡适等，清末便是活跃沪上的新派人物。蔡元培自 1901 年以后至 1906 年 8 月，在上海南洋公学教书，是南洋公学学潮的主要支持者。他是新式团体中国教育会的会长，爱国学社创始人，也是反清团体光复会的会长，参与办报、张园演说、试制炸弹等活动。上海是蔡氏从事反清革命活动的出发地，也是他结交新派人物的重要场所。陈独秀于1903 年从安徽来到上海，参与《国民日日报》编辑工作。这份报纸是章士钊等人在《苏报》被封禁以后创办的刊物，以宣传自由民主、鼓吹反清革命为宗旨，号称"苏报第二"。陈氏在这里结交了蔡元培、章士钊等人，参加过"军国民教育会暗杀团"。正是在上海，陈氏踏上了政治活动的征程。1913 年，他在参加"二次革命"失败后，从安徽亡命至上海，穷困潦倒，依靠替亚东图书馆编书济急。胡适 1904 年从安徽到上海求学，在上海待了六年，先后在梅溪学堂、澄衷学堂、中国公学、中国新公学读书，

---

① 汪原放：《回忆亚东图书馆》，上海：学林出版社，1983 年，第 37 页。

"胡适"这个名字也是在上海改的。胡适自称，在上海的这六年，是他一生的第二段落。他在这里初步接触新学，接受了进化论，思想上起了激烈的变动，开始了白话文写作，由一个乡巴佬变成了新青年。没有上海这一段，胡适不可能出国留学，也不可能有日后那番举世瞩目的成就。

北京大学文科教员中，相当一批人与上海有千丝万缕的关系。蔡元培出任北大校长，是新文化运动起步的契机，而蔡得以出长北大，正是沈步洲、马叙伦、范源濂、汤尔和与夏元瑮等人在北京策划的结果。[①] 这些人，大多是蔡在上海时的学生、同志或朋友。其中，关键人物范源濂，时任北洋政府教育总长，他在十几年以前，与蔡同在上海从事爱国活动，共同参加拒俄运动。[②] 沈步洲、马叙伦、汤尔和、夏元瑮都是蔡在上海南洋公学和中国教育会的同志。蔡到北大后，他所罗致的人才，相当一批人在上海工作、生活过。比如，钱玄同与刘半农，都是在上海接受了新思想，开始了白话文训练。钱玄同 1904 年在上海参与创办、编辑《湖州白话报》，1905 年在上海南洋中学学习。刘半农 1912 年到上海谋生，参与《中华新报》笔政，为中华书局编译员。他曾在剧团工作，认识了新剧家徐卓呆，开始通俗文学创作。日后，他与钱玄同在《新青年》杂志上串演的双簧戏，所谓"王敬轩事件"，文风是典型的海派风格，便得力于他在上海剧团当过编剧演过戏的经历。黄晦闻，1902 年到上海，参与编《政艺通报》，1907 年在上海筹组国学保存会，办《国粹学报》，宣传革命，1917 年后执教于北京大学。章士钊，1903 自南京退学到上海，入爱国学社，后参与《苏报》《国民日日报》笔政，一度担任《苏报》主笔，为清末民初上海著名活动家。叶瀚，1894 年以前便参加上海格致书院的课艺，1897 年来上海办《蒙学报》，后参与中国教育会工作。钟观光，1902 年以后在上海参加中国教育会、爱国女学工作。沈步洲，南洋公学学生，爱国学社成员，曾在张园演说。刘三，上海人，晚清因收葬革命烈士邹容尸骨而被称为义士，南社成员。朱家骅，湖州人，15 岁（1908 年）即到上海同济德文医学校（同济大学前身）读书，后参加反清起义，为敢死团成员，1914 年以后留学德国，1917 年执教北大。

这么一长串的名单，是蔡氏担任校长时北大文科的主要师资，他们身上都留有上海的印记。

清末民初，作为帝国京师，北京以守旧出名，上海是新兴城市，以开新著称，两地文化氛围很不一样。1916 年以前，北京大学亦以保守、腐朽闻名，官场习气严重，乌烟瘴气。蔡元培担任校长以后，厉行改革，引进新人，革新课程，订立新的规章制度，

---

① 关于蔡元培出掌北大的经过，马叙伦、张星烺、沈尹默等人说法不同，但都提到一个人，即范源濂。范当时是北洋政府的教育总长，他与蔡元培在 1903 年是从事拒俄运动的同事，民国初年蔡元培任教育总长时他是教育次长。参见陈万雄：《五四新文化的源流》，北京：生活·读书·新知三联书店，1997 年，第 47 页。

② 陈万雄：《五四新文化的源流》，北京：生活·读书·新知三联书店，1997 年，第 28 - 46、120 页。

整顿校风。蔡氏如此行事，固然与他曾留学德国、熟悉西方国家的教育情况有关，而他在上海从事新式教育工作以及推动军国民教育的经历，亦是不容忽视的因素。从某种意义上说，蔡氏在北大的改革，是将上海的新人物、新风气、新文化引进到了北京。发生在北大的冲突，其实是京沪两地文化冲突的体现。

三、新文化从上海发轫

新文化运动中对儒学礼教的批判，对妇女解放的倡导，对白话文的提倡，在清末上海都可以找到其起始点。

对于孔子与儒教的批判，在上海早已有之。1903 年上海出版的《童子世界》便有一篇《法古》，批判矛头直指孔子。文中指出：

> 孔子在周朝时候虽是很好，但是在如今看起来，也是很坏。"至圣"两个字，不过是历代的独夫民贼加给他的徽号。那些民贼为什么这样尊敬孔子呢？因为孔子专门叫人尊君服从，这些话都很有益于君的，所以那些独夫民贼喜欢他的了不得……若是因为他已经被独夫民贼称过"至圣"，我们必定要学他的言行，那种见识，我却不敢附和。如若有人说这样的话，我必定要杀他骂他，剥他的皮，吃他的肉。我但望吾童子不要被那种放屁的话惑住。[①]

此文对孔学批判之激烈，并不逊色于五四时期。

同年，章士钊等人在上海主办的《国民日日报》上，有《箴奴隶》《说君》《道统辨》等文，批评儒学不遗余力。《道统辨》指出：专制君主之御民，必托黜邪崇正之名，以束缚臣民思想。儒学的倡导，三纲定名分之说的确立，都是从有利于君主专制出发的。文章认为，道统之说，助长专制之焰，阻碍学术发展，阻碍思想自由之发展，"中国之君主，与教皇不同，其所以信道统之说者，名为信道，实则阻思想之自由耳，名为尊孔，实则借孔教为奥援耳"[②]。1904 年，蔡元培等人所办的《警钟日报》上，有《论孔学不能无弊》《论孔学与政治无涉》等，批评孔学执己见而非异说，独尊儒学有碍学术自由。

此后，于右任等人在上海主办的《民吁日报》《民立报》上，也都有指名批判孔子、儒学的文章。"这种反传统的文化革新的思想，讨论范围所及，由政治制度，到学术思想、社会伦理、风俗习惯，表现了相当彻底和全面的思想解放的要求，而态度也

---

① 君衍：《法古》，《童子世界》第 31 期，载张枬、王忍之编：《辛亥革命前十年间时论选集》（第一卷下册），北京：生活·读书·新知三联书店，1960 年，第 532 页。

② 《道统辨》，《国民日日报汇编》，1903 年（光绪二十九年）第 1 集。

激烈。"①

清末对孔子思想的批判，当然并不限于沪上一隅，无政府主义者在东京、巴黎创办的杂志，也多有这方面的内容，但就国内而言，则显以上海为最。

妇女解放是新文化运动中广泛讨论的议题，陈独秀、胡适、鲁迅、吴虞等人都有文章发表，涉及的问题有妇女贞操、男女社交、婚姻家庭、女子教育、女子经济独立与职业、废除娼妓等。这些问题，在晚清上海大多讨论过。从19世纪70年代起，上海的报刊对于妇女问题就比较关注。从70年代到90年代，《申报》发表过多篇文章，从阴阳调和、中外比较等角度，批判缠足陋习，批驳传统的男尊女卑观念，讨论女子教育。20世纪初年，上海出版的《女学报》《女子世界》等众多妇女报刊，以不同体裁（论说、诗歌、小说、剧本），宣传男女平等、批判男尊女卑。其中，最有系统性、最能代表那个时期思想水平的是金天翮所著的《女界钟》。此书系统论述女子的道德、品性、能力、教育方法、权利和婚姻进化论，从理论与实践层面讨论男女平等问题，论述男女不平等并不是人类开始就有的，而是在历史上逐步形成的，认为女子应当恢复入学、交友、营业、掌握财产、出入自由与婚姻自主之权利，倡导妇女教育，倡导女子参政，呼吁妇女起来自己解放自己。就理论上而言，在男女平等、婚姻、女子教育、男女社交等方面，五四时期并不比晚清提供更多的东西。两相比较，晚清谈论较多的缠足问题，在五四时期比较少谈了，而代之以贞操问题。这一消一长，正好反映女权主义实践与理论的演进轨迹。

白话文的倡导是新文化运动的重要内容，这在晚清上海已有相当可观的表现。"白话文运动兴起与维新启蒙同步。在维新人士看来，中国之所以贫穷落后、挨欺被打，很重要一个原因，就是民众没有觉醒。要唤醒民众，就要讲民众能够听得懂的道理，写民众能够看得懂的文字。于是，文字改革、小说改良、诗歌改良、戏剧改良、画报、演说、白话文，都被赋予维新启蒙的意义，也随着启蒙运动的开展而追波逐浪。白话文运动兴起的另一个动力，是近代城市的发展和城市人口的增加。白话文报刊最大的读者群是城市居民。近代上海城市增加的人口，主要是从农村来的移民。这些人大概有一半粗识文字。他们是城市居民的重要组成部分，也是各种运动争取的对象。白话文运动的兴起，在很大程度上是面向他们的。"②

上海是晚清白话报的发祥地。晚清最早的白话报纸是1876年3月30日创刊的由申报馆出版的《民报》。此报每逢周二、四、六各发行一张，一份卖半个铜板，用白话文写成，每一句末尾空一格，人名和地名的旁边，均以竖线号和点线号表明，为的"是使

---

① 陈万雄：《五四新文化的源流》，北京：生活·读书·新知三联书店，1997年，第28-46、120页。

② 熊月之：《五四运动与上海社会》，《社会科学杂志》1999年第5期。

它可以达到《申报》所不能及于的阶级，譬如匠人、工人和很小的商店里的店员等"①。上海也是晚清白话报最为集中的地方。1911 年以前，全国标名"白话""俗话"的报刊，连同那些无白话报之名而有白话报之实的报刊，共 140 余份，其中至少 27 份是在上海出版。有些从报名看本该设在外地的，如《宁波白话报》《湖州白话报》《安徽白话报》，也设在上海。

五四时期倡导白话文的健将，有些本来就是晚清办白话报、写白话文的活跃分子，如胡适等人所办的《竞业旬报》，历时三年，共出 41 期，是晚清上海历时较长的白话文刊物。胡适便是从这里开始了他从事白话文运动的生涯，他日后回忆说："白话文从此成了我的一种工具，七八年之后，这件工具使我能够在中国文学革命的运动里做一个开路的工人。"②

陈独秀曾经论述白话文与上海城市的关系，他说："常有人说，白话文的局面是胡适之、陈独秀一班人闹出来的。其实这是我们的不虞之誉。中国近来产业发达人口集中，白话文完全是应这个需要而发生而存在的。适之等若在三十年前提倡白话文，只需章行严一篇文章便驳得烟消灰灭，此时章行严的崇论宏议有谁肯听？"③

四、五四运动的上海因素

五四运动的发生，原因很多，与此前《新青年》的先锋宣传自有内在关系。④ 五四运动以民众运动的形式爆发在北京，其运动方式有一部分伏根在上海。集会演说，散发传单，通电抗议，罢课罢工，抵制洋货，这些抗议方式在清末民初上海已不只一次被运用。

由于上海租界的存在，清政府的统治权力在上海事实上行使得很不充分，不满意清朝统治的志士仁人便利用这一特点，在上海发起了许多针对清政府与外国侵略者的抗议活动。在 1900 年至 1903 年的拒俄运动中，上海绅商多次在张园集会演说、散发传单、发表通电、募集捐款。在 1905 年抵制美货运动中，上海绅商除了运用集会演说、散发传单、发表通电等方式外，还约定不当美国人的雇工，不卸载美船货物，实际上已属罢工行为。清心书院、中西书院的学生已有罢课举动。上海学生组织"中国童子抵制美约会"，相约抵制美国进口的文具、衣物、食品、玩具，还每日调查美货牌号，登诸会内，供众知晓。吴趼人等人在上海演说之后，还游历杭州、宁波等地，计划联合各地拒约

---

① 《六十年前的白话报》，《上海研究资料续集》，上海：上海书店，1984 年，第 321 页。
② 胡适：《四十自述》，上海：上海书店出版社，1987 年，第 135 页。
③ 陈独秀：《答适之》（1923），《陈独秀著作选》（第二卷），上海：上海人民出版社，1993 年，第 575 页。
④ 陈思和：《重读有关〈新青年〉阵营分化的信件（上）——〈新青年〉研究中的两个问题》，《上海文化》2015 年第 2 期。

会，结成一个大团体。这种商学结合、学生由学校而社会的运动方式，为五四时期学生所继承。1915 年 3 月因反对"二十一条"，上海掀起抵制日货运动，到 4 月上旬，发展为罢工斗争，杨家渡、日清、三菱公司、浦东日商新老大阪公司、洋泾三井煤栈等码头工人都投入了这一斗争。

美国华子建（Jeffrey Wasserstrom）的研究表明，五四运动的许多抗议形式与此前上海社会有关，列队、奏乐、升旗、演讲、游行、呼口号、罢课、抵制外货，都与租界的庆典、体育活动有一定关系，与清末上海绅商、学生活动有一定关系，"当我们把五四运动看成是中国青年运动史上的一个伟大起点时，应该看到 1919 年的抗议者是在继承长期以来所形成的抗议传统"①。1919 年的五四运动，实际是此前上海抗议运动的重演、放大和发展。

五四运动 5 月份在北京表现为学生运动，6 月份在上海则表现为市民运动，工人、商人都被卷了进去。"三罢"之中，罢课影响固然不小，但罢工、罢市作用更大。之所以是在上海首先形成"三罢"局面，与上海的社会结构有密切关系。清末民初的上海，人口超百万，是中国最大城市，其中商业、工业人口占了很高的比例。自清末地方自治运动以后，上海绅商已在社会活动中占据领导地位。"在经济中心、交通枢纽、信息中心、移民人口等因素的综合作用下，上海绅商在全国性爱国运动中起了关键作用。"②诚如民国初年人们所说，"上海与北京，一为社会中心点，一为政治中心点"③。北京工商业规模不大，难以掀起具有全局意义的罢工罢市运动。

五四运动取得胜利的重要标志是曹、陆、章三人被罢免。这是全国运动合力作用的结果，其中上海的作用至为关键。北京《晨报》披露三人被免职的经过：

> （曹、陆、章免职命令之发表）实分为三次，其第一次发表者为免曹令，盖日前已内定者也。乃该令发表之际，即得天津罢市之消息，同时上海各银行又电京行报告上海罢市绵延多日，形势日益重大，政府如不能尽本日将罢免曹、章之命令发表，则沪上金融无法维持，危险万状云云。京行得此电报，遂联合向政府声明，并请速定办法。政府无可如何，遂于昨（10 日）午后将陆宗舆免职令发布，以为如此，似可餍足商学界之人心，而镇压眼前之危险。孰意下午复得上海中国各银行团体及商会电，略称：政府如能将曹、陆、章三人同时罢免，则彼等可担任向商界竭力疏通，劝其于明日开市，如不能完全办到，则商民有所借口，前途将益纠纷，安危所系，只在一日，专候明示云

① ［美］华子建：《正确的抗议策略是从哪里来的—上海学生运动传统之演变》，《上海——通往世界之桥》（下），上海：上海社会科学院出版社，1989 年，第 127 页。
② 熊月之：《五四运动与上海社会》，《社会科学杂志》1999 年第 5 期。
③ 姚公鹤著，吴德铎标点：《上海闲话》，上海：上海古籍出版社，1989 年，第 50 页。

云。……政府迫于无法，遂答应再将章宗祥免职令发表。①

北洋政府对曹、陆、章三人采取的是能保则保、不能保则一个一个抛出的办法，三个人分三次抛出，每抛一个，都与上海的动向有关。北洋政府特别重视上海的动向的原因，诚如时人所说，"上海为东南第一商埠，全国视线所及，内地商埠无不视上海为转移"。②

五、政治刊物与上海环境

《新青年》迁京以后，一度成为北大教授同仁刊物，由相关人员轮流编辑。1919 年下半年，编辑部同仁在杂志编辑方针方面发生分歧。10 月，陈独秀收回《新青年》主编权。1920 年 2 月，陈回上海定居，《新青年》也随之被带到上海编辑。同年 4 月，陈独秀接受共产国际建议，秘密组建中国共产党。9 月，《新青年》成为中共上海发起组的机关刊物。1921 年中国共产党成立以后，《新青年》成为党的机关报。此后，《新青年》编辑部除了一段时间因陈独秀到广州工作而移到广州外，主要设在上海。这既与陈独秀工作地点有关，更与当时上海政治环境有关。

如果作为一份普通青年杂志或学术刊物，《新青年》无论办在上海、北京，均无关宏旨。但是，作为一份政治刊物，特别是作为中共党组织的机关报，《新青年》编辑部便以设在上海最为合适。这是因为，北洋政府在北京等地对出版物的控制比上海更为有效。

袁世凯担任大总统以后，鉴于晚清政府疏于对报刊的管理而影响政局的稳定，便尽力加强对报刊出版的管理。1914 年，北京政府颁布《出版法》，对出版物作出八条限制，即"甲、淆乱政体者；乙、妨害治安者；丙、败坏风俗者；丁、煽动曲庇犯罪人、刑事被告人或陷害刑事被告人者；戊、轻罪重罪之预审案件，未经公判者；己、诉讼或会议事件之禁止旁听者；庚、揭载军事、外交及其他官署机密之文书图画者，但得该官署许可时，不在此限；辛、攻讦他人阴私，损害其名誉者"。政府还规定办报需得警署许可才行。袁世凯死后，黎元洪政府于 1916 年 9 月通过内务部警务司颁布《检阅报纸现行办法》，重新启动对报纸的检查。1918 年，北洋政府设立"新闻检查局"，规定其可以对新闻报刊上刊载的新闻信息及其他内容进行检查，并有权力对不法出版予以处罚。1919 年 10 月，内务部颁布《管理印刷业营业规则》，规定"凡印刷营业者无论专

---

① 《晨报》（1919 年 6 月 11 日），《五四运动在上海史料选辑》，上海：上海人民出版社，1980 年，第 420 页。

② 《6 月 8 日卢永祥等电北京政府请力顾大局、明令准将曹、章、陆免职》，《新闻报》（1919 年 6 月 10 日），上海社会科学院历史研究所：《五四运动在上海史料选辑》，上海：上海人民出版社，1960 年，第 418 页。

业兼业，均应先行呈报，得该管警察官厅许可，给予执照后方可营业"，警察官厅如认为有违反禁止出版之情况时，应禁止其印刷。这些法律条款与政府规定，大多用语笼统、抽象、含混，且缺少实施细则，弹性很大，为政府压制言论自由提供了方便。

在北洋政府高压下，民间出版、结社之类活动受到多方面限制。1919 年 6 月 11 日，陈独秀在北京城南新世界游乐场散发《北京市民宣言》传单，遭警察厅逮捕，被关了三个多月。1920 年 2 月初，他在武汉发表"社会改造的方法与信仰"的演讲，提出要改造社会就要打破不合理的阶级制度。北洋政府命令警察厅在陈独秀到达北京时加以逮捕。陈闻讯，只好避居上海。

在上海，尽管租界有时也会根据北洋政府的要求，对民间出版进行限制、查封，但那主要是从妨碍社会治安角度进行管理，不是作为政治犯罪案件来对待，被处分之当事人不至于有生命危险。上海两租界对报刊的管理，采取的是西方国家通常实行的追惩制。在这种制度下，出版物可以自由出版，行政机关不审查原稿而审查出版物，如发现出版物有违法内容，通过法律途径制裁。在上海租界，报纸言论只有被证实有以下几种情况时，才会被追究或者惩罚：一是有关道德风化；二是造谣诽谤；三是煽动叛乱或鼓吹杀人。从下面三个案件中，可以看出上海租界是如何处理报刊方面诉讼的：

一是戴季陶案。1912 年 5 月 20 日，《民权报》发表短评《杀》，反对向四国银行团借债，宣称："熊希龄卖国，杀！唐绍仪愚民，杀！袁世凯专横，杀！章炳麟阿权，杀！"公共租界以鼓吹杀人罪名将主笔戴季陶拘捕，判罚 30 元大洋。①

二是鼓吹暗杀案。1919 年 4 月，公共租界总巡捕房向会审公廨控告《民国日报》"有鼓吹暗杀张敬尧等情"，主笔叶楚伧被传讯，报纸被处罚停刊两天。

三是侮辱总统案。1919 年 9 月 15 日，《民国日报》刊登一篇题为《安福世系表之说明》的文章，仿家谱形式，列出当时亲近日本的段祺瑞政府，将段祺瑞排成日本人儿子，大总统徐世昌则是段祺瑞的私生子。公共租界会审公廨向《民国日报》总经理邵力子、总编辑叶楚伧发出传票。法庭上，叶楚伧说报纸文章"实系以游戏文字对于政策上之批评，并无侮辱之意义"，本报与作者是在希望中国有良好之政府，国民享和平自由幸福。法庭最后判决邵力子、叶楚伧各罚款 100 元大洋了事。

在法租界注册的《时事新报》转载过这篇文章，因此，北洋政府委托的律师穆安素又到法租界巡捕房控告，法租界方面派律师为《时事新报》辩护。《时事新报》经理张云雷是国会议员，法租界律师以国会议员受法律保护，"凡是国会议员，非通过国会，不得随意控告"，将原告驳回。原告指控《时事新报》转载文章是"侮辱总统"，被告

---

① 会审公廨的判词为："共和国言论虽属自由，惟值此过渡时代，国基未固，建设方兴，尤贵保卫公安，维持大局。苟政府措置失当，亦宜善言规导，使之服从舆论。该报措词过激，捕房以鼓吹杀人具控到案，送经讯明。应依照中华民国新刑律第二百十七条，妨害秩序罪减五等处断，罚洋三十元，此判。"（《审讯民权报案详志》，《申报》，1912 年 6 月 14 日）

律师表示总统是国会议员选举的，他怎么会"侮辱总统"？非但如此，由于原告擅自起诉国会议员，被告律师还要求原告负担张云雷从北京到上海来应诉的路费。结果《时事新报》并未被惩罚，这场诉讼也就此结束。

在这三个案件中，戴季陶、邵力子、叶楚伦都没有生命之虞，也不像陈独秀那样被北洋政府处罚之重。

这方面，陈独秀自己在上海租界也受到过拘禁处罚的经历。1921 年 10 月 4 日，陈独秀在上海法租界被捕，罪名是宣传"仇父公妻"，"煽惑他人犯罪"，危害社会。经审讯，被罚款 100 元大洋。1922 年 8 月 9 日，陈独秀以参加共产党罪名，又被法租界逮捕，结果被判罚 400 元大洋了事。这两次，陈独秀被羁押时间都不长，处罚也不算很重。

所以，《新青年》办在上海，虽然也会遭到租界当局的压制，但总体上还是比较安全的。

六、陈独秀对上海城市的复杂心态

如前所述，陈独秀作为新文化运动的旗手，其事业起步在上海，基地在上海，上海这座城市对于他有着非同寻常的意义。但是，他对于上海这座城市的许多方面，又极不喜欢，甚至极为厌恶。就在《新青年》上，他连续发表专论上海社会的短文，包括《上海社会》《再论上海社会》《三论上海社会》与《四论上海社会》，几乎把一切能用的坏名词都送给了上海：

> 象上海这种龌龊社会，居然算是全中国舆论的中心，或者更有一班妄人说是文化底中心；上海社会若不用猛力来改造一下，当真拿他做舆论和文化底中心，那末，中国的舆论和文化可真糟透了；因为此时的上海社会，充满了无知识利用奸诈欺骗的分子，无论什么好事，一到了上海，便有一班冒牌骗钱的东西，出来鬼混。[1]

> 上海骗钱的法子很多，拿这种法子来骗钱来糟蹋新文化，更加是黑心到了极点了。……所以什么觉悟，爱国，利群，共和，解放，强国，卫生，改造，自由，新思潮，新文化等一切新流行的名词，一到上海便仅仅做了香烟公司、药房、书贾、彩票行的利器。呜呼！上海社会！[2]

> 上海社会除了龌龊分子以外，好的部分也充满了戴季陶先生所谓曼且斯特的臭味。偌大的上海竟然没有一个培养高等知识的学校，竟没有一个公立的图

---

[1] 陈独秀：《上海社会》，《独秀文存》，合肥：安徽人民出版社，1987 年，第 587 页。
[2] 陈独秀：《再论上海社会》，《独秀文存》，合肥：安徽人民出版社，1987 年，第 589 页。

书馆，到处是算盘声，铜钱臭。①

陈独秀说出来的都是事实，但是，还有些事实他没有说出来。清末民初的上海，如同一个无所不有的大超市，城市的乡村的，西方的东方的，激进的保守的，高尚的卑鄙的，新的旧的，红的黑的，好的坏的……什么都有。像陈独秀这样的由传统读书人转变而成的知识分子，对于上海这样的城市的感觉也是五味杂陈。他要办出版公司，发展文化事业，离不开上海；他办《新青年》，要刊登商业广告，离不开上海；他要找一些志同道合的同仁，宣传马克思主义，离不开上海；他要创建共产党，要在工人集中的地方谋发展，搞活动，离不开上海；他要逃避当局的镇压与迫害，寻找相对安全的庇护所，还是离不开上海，他在安徽、北京、武汉遇到麻烦以后，都是以上海作为最后避难所的。但是，上海这座城市里的商业气、铜臭味，没有好的大学与公立图书馆，充满各种流氓、政客，又是那样地不合他的胃口。对于这里的社会空气，他不赞一词。

陈独秀如此，鲁迅、茅盾等人何尝不是如此！上海对于他们，犹如臭豆腐，闻闻臭的，吃吃香的，心态比较复杂。美国学者白鲁恂认为，在民族主义背景下，近代上海人是"被污蔑的口岸华人"，上海城市是被污名化的城市。尽管租界的统治者是外国人，但租界人口的绝大多数是华人，上海是中国人自己创造的城市。但是，在民族主义笼罩下，这些都被忽略或丑化了。②任何国家民族主义的兴起，都不是纯粹抽象的理论建设，都需要有一个对立面才有实际意义，都需要有一种殖民主义、帝国主义的象征物。在印度，英国人是什么样子，印度人都很清楚，殖民主义是很具体的东西。在中国，正如白鲁恂所说，一般中国人与"帝国主义者"之间并没有什么直接的交往，对他们来说，所谓外国渗透的威胁和"不平等条约"的恶行，只是没有体验的抽象概念。当他们发展出民族意识的时候，上海租界便成了帝国主义势力在中国的主要象征物。③上海城市也就难免成为臭豆腐尴尬形象了。

综上所述，陈独秀当初创办《新青年》，并无到北京发展的打算，而只是其出版事业中的一个方面。蔡元培在北大实行的改革，参与新文化运动的众多新派人才，新文化运动的批判孔学儒教、倡导白话文、倡导妇女解放，都与清末民初上海城市的清新文化、新派人才有密切关系。五四运动能够取得成功，与这一运动继承此前上海已有的民众抗议方式、与上海工商界深度介入有直接关系。所以，无论研究《新青年》、新文化运动、五四运动，还是研究共产党的创立，都需要考虑其时上海城市社会环境、文化生态的重要价值。

20 世纪 80 年代，哈佛大学教授王德威曾提出"没有晚清，何来五四"的说法，引

---

① 陈独秀：《三论上海社会》，《独秀文存》，合肥：安徽人民出版社，1987 年，第 595 页。
② ［美］白鲁恂：《中国民族主义与现代化》，《二十一世纪》1992 年二月号。
③ ［美］白鲁恂：《中国民族主义与现代化》，《二十一世纪》1992 年二月号。

发文学史学界热烈的讨论。① 王德威指出,在研究中国文学来龙去脉时,应重识晚清文学的重要性,及其先于甚或超过五四的开创性。以小说为代表的晚清文学,已预告了20世纪中国"正宗"现代文学的四个方向:对欲望、正义、价值、知识范畴的批判性思考,以及对如何叙述欲望、正义、价值、知识的形式性琢磨。他将晚清文学与五四文学作为一有内在联系的整体来看待,从而破除将五四作为突兀现象研究的传统框架,指出现代性的多样性与复杂性。王德威之问很有启发性。这一发问移植到思想界,同样适用。2003年,美国加州大学普莱斯等学者,举办"五四范式之外:中国现代性研究"讨论会,便从经济活动(报刊业、书籍出版等)、社会组织(同乡会等)、思想观念(政治观念、女权主义)等多方面入手,探讨了晚清与五四的差异与联系问题,很有创获。② 不过,我以为,如果将王德威之问,加上地域因素,可能更为全面,也更有助于人们对晚清与五四问题的思考。因为,无论王德威还是后来加入此讨论的其他学者,所征引的晚清史料,包括《申报》的论说、《点石斋画报》《海上花列传》《游戏报》《新小说》与《绣像小说》,大多出自上海;所述及的晚清文人,无论韩邦庆、吴趼人,还是李伯元,也大多生活在上海。离开上海那么特别的环境,很多文化现象是难以想象的。

【作者简介】

熊月之,上海社会科学院历史研究所研究员,复旦大学上海史国际研究中心研究员、博士生导师。

---

① 问题由王德威提出,见[美]王德威著,宋伟杰译:《被压抑的现代性:晚清小说新论》,北京:北京大学出版社,2005年。对于文学史界讨论的情况,参见李杨:《"没有晚清,何来五四"的两种读法》,《中国现代文学研究丛刊》2006年第1期;周丹:《评王德威"没有晚清,何来五四"之说》,《华中人文论丛》2014年第1期。

② Kai-wing Chow, Tze-ki Hon, Hung-yok Ip, and Don Price, *Beyond the May Fourth Paradigm: In Search of Chinese Modernity*, Lanham: Lexington Books, 2008.

"国民革命"的提出与中共"三大"的召开[*]

黄振位

中共"三大"确定了第一次国共合作的方针，促成革命统一战线的建立，对促进国民革命运动的发展，推动大革命高潮的到来具有重要意义。今天，"三大"关于建立和发展革命统一战线的精神仍有借鉴作用。因此，深入探究中共"三大"和国民革命的有关内容是很有必要的。

一、"国民革命"的提出

在中共的历史上，党的"三大"第一次提出了"国民革命"的口号。"三大"以后，国共两党共同进行了一场轰轰烈烈的大革命。这场革命就叫"国民革命"（亦称第一次国内革命战争）。所以，国民革命与"三大"有密切的关系。"国民革命"这一口号是在 20 世纪 20 年代中前期最流行的口号。这一口号反映了当时国共两党和全国人民共同进行这一革命的意志和愿望。然而，这一口号是怎样提出的呢？这里拟分别对孙中山、共产国际、中共提出这一口号的过程进行考察。

（一）孙中山的提出

"国民革命"的口号是 1906 年孙中山在《中国同盟会革命方略》中最早提出来的。他说："我等今日与前代殊，于驱除鞑虏、恢复中华之外，国体民生尚当与民变革，虽纬经万端，要其一贯之精神则为自由、平等、博爱。故前代为英雄革命，今日为国民革命。所谓国民革命者，一国之人皆有自由、平等、博爱之精神，即皆负革命之责任，军

---

* 本文原载于《广东社会科学》2003 年第 6 期。

政府特为其枢机而已。"① 辛亥革命胜利后，1912 年 4 月 10 日，他在湖北军政界代表欢迎会的演讲中说："此次革命，乃国民的革命，乃为国民多数造幸福。"② 这一时期，孙中山虽然已经明确地提出了"国民革命"的口号，但从完整的意义上说，这与他在后来国共合作时期提的"国民革命"是不同的。同盟会至辛亥革命时期的"国民革命"，其直接的目标是推翻清朝政府，就其革命的性质、内容、对象、动力等，都有很大的局限性。特别是他依靠会党、新军作为革命的动力，接受了 18 世纪法国资产阶级革命的"自由、平等、博爱"的思想作为"国民革命"的内容等，都是与后来的国民革命有根本区别的。孙中山几经挫折以后，在中国共产党的帮助下，改组了国民党，于 1924 年 1 月在国民党"一大"重新提出"国民革命"的口号。在他提交国民党"一大"会议审议并主持通过的宣言中说："吾国民党则夙以国民革命、实行三民主义为中国唯一生路。兹综观中国之现状，益知进行国民革命之不可懈。"③ 他在这里重提的"国民革命"应该说是完整意义上的国民革命。因为他已经洞察到辛亥革命以后，"中国之情况不但无进步可言，且有江河日下之势。军阀之专横，列强之侵蚀，日益加厉，令中国深入半殖民地之泥犁地狱"④。因此，他已经把革命矛头直接指向国内军阀和帝国主义，并且还认识到"国民革命之运动，必恃全国农夫、工人之参加，然后可以决胜，盖无可疑者"⑤。

（二）共产国际的提出

1920 年春，共产国际就开始派员在华工作。据当事人回忆："1922 年 3 月，第三国际拍来一份英文电报，主张中国应干国民革命（Niational Revolution 译为国民革命）。"⑥但实际上中共当时尚未在组织上加入共产国际。1922 年 5 月 20 日，共产国际执委会远东部在华工作全权代表利金"就在华工作情况给共产国际执委会远东部的报告"中说："在中国，我们有从事共产主义工作的支柱，今后的工作应归结为两个基本方面：①必须使这些支柱同中国工人组织联合起来，以便从思想上和组织上夺取工人群众。②必须争取使中国共产主义组织成为国民革命运动的首领。"⑦ 同年 7 月，共产国际和红色工

---

① 广东省社会科学院历史研究室（所）、中国社会科学院近代史研究所民国史研究室、中山大学历史系孙中山研究室合编：《孙中山全集》（第 1 卷），北京：中华书局，1981 年，第 296 页。（以下凡引自本全集者，编者、出版者从略）

② 《孙中山全集》（第 2 卷），第 334 页。

③ 《孙中山全集》（第 9 卷），第 118 页。

④ 《孙中山全集》（第 9 卷），第 115 页。

⑤ 《孙中山全集》（第 9 卷），第 121 页。

⑥ 李达：《中国共产党的发起和第一次、第二次代表大会经过的回忆》，《一大回忆录》，北京：知识出版社，1980 年。

⑦ 中共中央党史研究室第一研究部译：《联共（布）、共产国际与中国国民革命运动》（1）（1920—1925），北京：北京图书馆出版社，1997 年，第 95 页。

会国际发给其派驻中国南方代表马林的委任书中也把中国南方的革命视为国民革命。该委任书称："兹委任斯内夫利特（即马林）同志代表共产国际和红色工会国际在中国南方同党中央委员会联系，并代表我们同南方国民革命运动领导人合作。"① 同年 11 月 8 日，共产国际代表马林在《向导》周报第 9 期发表的《国民运动、革命军和革命宣传》一文中也提出："国民革命的发展，军事运动非常重要，这个意见我们是很赞成的。"1923 年 1 月，共产国际在关于国共合作的决议（提纲）中说："中国的中心任务是国民革命，所以国民党和年青的中国共产党的活动应当协调起来。"② 同年 5 月，共产国际执委会给中共"三大"的指示中指出："中国国民革命和反帝阵线的建立必将伴随一个农民反封建残余的土地革命。"③ 从上述的引证中可以看到，共产国际在中共"二大"至"三大"期间不仅明确提出了"国民革命"的概念，而且对国民革命的具体内容也作了阐述和指示。

（三）中共的提出

尽管共产国际代表在中共"二大"前夕曾提出在中国开展国民革命运动，但"二大"的决议并没有明确提出这一概念，而是提到"社会革命"。当然，"社会革命""民族革命"与"国民革命"有共同之处，但起码在概念上是不同的。1922 年 9 月 13 日，蔡和森在《向导》周报第 1 期发表的《统一，借债，与国民党》一文中曾提到了"国民革命运动"。9 月 20 日，陈独秀在《向导》第 2 期发表的《造国论》一文中说："中国产业之发达还没有到使阶级壮大而显然分裂的程度，所以无产阶级革命的时期尚未成熟，只有两阶级联合的国民革命的时期是已经成熟了。"蔡和森、陈独秀提出的"国民革命"，是作为个人提出的概念。而中共作为组织第一次提出"国民革命"这一口号，是在中共"三大"。"三大"的宣言指出："中国共产党鉴于国际及中国经济的政治的状况，鉴于中国社会的阶级（工人、农民、工商业家）之苦痛及要求，都急需一个国民革命。""我们的使命是以国民革命来解放被压迫的中国民族，更进而谋世界革命，解放全世界的被压迫的民族和被压迫的阶级。"④ "三大"刚结束，中共中央执行委员会委员长陈独秀于 7 月 1 日致信共产国际执委会东方部主任萨法罗夫，介绍了"三大"通过的有关国民革命的内容、与国民党的关系以及对中国社会各阶级作了简要的分析。陈独

① 中共中央党史研究室第一研究部编：《共产国际、联共（布）与中国革命文献资料选辑》（2）（1917—1925），北京：北京图书馆出版社，1997 年，第 322 页。

② 中共中央党史研究室第一研究部编：《共产国际、联共（布）与中国革命文献资料选辑》（2）（1917—1925），北京：北京图书馆出版社，1997 年，第 462 页。这里转引自《斯内夫利特（即马林）笔记》。据解放军政治学院党史教研室编的《中共党史参考资料》第 2 册转载的《共产国际关于国共合作的决议》第 2 条的表述："中国的中心任务还是反对帝国主义者及其在国内的封建代理人的民族革命。"

③ 解放军政治学院党史教研室编：《中共党史参考资料》（第 2 期），第 519 页。

④ 解放军政治学院党史教研室编：《中共党史参考资料》（第 2 期），第 522 页。

秀在信中说："民族革命不仅对中国，而且对整个世界革命都是必要的。根据经济条件和中国的文明程度只能进行国民革命。""我们希望建立革命力量，我们能够做到这一点，但这只能在国民革命的旗帜下进行。""共产党在国民革命运动中只会是非常严肃的、强有力的小团体。我们不能允许国民革命运动与帝国主义敌人妥协并向右转。""我们应该把开展国民革命运动看作是我们的中心任务，因此我们应该扩大和改组国民党。如果该党领导执行错误的政策，我们就来纠正错误。如果我们不加干预，不与他们合作，国民党人就会犯更多的错误。"① 随后，陈独秀又在中共中央机关刊物《前锋》发表了《中国国民革命与社会各阶级》一文，对国民革命作了阐述。他说："人类经济政治大改造的革命有二种：一是宗法封建社会崩坏时，资产阶级的民主革命；一是资产阶级崩坏时，无产阶级的社会革命。此外又有一种特殊形式的革命，乃是殖民地或半殖民地的国民革命。国民革命含有对内的民主革命和对外的民族革命两种意义。"② 陈独秀在这里把国民革命作为"一种特殊形式的革命"，未归入"无产阶级的社会革命"，这是从当时中国特殊的社会形态（半封建半殖民地社会）的特定历史阶段而言的。上述他对国民革命的看法是基本正确的。至"三大"期间，中共不仅明确提出了国民革命的口号，而且对国民革命运动的内容已经有比较全面的认识。

至此，关于国民革命根本任务的问题，孙中山、共产国际和共产党三方的看法已趋于一致。中共"三大"和国民党"一大"后，国共两党则把"国民革命"的口号付诸实践，共同进行一场空前规模的国民革命运动。

二、中共"三大"的召开

中国共产党第三次全国代表大会是党的历史上一次具有重大意义的会议。但它的召开却经历了一段时间的筹备，且会议内容也涉及多方面，包括有若干争论的内容。

（一）中共中央的南迁

中共诞生后，中共中央的驻地一直在上海。但是，随着形势的发展，这期间孙中山已在广州建立革命政府，并就任非常大总统，还与苏俄发生了密切联系，这为革命运动的开展提供了一个有利的条件。1921 年俄共（布）远东局海参崴分局和共产国际曾分别派代表维经斯基、马林先后到广州工作。1922 年春，共产国际执委会远东部派利金作为在华工作全权代表前来广州。他在工作中通过对广州的调查了解，认为："①现在在南方有广泛的合法条件；②在广州有最先进的工人运动；③最后，广州是国民党的活

---

① 中共中央党史研究室第一研究部译：《联共（布）、共产国际与中国国民革命运动》（1）（1920—1925），北京：北京图书馆出版社，1997 年，第 261 - 262 页。
② 《前锋》第 2 期，1923 年 12 月 1 日。

动中心。"并且,"在广州,青年团已发展成为一个很大的合法组织,约有团员 800 名"。① 于是,主张把中共中央局迁到广州。利金于 1922 年 5 月 20 日在给共产国际执委会远东部的报告中提出:"合法条件和广州工人运动的巨大规模,提供了同工人群众建立联系的可能性。这是我们的首要的和基本任务。""在共产主义小组(按:指中共)中央局迁到广州和整个工作重心集中在广州的情况下,这是完全可做到的。"② 利金在这里已明确提出两点建议:①把中共中央局迁到广州;②"把工作重点转移到广州"。这是目前发现最早提出把中共中央迁到广州的建议。这期间在南方工作的共产国际代表马林也曾提议把中共中央迁到广州。他的理由是:"党在华中和华北没有适当的基地,因为中国根本没有像样的工人运动,因此党应该把自己的活动重心转移到南方,那里有民族革命运动的土壤。"③ 但是,鉴于当时中共尚未加入共产国际,共产国际无权对中共行使指挥职能,加上其他未知因素,中共中央的南迁未能实现。

1922 年六、七月间,共产国际执委会主席季诺维也夫和共产国际执委会远东部主任维经斯基联名致中共中央的一封信中又建议中共中央迁至广州,认为"把中央委员会迁往广州,那是更适于广泛合法地开展工作的地方"④。同年 7 月 18 日,共产国际给中共中央发出命令说:"中国共产党中央委员会接短笺后,应据共产国际主席团 7 月 18 日决定,立即将驻地迁往广州并与菲力浦(按:即马林)同志密切配合进行党的一切工作。"⑤ 但是,由于受陈炯明炮打孙中山总统府事件的影响,广东的政局不稳定,所以,维经斯基于 8 月致信中共中央,要求推迟中央驻地南迁,并指出:"我们的工作中心向南方的转移,应该推迟到南方各种力量的对比更加明朗的时候。"⑥

1923 年春,孙中山从上海返回广州,建立陆海军大元帅大本营,广州的形势日趋好转。这时,中共中央决定把中央驻地迁往广州,但遭到维经斯基的反对。他连续写信给共产国际执委会东方部主任萨法罗夫,明确表示"反对将中央迁往广州"⑦。那么,

① 中共中央党史研究室第一研究部译:《联共(布)、共产国际与中国国民革命运动》(1)(1920—1925),北京:北京图书馆出版社,1997 年,第 94 页。
② 中共中央党史研究室第一研究部译:《联共(布)、共产国际与中国国民革命运动》(1)(1920—1925),北京:北京图书馆出版社,1997 年,第 95 页。
③ 中共中央党史研究室第一研究部译:《联共(布)、共产国际与中国国民革命运动》(1)(1920—1925),北京:北京图书馆出版社,1997 年,第 228 页。
④ 中共中央党史研究室第一研究部译:《联共(布)、共产国际与中国国民革命运动》(1)(1920—1925),北京:北京图书馆出版社,1997 年,第 117 页。
⑤ 中共中央党史研究室第一研究部编:《共产国际、联共(布)与中国革命文献资料选辑》(2)(1917—1925),北京:北京图书馆出版社,1997 年,第 321 页。
⑥ 中共中央党史研究室第一研究部译:《联共(布)、共产国际与中国国民革命运动》(1)(1920—1925),北京:北京图书馆出版社,1997 年,第 118 页。
⑦ 中共中央党史研究室第一研究部译:《联共(布)、共产国际与中国国民革命运动》(1)(1920—1925),北京:北京图书馆出版社,1997 年,第 234 页。

中共中央何时才真正迁到广州？有些论著认为，中共中央于 5 月由上海迁到广州。[1] 但据 1923 年 5 月 31 日马林致布哈林的一封信中说："4 月底我到广州一行。一来同孙中山建立联系，他控制着广东省的一部分地区；二来党的中央委员会已到广州。"[2] 由此可见，中共中央于 4 月已正式迁到广州，开始为"三大"的召开进行紧张的筹备工作。

（二）中共"三大"时间的确定

"三大"的开会时间曾几经改变才最后确定下来。这次会议最初拟在 1923 年 3 月底召开，不久又改在 4 月召开。就在这时间更改的过程中，3 月 24 日，维经斯基致信共产国际执委会东方部主任萨法罗夫表示：①反对中共中央迁往广州；②反对在广州召开"三大"，主张"三大"在北方召开。[3] 后来，中共中央又决定于 5 月在广州召开"三大"。3 月 27 日，维经斯基致信马林，表示同意并"想出席党的代表大会"。不过，由于会议的准备工作尚未就绪，又改为 6 月 10 日召开，并决定 6 月 20 日在广州召开中国劳动大会（实未能如期举行）。但是，到 6 月 10 日，有的省区的代表尚未来到广州，又把会期推迟两天。6 月 12 日，"三大"才正式开幕，至 20 日才结束。出席会议的代表 30 多人，代表全国党员 420 名。维经斯基未能出席大会，共产国际代表马林参加了大会。

（三）共产国际对"三大"的指示

据现在披露的档案材料和共产国际代表马林的笔记，共产国际有关国共合作（即共产党员加入国民党问题）和党的"三大"的指示主要有 3 次：一是 1922 年 8 月共产国际对中共中央在杭州举行的西湖会议的指示，但至今未发现有专门对这次会议的文字指示，只有当事人的回忆和《共产国际执行委员会给其派驻中国南方代表的指令》。共产国际的指示主要是要共产党员加入国民党建立联合战线。《指令》要求"共产党人应该支持国民党"，在国民党内积极开展工作。[4] 二是 1923 年 1 月 12 日共产国际执委会《关于中国共产党与国民党的关系问题的决议》。按时间推算，这个决议本应是对原定 3 月举行的"三大"的指示，但后来会议延期了。这个决议在分析了中国国内的政治形势后说："国民党与年轻的中国共产党合作是必要的"，"在目前条件下，中国共产党党员

---

① 见中共中央党史研究室著：《中国共产党历史（第一卷）》（上册），北京：中共党史出版社，2002 年，第 134 页注释；中共广州市委党史研究室编著：《中共广州地方史》，广州：广东人民出版社，1995 年，第 37 页；等等。

② 《共产国际、联共（布）与中国革命文献资料选辑》（2）（1917—1925），北京：北京图书馆出版社，1997 年，第 458 页。

③ 中共中央党史研究室第一研究部译：《联共（布）、共产国际与中国国民革命运动》（1）（1920—1925），北京：北京图书馆出版社，1997 年，第 234 页。

④ 中共中央党史研究室第一研究部编：《共产国际、联共（布）与中国革命文献资料选辑》（2）（1917—1925），北京：北京图书馆出版社，1997 年，第 324 页。

留在国民党内是适宜的","但是,这不能以取消中国共产党独特的政治面貌为代价。党必须保持自己原有的组织和严格集中的领导机构"。① 这个决议基本上是正确的。三是1923年5月《共产国际执行委员会给中国共产党第三次代表大会的指示》。这个指示的内容比较全面,不仅涉及国共关系问题,而且涉及革命领导权、工农联盟、农民问题、土地革命、反帝反封建斗争等问题。明确指出:"领导权应当归于工人阶级政党";"共产党作为工人阶级政党,应当力求实现工农联盟";"在中国进行民族革命和建立反帝战线之际,必须同时进行反对封建主义残余的农民土地革命","全部政策的中心问题乃是农民问题"。② 所有这些,对于中国共产党和"三大"都有具体的实际指导意义。但是,据(俄)格卢宁《共产国际和中国共产主义运动的形成》一文考证,这个指示由于在途中耽搁了时间,在"三大"结束后于7月18日才到上海。所以说,"三大"会议只能是主要根据此前共产国际的指示和共产国际代表传达的指示进行讨论。

(四)"三大"的中心议题与争论

中共"三大"的中心议题是讨论和确定共产党员以个人身份加入国民党,实行国共合作,建立反帝反封建的革命统一战线,发动和推进国民革命。这个议题经过会议的讨论,达到预期的目的。如果说,党的每一次代表大会都有耀眼的亮点的话,那么,确立革命统一战线的方针政策就是"三大"最大的亮点。这个亮点在《第三次全国大会宣言》和《关于国民运动及国民党问题的决议案》中得以集中体现。会议还通过了党纲草案、《劳动运动议决案》、《农民问题议决案》、《青年运动议决案》、《妇女运动议决案》等和《中国共产党第一次修正章程》。

陈独秀在大会作了报告。他总结了"二大"以来的工作,肯定了成绩,阐述了国共关系和联合战线的新进展,指出"我们始终是反对军阀的","我们是在'打倒帝国主义和军阀'的口号下工作的"。同时,也指出党内存在的问题,包括某些地方党组织和个别领导干部和党员存在的问题,如"很少注意农民运动和青年运动,也没有在士兵中做工作",等等,以及"我们党内存在着严重的个人主义倾向",特别指出张国焘"在党内组织小集团,是个重大的错误"。③ 由于目前发现的这个报告不是原件,而是从俄文翻译过来的,所以未能见其原稿全貌。但从总体而言,这个报告比较松散,特别是未能提出无产阶级对革命运动的领导权问题,这不能不说是一个缺陷。曾有一种观点认为,"三大"主要是讨论与决定和国民党合作的问题,而不是"争"领导权问题,如果

---

① 中共中央党史研究室第一研究部编:《共产国际、联共(布)与中国革命文献资料选辑》(2)(1917—1925),北京:北京图书馆出版社,1997年,第436页。

② 中共中央党史研究室第一研究部编:《共产国际、联共(布)与中国革命文献资料选辑》(2)(1917—1925),北京:北京图书馆出版社,1997年,第456页。

③ 中共中央党史研究室第一研究部编:《共产国际、联共(布)与中国革命文献资料选辑》(2)(1917—1925),北京:北京图书馆出版社,1997年,第486－489页。

提及"三大"不提出无产阶级领导权问题,那是不公正的。对于这个问题,笔者认为,中国共产党是以领导中国革命为重任的政党,"三大"是一次全国代表大会,作为一个担负历史重任的政党,在党内会议上提出无产阶级领导权,是重任所托,是革命所需,是完全必要的。"三大"并非共产党与国民党的联席会议,如果在国共两党的联席会议上提出"领导权"问题,这起码在策略上是不明智的,也是不利于两党合作共同奋斗的。不过,"三大"是党处在幼年时期召开的一次大会,不能要求成立仅三年的党对中国革命所有重大问题都有明确的认识。从这个意义上,"三大"存在的某些缺陷是可以理解的。但作为总结党(包括"三大")的历史经验,指出无产阶级领导权问题是极其必要的。

大会围绕中心议题进行讨论时产生了激烈的争论,主要集中在国共合作、国民革命和农民问题等。

1. 关于国共合作问题

这个问题是讨论最热烈和争论最激烈的问题。陈独秀认为,我们应该加入国民党,"国民运动非常高涨时,我们才能加入国民党,这是机会主义思想,我们的责任是为开展国民运动而工作","只有国民党才能容纳那些半革命的资产阶级,小资产阶级,农民和无产阶级,没有其他途径"。[1] 他还认为,我们支持国民党,但"反对国民党的纯军事活动,反对它与帝国主义列强及其封建代理人的勾结。持这样的立场我们就能推进革命宣传和革命活动,我们促使国民党把国民运动领导起来"[2]。李大钊、毛泽东也持这种观点。马林认为,"靠我们坚决支持国民革命运动的发展使国民党这个国民革命的政党得以发展——这样我们就把全中国的力量动员起来,它们将在反对世界帝国主义的国际斗争中做出重要贡献"[3]。马林和陈独秀的上述看法基本是正确的,但也有偏差。这主要是对共产党和无产阶级的地位和作用未能给予足够的估计,也未能提出无产阶级领导权问题,但这可以理解为是受了共产国际提出的"工人阶级尚未分化为一支完全独立的社会力量"这一观点的影响所致。不过,据现有档案材料,并未发现陈独秀或马林提出"一切工作归国民党"的概念和口号。据查,这一口号最早是在蔡和森《中国共产党史的发展(提纲)——中国共产党的发展及其使命》中出现的。他在讲到"三大"争论时说:"这时马林提出'一切工作到国民党去'的口号,甚至不要共产党的右倾主张,仲甫是赞成的。"[4] 后来,蔡和森在党的第六次代表大会上讨论政治报告时的发言

---

① 中共中央党史研究室第一研究部编:《共产国际、联共(布)与中国革命文献资料选辑》(2)(1917—1925),第 474 页。

② 中共中央党史研究室第一研究部编:《共产国际、联共(布)与中国革命文献资料选辑》(2)(1917—1925),第 466 页。

③ 中共中央党史研究室第一研究部编:《共产国际、联共(布)与中国革命文献资料选辑》(2)(1917—1925),第 467 页。

④ 见《中共"三大"资料》,广州:广东人民出版社,1985 年,第 142 页。

中又提到“三大”争论问题，说：“马林的意见，只要孙中山能接受反帝国主义的口号，什么东西都可以归给国民党，因此有一切工作归国民党的口号。”① 蔡和森在“三大”的主张和他在后来批判“陈独秀主义”的言辞，似有过偏成分，尤其说马林、陈独秀“不要共产党”，更是不符合事实。从马林的笔记和瞿秋白、毛泽东、张国焘、徐梅坤等“三大”代表的回忆，均无提及马林和陈独秀提出“一切工作归国民党”的口号。可以认为，这一口号也许是蔡和森事后概括的，也未必是马林和陈独秀的原意。

在讨论国共合作问题时，瞿秋白认为，“国民党的发展，并不意味着牺牲共产党。相反，共产党也得到自身发展的机会”②。李大钊认为，“过去和将来国民运动的领导因素都是无产阶级，而不是其他阶级”。“由于这个原因，我们不要害怕参加国民运动，我们应站在运动的前列。”③ 瞿秋白、李大钊的这些观点是十分正确的，但在我们以往的研究中尚未引起足够的重视。

在讨论中，蔡和森认为，加入国民党的问题，“等国民党情况好转时，我们再加入”④。他还“设想建立一个独立的工人党”，“极力坚持关于工人党的思想，他力图证明中国的大资产阶级对国民革命没有价值”⑤。这些观点显然是十分幼稚的，也是不正确的。后来他在回顾“三大”时曾作了自省，说：“特别是我的左稚病，当时我说的话最多，偏于认定资产阶级革命作用是怎样薄弱的，是怎样没有力量的，这当然是错误的了。”⑥ 但是，蔡和森也提出，“在统一战线中无产阶级如果不能掌握领导权，至少应拥有部分领导权”⑦。他这种重视领导权的思想是可取的。张国焘在讨论中认为，“发展共产党的唯一途径是独立行动，而不是在国民党内活动”。又说：“也许我们是错误的，但我们宁可保持左，左的错误比右的错误容易改正。希望这次会议将通过略左一点的决定。”⑧ 张国焘这一观点是完全错误的。为什么在中共历史上多次出现“左”倾错误，甚至认为“左”比右好？由此可以看出一点端倪。

① 见《中共“三大”资料》，广州：广东人民出版社，1985 年，第 152 页。

② 中共中央党史研究室第一研究部编：《共产国际、联共（布）与中国革命文献资料选辑》（2）（1917—1925），第 469 页。

③ 中共中央党史研究室第一研究部编：《共产国际、联共（布）与中国革命文献资料选辑》（2）（1917—1925），第 470 页。

④ 中共中央党史研究室第一研究部编：《共产国际、联共（布）与中国革命文献资料选辑》（2）（1917—1925），第 474 页。

⑤ 中共中央党史研究室第一研究部编：《共产国际、联共（布）与中国革命文献资料选辑》（2）（1917—1925），第 463 页。

⑥ 见《中共“三大”资料》，广州：广东人民出版社，1985 年，第 152 页。

⑦ 中共中央党史研究室第一研究部编：《共产国际、联共（布）与中国革命文献资料选辑》（2）（1917—1925），第 473 页。

⑧ 中共中央党史研究室第一研究部编：《共产国际、联共（布）与中国革命文献资料选辑》（2）（1917—1925），第 476 页。

2. 关于国民革命问题

马林、陈独秀、李大钊等都赞同共产国际提出的"国民革命是我们共产党人的中心任务"这个观点。而毛泽东提出："在中国，资产阶级革命行不通"，"资产阶级不能领导这个运动（按：指国民革命运动）"。这一看法是对的。但他又说："不推翻资本主义国家的资产阶级，国民革命不可能出现。所以中国的国民革命只能在世界革命后进行。"① 这种观点显然与当时的革命实际不相符合，所以，随着革命形势的发展，他很快修正了自己的观点。

3. 关于农民问题

农民问题虽然提上了党的议事日程，但在大会上并未展开深入的讨论。在这个问题上，毛泽东是有贡献的。据与会者张国焘、徐梅坤等回忆，这个问题是毛泽东首先提出来的。毛泽东认为，中国历代的造反和革命，每次都是以农民暴动为主力。所以，中国革命，农民问题是最重要的。因此，我们党应该特别注意农民运动，把全中国的广大农民发动起来，中国革命就会出现一个崭新的局面。② 可是，在讨论中，确有一部分代表对农民问题并没有给予足够的重视。在《党纲草案》中虽提出，"农民当占中国人口百分之七十以上，占非常重要的地位，国民革命不得农民参与，也很难成功"，并提出了减租问题，但没有提出农民的土地问题、农民政权和农民武装问题等。尽管如此，会议经过讨论，最终通过了中共历史上第一个《农民问题议决案》。

"三大"就有关问题展开激烈的争论，是党内生活的正常现象，也是党内民主的重要体现。争论双方，正确的观点姑且不论，就是错误的观点，大多均属于认识问题，并未形成系统的错误理论。因此，我们应从当时的历史条件加以具体的分析，以求作出正确的评说。总之，"三大"是党的历史上一次极其重要的会议，其意义在于：第一，确定了反帝反封建的革命统一战线的方针；第二，树起了国民革命的旗帜；第三，第一次把农民问题摆上党的议事日程；第四，开创了崭新的政治局面，是中国革命进入新的历史阶段的新起点；第五，为中国革命的胜利提供了一个重要的法宝。这就是说，"三大"确立的革命统一战线的思想，贯穿了党的整个历史发展过程，贯穿了中国革命和建设的各个历史时期，无论在理论上还是在实践上都闪烁着夺目的光辉。

【作者简介】

黄振位，广东省社会科学院研究员。

---

① 中共中央党史研究室第一研究部编：《共产国际、联共（布）与中国革命文献资料选辑》（2）（1917—1925），第 470 页。

② 参阅张国焘：《我的回忆》（第六篇第二章），香港：民报月刊出版社，1971 年；《徐梅坤关于"中共三大"问题谈话纪要》（未刊稿）。

纪念活动与中共抗战动员[*]

陈金龙

抗日战争时期，中共为纪念三八、五一、五四、七一等重要节日以及七七抗战、辛亥革命、十月革命等重大事件，举行了系列活动，既表达了对历史的尊重和缅怀，强化了历史记忆；又表达了中共抗战主张，有效实施了抗战动员。纪念活动是中共抗战动员的重要平台和载体，本文拟就纪念活动中的抗战动员目标、方式、效能作一初略探讨。

一、纪念活动中的抗战动员目标

抗日战争时期，中共借助纪念活动进行抗战动员，其目的在于凝聚全民族力量，协调各党派关系，赢得国际社会对中国抗战的支持。

1. 凝聚全民族力量共同抗战

1938 年后，每逢七七纪念，中共都要发表通电、宣言或者口号，以动员、集中全民族力量共同抗战。1938 年 7 月 6 日，中共中央为抗战一周年致电蒋介石及全国抗战将士，号召全国同胞"进一步精诚团结，有力出力，有钱出钱，积极援助前线，一切服从抗战，为民族国家之最后解放奋斗到底"[①]。这是中共全面抗战主张的重申，也是中共抗战动员基本立场的表达。1939 年 7 月 7 日，中共中央为抗战两周年纪念发表对时局宣言，号召全国同胞、将士"坚持抗战，动员一切人力、财力、物力，展开全民族的全面的抗战！"[②] 这是抗战进入相持阶段后全民族抗战的总动员。除七七纪念外，中共借助其他纪念活动，也发出全民族抗战的呼声。1939 年 5 月 1 日，毛泽东在《五四运动》

* 本文系中宣部文化名家暨"四个一批"人才工程资助项目"纪念活动与中共历史记忆的建构"的阶段性成果。原载于《广东社会科学》2015 年第 5 期。

① 中共中央文献研究室、中央档案馆编：《建党以来重要文献选编》（第 15 册），北京：中央文献出版社，2011 年，第 495 页。（以下凡引自本选编者，编者、出版社从略）

② 《建党以来重要文献选编》（第 16 册），第 440 页。

一文中强调:"全国民众奋起之日,就是抗日战争胜利之时。"[1] 这一表达,说明民众抗战与抗战胜利的内在关系,阐释民众投身抗战的意义。

在抗战动员过程中,中共善于利用纪念活动与动员对象的契合,对军人、工人、青年、妇女分别进行动员。军人是抗日的中坚,抗战一周年纪念时,中共中央赞扬全国抗日将士"英勇奋战",并希望其能"再接再厉,坚持抗战"。[2] 中共中央为纪念抗战两周年发表对时局宣言时,向前方数百万将士表达了崇高敬意。1944 年 7 月 6 日,中共中央发布抗战七周年纪念口号,要求全国军队"积极作战,加强团结,粉碎敌人的新进攻"[3]。这是借助七七纪念对全国军人实施的抗战动员。工农是抗日的主力,中共注意利用五一纪念对工人进行抗战动员。1938 年 5 月 1 日,周恩来为《新华日报》五一纪念专刊题词:"全中国工人阶级在抗战中来纪念'五一',实具有两方面的意义,一方面全中国工人阶级应努力于民族解放以谋自身的解放,另一方面应联合全世界工人阶级反抗暴日的侵略以保障世界和平。"[4] 这里与其说阐释了五一纪念的意义,不如说阐明了工人阶级在抗战中的使命。1939 年 4 月 12 日,《中共中央关于开展职工运动与"五一"工作的决定》提出:"中国工人阶级过去现在都站在民族解放运动的先锋地位",抗战以来的事实表明,"中国工人阶级是最觉悟的并且是抗战中重要力量之一"。中共中央要求各地党部"参加或组织五一的大会、纪念会、座谈会,解释五一的意义与工人阶级在抗战中的作用,进行组织工人及领导工人参战的各种工作"。[5] 肯定工人阶级的历史地位、阶级觉悟,其目的在于激发工人参加抗战。青年是抗日的先锋,1938 年 5 月 4 日,毛泽东出席延安青年纪念五四晚会并发表讲话,号召青年打倒日本帝国主义,为建立独立、自由、幸福的新中国而奋斗。五四运动 20 周年纪念时,毛泽东强调:"现在的抗日战争,是中国革命的一个新阶段,而且是最伟大、最活跃、最生动的一个新阶段。青年们在这个阶段里,是负担了重大的责任的。"[6] 他希望青年到工农民众中去,变为工农民众的宣传者和组织者。妇女是抗战不可缺少的力量,1938 年 3 月 15 日,《新中华报》发表毛泽东的题词:"妇女在抗战中担负了重大的责任,必须把妇女群众组织起来,必须有大批的妇女干部领导妇女工作。"[7] 让妇女明了肩负抗战责任,其意在提升妇女的抗战热情。1939 年 3 月 8 日,毛泽东在延安纪念三八妇女节大会上指出:

---

① 《建党以来重要文献选编》(第 16 册),第 193 页。

② 《建党以来重要文献选编》(第 15 册),第 495 页。

③ 《建党以来重要文献选编》(第 21 册),第 367 页。

④ 中共中央文献研究室编:《周恩来年谱(1898—1949)》,北京:中央文献出版社,1998 年,第 420 - 421 页。

⑤ 《中共中央关于开展职工运动与"五一"工作的决定》,《解放》第 70 期(1939 年 5 月 1 日),第 6 页。

⑥ 《建党以来重要文献选编》(第 16 册),第 286 页。

⑦ 中共中央文献研究室编:《毛泽东年谱(1893—1949)》(中卷),北京:中央文献出版社,2013 年,第 58 页。

"世界上的任何事情，要是没有女子参加，就做不成气。我们打日本，没有女子参加，就打不成。"他号召妇女"参加男女合起来的团体，组织妇女自己的团体，参加自卫军等等"，以在民族自卫战争中"表现出她们应有的力量"①。毛泽东的这番讲话，旨在动员妇女参加抗战，在抗战中争取妇女的自由与平等。三八妇女节是国际性节日，中共力图利用这一特点，以唤起国际妇女界对中国抗战的关注，形成世界妇女的反帝反战联合。1941 年 2 月 5 日，《中共中央关于三八妇女节工作的指示》提出，在反对世界帝国主义大战、保护妇女切身利益等口号之下，进行抗日动员，并主张通电苏、日、英、美、德、法、意、印、朝及南洋等各地妇女，号召共同实行反帝反战的战斗②。

2. 协调各党派关系共同抗日

抗日战争时期，国共两党既有合作，也有冲突。为维护国共两党的合作关系，化解合作中的矛盾和冲突，中共注意利用纪念活动协调国共两党关系。1939 年 7 月 7 日，乘抗战两周年纪念之时，中共中央发表致国民党书，分析抗战局势，说明如何支持长期抗战的具体方针，强调"全民族的团结系于各党派的合作，各党派合作的中心，决定于国共两党的关系"③。1943 年 7 月 1 日，《解放日报》为纪念中共成立 22 周年发表社论指出："根据历史证实了的经验，我们认为，如能加强国共两党的团结，抗战中的一切困难即可迎刃而解。"④ 如此，中共借助纪念活动表达了国共两党团结抗战、合作抗战的愿望。

为维系国共两党的团结，中共一方面强调继承孙中山的遗产，另一方面表达对蒋介石的推崇。1938 年 3 月 12 日，毛泽东在纪念孙中山逝世 13 周年及追悼抗敌阵亡将士大会上发表讲话，认为孙中山的伟大，在于三民主义纲领、统一战线政策、艰苦奋斗精神，认为这是"孙先生留给我们的最中心最本质最伟大的遗产，一切国民党员，一切共产党员，一切爱国同胞，都应接受这个遗产而发扬光大之"⑤。毛泽东强调继承、光大孙中山的遗产，其意在为国共两党合作提供基本遵循，以维护国共两党合作关系。1939 年 3 月 12 日，毛泽东出席延安纪念马克思、孙中山晚会并讲话，认为马克思主义和三民主义在唤起民众和联合世界上以平等待我之民族以求达到中国之自由平等上基本上是相通的，国共应该很好地团结，长期合作⑥。毛泽东试图通过说明马克思主义和三民主义的相通，为国共两党合作提供理论依据、学理支撑。与此同时，中共尽力维护蒋介石

---

① 中共中央文献研究室编：《毛泽东文集》（第 2 卷），北京：人民出版社，1993 年，第 167 页。

② 《建党以来重要文献选编》（第 18 册），第 91 - 92 页。

③ 《建党以来重要文献选编》（第 16 册），第 460 页。

④ 《建党以来重要文献选编》（第 20 册），第 378 页。

⑤ 中共中央文献研究室编：《毛泽东文集》（第 2 卷），北京：人民出版社，1993 年，第 112 - 113 页。

⑥ 中共中央文献研究室编：《毛泽东年谱（1893—1949）》（中卷），北京：中央文献出版社，2013 年，第 117 页。

的领袖地位。抗战一周年纪念时，中共中央肯定蒋介石有"统筹全局"之功。① 1938 年 9 月 18 日出版的《解放》第 52 期发表时评，既表达了对南京国民政府的不满，又表示不能动摇拥护蒋介石与拥护政府坚持抗战到底的方针，"我们将以极端诚恳的态度，帮助蒋委员长与政府克服一切困难，坚持抗战到最后胜利"②。经历皖南事变之后，中共仍表达了对蒋介石的推崇，要求"共产党人与全国人民均应该拥护国民政府与蒋委员长领导抗战到底"③，并且提出："蒋委员长不仅是抗战的领导者，而且是战后新中国建设的领导者"④ 这一承诺，进一步提升了蒋介石的地位。应当说，抗日战争时期，国共两党关系的维持，与中共采取的上述策略不无关系。

除协调国共两党关系外，中共注意利用纪念活动协调中共与民主党派的关系。抗战三周年纪念时，毛泽东在《团结到底》一文中表示："我们主张统一战线政权，既不赞成别的党派的一党专政，也不主张共产党的一党专政，而主张各党、各派、各界、各军的联合专政，这即是统一战线政权。"⑤ 这一关于政权建设的构想，留下了民主党派生存的空间，赢得了民主党派的认同。抗战五周年纪念时，中共中央进一步申明："中国各抗日党派不但在抗战中应是团结的，而且在战后也应是团结的"，我们愿尽自己的能力"来与国民党及各抗日党派商讨争取抗战最后胜利及建设战后新中国的一切有关问题"。⑥ 从这里，各民主党派可感知中共的诚意与中共对待民主党派的基本态度，有助于强化中共与各民主党派的合作。

3. 赢得国际社会对中国抗战的支持

中华民族的抗日战争，是世界反法西斯战争的东方主战场。为协调中苏关系，赢得苏联对中国抗战的支持，中共利用十月革命、苏联红军建军纪念，表达了对苏联及苏联红军的推崇，肯定了苏联对于世界反法西斯战争胜利作出的贡献。1939 年 2 月 16 日，为纪念苏联红军创立 21 周年，应苏联《真理报》之约，毛泽东撰写《中国军队应当学习苏联红军的经验》一文，称赞苏联红军"具有坚强的技术装备，深厚的军事素养，正确的政治工作，不但早已成为保卫社会主义苏联的柱石，而且早已成为保卫世界和平反对法西斯侵略的中坚力量，成为全世界任何真正愿意反抗法西斯侵略的武装部队的模范"⑦。这番溢美之词，有基本的事实支撑，也为后来世界反法西斯战争的胜利所证实。同年 9 月 28 日，毛泽东应中苏文化协会之约，为纪念十月革命 22 周年撰写《苏联利益和人类利益的一致》一文，坚定站在苏联一边，澄清国际社会对苏联的误解，为苏联提

① 《建党以来重要文献选编》（第 15 册），北京：中央文献出版社，2011 年，第 495 页。
② 《纪念"九一八"巩固国内团结》，《解放》第 52 期（1938 年 9 月），第 1 页。
③ 《建党以来重要文献选编》（第 18 册），第 638 页。
④ 《建党以来重要文献选编》（第 19 册），第 357 页。
⑤ 《毛泽东选集》（第 2 卷），北京：人民出版社，1991 年，第 760 页。
⑥ 《建党以来重要文献选编》（第 19 册），第 356－357 页。
⑦ 毛泽东：《中国军队应当学习苏联红军的经验》，《八路军军政杂志》1939 年第 3 期，第 1 页。

供了舆论上的支持。毛泽东强调，苏联的利益与人类大多数的利益一致，"苏联的利益和中国民族解放的利益决不会互相冲突，而将是永久互相一致"①。斯大林格勒战役是第二次世界大战的转折点，1942 年 11 月 7 日，《解放日报》发表毛泽东的《祝十月革命二十五周年》一文，充分肯定苏联在世界反法西斯战争中的地位，认为"斯大林格勒的红军战士做出了有关全人类命运的英雄事业"②。1944 年 11 月 7 日，毛泽东同朱德设宴庆祝十月革命 27 周年。出席宴会的有苏联、美国、英国的来宾，在延安的国际友人及延安各界人士百余人。席间，毛泽东举杯庆祝同盟国反法西斯战争的胜利和苏联红军的胜利。③

在七七纪念的过程中，中共为赢得苏联对中国抗战的支持，同样表达了对苏联的推崇和赞许。1940 年 7 月 7 日，中共中央为纪念抗战三周年发表对时局宣言，认定苏联"才是全世界被压迫人民与被压迫民族的真正援助者。中国抗战的可靠的朋友，正是苏联与全世界人民"④。这是基于苏联社会主义建设成就与社会主义国家性质作出的判断。1941 年 7 月 7 日，中共中央为纪念抗战四周年发表宣言指出："苏联人民所进行的战争，不但是保卫苏联的，而且是保卫中国，保卫一切民族之自由独立的。苏联的成败，即是中国的成败，即是一切民族之民主与自由、独立与解放、公理与正义、科学与光明的成败。"⑤ 这里既肯定了苏联卫国战争的世界意义，也说明了苏联卫国战争成败对于中国抗日战争的深刻影响。1943 年 7 月 1 日，毛泽东出席中央办公厅举行的纪念中国共产党成立 22 周年和抗战六周年干部晚会，对苏联在世界反法西斯战争中的地位给予了高度评价。他说："现在它变成了全世界人类反法西斯战争的主角。没有苏联红军、苏联人民和苏联领导者斯大林，没有斯大林格勒一战，人类的命运就还在不可知之数。"⑥ 这种评价，将苏联的作用提到了关系人类命运的高度，对于中苏关系协调及争取苏联对中国抗战的援助，应有积极意义。

除协调中苏关系外，中共还注意利用纪念活动协调与英、美等国的关系。中共中央发表抗战四周年纪念宣言时，"按照毛主席的布置，这篇宣言的主旨是'拉英美蒋反德意日'，体现我党力主团结的方针，但对蒋介石的反共政策也有所批评"⑦。根据国际形势的变化，宣言提出了十项主张，其中第一项就是"拥护国际反法西斯阵线，促进中、苏、英、美及其他一切反对法西斯的国家民族一致联合，反对德、意、日法西斯同

---

① 《建党以来重要文献选编》（第 16 册），第 651 页。

② 《建党以来重要文献选编》（第 19 册），第 514 页。

③ 中共中央文献研究室编：《毛泽东年谱（1893—1949）》（中卷），北京：中央文献出版社，2013 年，第 478 – 479 页。

④ 《建党以来重要文献选编》（第 17 册），第 384 页。

⑤ 《建党以来重要文献选编》（第 18 册），第 486 – 487 页。

⑥ 中共中央文献研究室编：《毛泽东文集》（第 3 卷），北京：人民出版社，1996 年，第 30 页。

⑦ 《胡乔木回忆毛泽东》，北京：人民出版社，1994 年，第 157 页。

盟"①。1944 年 7 月 4 日，为庆祝美国独立 168 年，毛泽东和朱德设宴招待在延安的美国侨民和中外记者团；延安各界在王家坪大礼堂举行庆祝晚会，周恩来在会上讲话，赞扬美国国内团结、民族团结的精神。② 由此看来，中共借助纪念活动协调与英、美等国关系的意图明确。

可见，中共将抗战动员融入了抗战时期的纪念活动之中，充实了纪念活动的内涵，赋予纪念活动新的价值。

二、纪念活动中的抗战动员方式

抗日战争时期，中共借助纪念活动呈现日军暴行、诠释抗战建国方针、升华历史经验、批判投降妥协倾向、弘扬民族精神、彰显中国抗战地位、展示抗战胜利前景，表达了抗战主张，实施了抗战动员。

1. 通过呈现日军暴行实施动员

侵华日军在中国各地实施的烧杀淫掠等暴行，给中华民族带来了痛苦和灾难，将其呈现在国人、世人面前，可唤起民族觉醒，激发抗战热情。1938 年 6 月 30 日，《新中华报》发表述评文章，系统描述了自七七事变至 1938 年 6 月日军在中国各地的暴行。文章开头写道："日寇一年来在我国的种种暴行，决不是笔墨所能形容的。"③ 字里行间，流露了中华民族的愤怒。在《论持久战》的演讲中，毛泽东批判了日军"特殊的野蛮性"④，揭露了日军在中国所实施的物质掠夺和精神摧残。1939 年 9 月，延安时事问题研究会搜集整理中外报刊、书籍、报告等方面的资料，编辑出版《日本帝国主义在中国沦陷区》一书，集中反映了日军在沦陷区的战争暴行与侵略事实。1942 年 7 月 7 日，中共中央告抗日根据地全体党员和八路军新四军将士书指出："五年来日本强盗占领了我们很多的土地，烧掉了我们很多美丽的村庄，杀掉了我们很多的同胞，强奸了我们很多的姊妹，抓走了我们很多的壮丁，我们的田园荒芜了，我们的亲戚朋友死掉了，万恶的日寇打破了中国人民原来的和平生活，使我们不能不忍受长期战争的苦痛。"⑤ 这种对于日军暴行所进行的概括式、全景式扫描，燃起了中华民族抗日的怒火，使抗日成为全民族的自觉行动。

2. 通过诠释抗战建国方针实施动员

抗战方针指引抗战方向、关系抗战成败，让民众认知和认同抗战方针，是抗战动员

① 《建党以来重要文献选编》（第 18 册），第 488 页。

② 中共中央文献研究室编：《周恩来年谱（1898—1949）》，北京：中央文献出版社，1998 年，第 591 页。

③ 《日寇一年来的暴行》，《新中华报》，1938 年 6 月 30 日。

④ 《毛泽东选集》（第 2 卷），北京：人民出版社，1991 年，第 448 页。

⑤ 《建党以来重要文献选编》（第 19 册），第 362 页。

不可缺少的内容。中共借助纪念活动，阐释了全面抗战、持久抗战、团结抗战等系列抗战方针。毛泽东在《论持久战》的演讲中，全面分析了中日战争所处的时代和中日双方的基本特点，阐释了持久抗战的总方针。毛泽东在为纪念五四运动 20 周年而撰写的文章中，对抗日民族统一战线政策进行了诠释。他指出："革命的根本政策是抗日民族统一战线，这个统一战线的组织成分是一切抗日的工、农、兵、学、商。抗日战争最后胜利的取得，将是在工、农、兵、学、商的统一战线大大地巩固和发展的时候。"① 抗日民族统一战线服务于团结抗战，是团结抗战方针的政策支持。1943 年 7 月 2 日，中共中央为纪念抗战六周年发表的宣言强调，"抗日战争应该是始于团结，终于团结，团结是全国人民抗日的基础，也是全世界人民反法西斯的基础"②。团结抗战的重要性，由此可见一斑。借助纪念活动，中共阐释了抗日根据地政权实行的系列政策。如毛泽东在《团结到底》一文中，向全国公布了中共的"三三制"主张，并对根据地的劳动政策、土地政策、税收政策、锄奸政策、人民权利政策、经济政策、军事政策等，作了规定和论述。③ 借助纪念活动，中共还阐释了战后国家建设的构想。中共中央为纪念抗战五周年发表的宣言，对战后中国的国家形象进行了设计。宣言指出：战后的中国，应当是独立的、统一的、和平的、民主的、民生幸福的、经济繁荣的中国，应当是各党派合作经过人民普选的民主共和国。④ 这里描绘了新中国的雏形，为抗战动员增添了新的元素。1944 年 10 月 10 日，周恩来在延安各界举行的双十节庆祝大会上发表题为《如何解决》的演说，针对正面战场节节败退的局面，指出挽救目前危机的唯一正确方案是由国民政府立即召集全国各方代表开紧急国事会议，取消国民党一党专政，成立各党派联合政府。⑤ 中共关于战后国家建设的构想，反映了民众诉求，体现了民众愿望，有利于调动民众参与抗战的积极性。

3. 通过升华历史经验实施动员

现实由历史发展而来，历史对现实具有启迪作用和借鉴意义。中共实施抗战动员时，注意结合历史经验、历史智慧来阐明抗战道理。毛泽东在《青年运动的方向》一文中，对辛亥革命以来的历史经验进行了总结，指出之所以不能完成反帝反封建的任务，主要原因在于"全国人民没有充分地动员起来，并且反动派总是反对和摧残这种动员"。基于这一判断，毛泽东告诫青年："只有动员占全国人口百分之九十的工农大众，才能战胜帝国主义，才能战胜封建主义。现在我们要达到战胜日本建立新中国的目的，

---

① 《毛泽东选集》（第 2 卷），北京：人民出版社，1991 年，第 559 页。

② 《建党以来重要文献选编》（第 20 册），第 387 页。

③ 《胡乔木回忆毛泽东》，北京：人民出版社，1994 年，第 128 页。

④ 《建党以来重要文献选编》（第 19 册），第 356 页。

⑤ 中共中央文献研究室编：《周恩来年谱（1898—1949）》，北京：中央文献出版社，1998 年，第 598 页。

不动员全国的工农大众，是不可能的。"① 这就借助辛亥革命之后的历史经验，说明了实行全面抗战的必要性。1943年7月1日，《解放日报》刊发社论《中国共产党与中华民族》，通过总结中共成立22年的历史经验指出："我们民族的盛衰，系于国共两党的政策，及两党之间的相互关系。" 两党的政策正确，"两党的关系就好，中华民族就强盛，中国的国际地位就抬高"；反之，"中华民族立即衰弱下来，中国的国际地位也就立即降低"。② 社论通过勾勒国共两党关系与民族盛衰、国际地位变化的轨迹，说明了国共两党团结抗战的重要性，以历史诠释了现实。

4. 通过批判投降妥协倾向实施动员

抗日战争时期，国民党内亲日派一直主张投降妥协，1938年12月，国民党副总裁汪精卫逃抵河内，公开投降日本；抗战进入相持阶段后，由于日本的诱降和英、美对日本侵略采取绥靖主义政策，国民党内亲英、美派也表现出妥协退让倾向。1939年6月30日，毛泽东为纪念抗战两周年撰写《反对投降活动》，批判了"和则存，战则亡"的论调，认为投降是当前主要危险，呼吁全国一切爱国党派和同胞"反对投降和分裂"。③

与投降妥协倾向共生的是国民党的反共倾向，张闻天为纪念中共成立18周年撰写《在民族自卫战最前线的岗位上》一文，在批判投降妥协倾向的同时，指出"防共反共"是投降妥协的实际准备。④ 1939年7月7日，中共中央发表致国民党书，分析了中途妥协与内部分裂危险产生的根源，指出"反共实为诱降、劝降、投降之实际准备"。⑤ 1940年3月30日，以汪精卫为首的一小撮民族败类在南京成立伪"国民政府"，并被日本侵略者指定为全国性政权。随后，中共中央为纪念抗战三周年发表对时局宣言，指出面临"空前投降危险"，强调"任何投降阴谋必须反对，任何投降分子必须同他奋斗到底"。⑥ 投降妥协倾向的遏制，坚定了全民族抗战的决心。

5. 通过弘扬民族精神实施抗战动员

抗日战争是一场军事实力和经济实力的较量，更是一场意志和精神的较量，民族精神是支撑中国抗战的重要力量。中共在进行抗战动员时，注意阐发纪念对象所蕴含的精神品格，诠释民族精神的时代内涵，以此激发全民族抗战的勇气。1937年10月19日，毛泽东在延安陕北公学纪念鲁迅逝世周年大会上发表讲话，号召学习鲁迅的政治远见、斗争精神、牺牲精神，"把它带到全国各地的抗战队伍中去，为中华民族的解放而奋斗"⑦。毛泽东在纪念孙中山逝世13周年及追悼抗敌阵亡将士大会上发表讲话时强调，

---

① 《建党以来重要文献选编》（第16册），第284页。
② 《建党以来重要文献选编》（第20册），第374页。
③ 《建党以来重要文献选编》（第16册），第409－412页。
④ 《建党以来重要文献选编》（第16册），第418页。
⑤ 《建党以来重要文献选编》（第16册），第456页。
⑥ 《建党以来重要文献选编》（第17册），第385页。
⑦ 《建党以来重要文献选编》（第14册），第593页。

中华民族是富于民族自尊心与人类正义心的伟大民族，为了反对侵略，维护民族尊严与人类正义，我们的方法就是战争与和平。这是对中华民族自强不息、敢于牺牲精神的具体诠释。中共中央为纪念抗战两周年发表对时局宣言时指出："伟大的民族战争，摧毁着千百年遗留下来的阻碍我民族前进与发展的许多障碍，锻炼了全民族的精诚团结、进步统一，发扬了忠勇奋发威武不屈的精神，唤起了全世界的同情和景仰，粉碎了日寇速战速决的狂妄企图，奠定了继续抗战争取最后胜利之始基，开创了独立自由幸福的新中国的远景。"① 这里实际上阐明了精诚团结、进步统一、忠勇奋发、威武不屈的民族精神对于争取抗战胜利的意义。中共中央为纪念抗战五周年发表宣言时申明："五年中我们中国人民表现了无限的英勇、坚忍、刻苦、耐劳、不怕牺牲、不怕困难的精神。"② 这里既揭示了抗战精神的内涵，也说明了民族精神对于抗战的支撑作用。

6. 通过彰显中国抗战地位实施动员

中国抗日战争是世界反法西斯战争的重要组成部分，彰显中国抗战的国际地位，提升中国抗战的国际意义，有利于汇聚全民族抗战的力量。毛泽东在《论持久战》中指出："四亿五千万的中国人占了全人类的四分之一，如果能够一齐努力，打倒了日本帝国主义，创造了自由平等的新中国，对于争取全世界永久和平的贡献，无疑地是非常伟大的。"③ 将中国抗战胜利与全世界永久和平联系起来，彰显了中国抗战的国际地位，有利于国际社会关注中国抗战。1938 年 6 月 11 日，共产国际执委会主席团通过的决议指出："中国人民的解放战争是世界无产阶级和整个进步人类反对野蛮法西斯主义暴力的整个斗争中的一个极重要的组成部分。"④ 这是对中国抗战所具有的世界意义的充分肯定。此后，中国抗日战争是世界反法西斯战争的重要组成部分，成为国际社会的共识。1943 年 7 月，中共中央为纪念抗战六周年发表宣言提出："我们的抗战是在极端艰苦的情境中实行的。我们与苏、英、美诸同盟国是不同的，他们是先进的工业国家，我们是落后的农业国家。但是我们仍然艰苦地进行了整整六年的抗战，超过任何国家的抗战时间，这是由于全国人民与全军将士的努力。"⑤ 通过比较，说明了中国抗战的艰难和支撑中国持久抗战的原因，进一步彰显了中国抗战在世界反法西斯战争中的地位。

7. 通过展示抗战胜利前景实施动员

抗战的前途如何，抗战的结局怎样，这是全民族普遍关注的问题，也是抗战动员过程中必须明示的问题。毛泽东在《论持久战》一文中指出："抗日战争是持久战，最后胜利

---

① 《建党以来重要文献选编》（第 16 册），第 436 – 437 页。

② 《建党以来重要文献选编》（第 19 册），第 358 页。

③ 《毛泽东选集》（第 2 卷），北京：人民出版社，1991 年，第 476 页。

④ 中共中央党史研究室第一研究部译：《共产国际、联共（布）与中国革命档案资料丛书》（第 18 卷），北京：中共党史出版社，2012 年，第 95 页。

⑤ 《建党以来重要文献选编》（第 20 册），第 385 页。

是中国的。"① 这是基于中日双方基本特点比较所得出的结论。抗战两周年纪念时，中共中央发表致国民党书强调：只要"坚持持久抗战，坚持抗日民族统一战线，坚持国共合作，中华民族必不会被人灭亡。不仅不会灭亡，且要雄立宇宙，为民族解放，为世界人类解放，高举着胜利之旗，向前迈进"②。这是民族自信的表达，也是国际主义情怀的彰显。抗战三周年纪念时，中共中央发表对时局宣言认定："日本帝国主义是必然要崩溃的，中国决不会亡，最后胜利必然属于我中华民族。因为日本帝国主义已在我三年英勇抗战中大大削弱了，中国抗战到底的意志已凝结于全民族的心目中，而目前国际形势的变化基本上是有利于中国的。"③ 这种中国抗战必胜的信念，为相持阶段的抗战提供了精神上的支撑。1944 年 7 月 7 日，《解放日报》刊发纪念抗战七周年社论指出："不论西方与东方，战胜法西斯强盗的胜利已经迫近了，自由、民主、和平的新世界快要来临了！"④ 历史已经证明，中共对于抗战胜利前景的预测是科学的，经受了实践的检验。

可见，在举行纪念活动的过程中，中共整合多种资源进行了抗战动员，彰显了纪念活动的社会功能。

三、纪念活动中的抗战动员效能

抗日战争时期，中共借助纪念活动所实施的抗战动员，塑造了中国共产党的形象，提升了中共抗战动员的影响力，对于整合各方面力量赢得抗战胜利发挥了积极作用。

1. 塑造了中国共产党的形象

抗日战争时期，中共借助纪念活动进行抗战动员的同时，申明了党的性质与使命。1938 年 6 月 24 日，《中共中央关于中共十七周年纪念宣传纲要》提出，中国共产党是中国工人阶级的马列主义的党，是"中华民族与中国人民的先锋队"。"为了最后解放中华民族与中国人民，中共的首先任务，就是建立民族独立、民权自由、民生幸福的民主共和国，争取民主革命的彻底胜利"⑤，这就借助谋划七一纪念之机，阐明了党的性质与党的使命，强调了工人阶级的利益同中华民族与中国人民利益的一致性。

赢得抗战胜利，是争取民族独立、民权自由、民生幸福的重要步骤。为此，中共借助纪念活动明确了共产党人应当承担的抗战责任。毛泽东在《团结到底》一文中强调："中华民族的兴亡，是一切抗日党派的责任，是全国人民的责任，但在我们共产党人看来，我们的责任是更大的。"⑥ 中共中央为纪念抗战四周年发表的宣言申明："中国共产

---

① 《毛泽东选集》（第 2 卷），北京：人民出版社，1991 年，第 515 页。
② 《建党以来重要文献选编》（第 16 册），第 464 页。
③ 《建党以来重要文献选编》（第 17 册），第 383 页。
④ 《建党以来重要文献选编》（第 21 册），第 378 页。
⑤ 《建党以来重要文献选编》（第 15 册），第 475 – 476 页。
⑥ 《建党以来重要文献选编》（第 17 册），第 378 页。

党是保卫祖国的先锋队，是言行一致的革命政党，是团结抗战的模范，是艰苦奋斗的典型。"① 这些表达，彰显了中共的责任意识和担当精神。

为塑造中共形象，中共在进行抗战动员的同时，注意借助纪念活动澄清诋毁中共形象的各种谣言，还原事实和真相。辛亥革命 30 周年纪念时，重点澄清了共产党是"奸党"、八路军新四军是"奸军"等荒谬之论。1943 年 5 月 31 日，《中共中央书记处关于纪念抗战六周年宣传工作的指示》强调："抗战六周年纪念之宣传应该集中于我军在敌后坚持抗战之英勇壮烈，并说明我们之所以能够坚持的原因，借以击破游而不击、封建割据及交出军队、政权之类的反动宣传。"② 借助纪念活动澄清有损共产党、敌后战场抗战、抗日根据地形象的谣言，有利于维护中国共产党的形象。

2. 提升了中共抗战动员的影响力

纪念活动所确立的纪念时间、建构的纪念空间，能引起媒体和全社会的关注，通过纪念活动发出的抗战呼声，具有传播面广、传播时长的特点，由此使中共的抗战动员具有较大的影响力，赢得了各阶层、各党派的认同和肯定。如《中共中央为纪念抗战三周年对时局宣言》发表后，受到中产阶级的欢迎，上海《大公报》发表了这个宣言。③《中共中央为纪念抗战五周年宣言》发表后，刘少奇曾指出："应拿这篇宣言到各阶层人民中以各种方式去展开完全民主的讨论，去深入地宣传教育群众，去团结群众在我们的口号（民主的新中国）之下，去详细解答群众所提出的关于新中国的各种问题。"④ 经过讨论和宣传，晋察冀各界认为，它是"中国抗战途上的指路明灯"⑤。在陕甘宁边区，绥德各界在讨论宣言时，称其"鼓励了同志，指示了方向"⑥；靖边县召开绅士座谈会时认为，"团结抗战，团结建国，这是老百姓的要求"⑦。因此，中共抗战动员引起了社会各界的共鸣，指明了抗战方向。

促进了全民族力量的凝聚。抗战时期，中共实施的抗战动员，感染了各党派、各阶级，促进了抗日战争时期全民族力量的凝聚。据 1938 年 8 月 2 日的塔斯社报道，在延安，"有五分之三的妇女参加各种团体。妇女还建立了自己的自卫队并同男人们一样进行军事训练。有各种专门的妇女小组为军队服务：她们给战士洗被子，补衣服；照顾伤

---

① 《建党以来重要文献选编》（第 18 册），第 490 页。

② 《建党以来重要文献选编》（第 20 册），第 329 页。

③ 中共中央文献研究室编：《毛泽东年谱（1893—1949）》（中卷），北京：中央文献出版社，2013 年，第 201 页。

④ 《建党以来重要文献选编》（第 19 册），第 384 页。

⑤ 《中国抗战途上的指路明灯——晋察冀各界拥护中共"七七"宣言》，《解放日报》，1942 年 8 月 6 日。

⑥ 《鼓励了同志，指示了方向》，《解放日报》，1942 年 7 月 29 日。

⑦ 《团结抗战，团结建国，这是老百姓的要求》，《解放日报》，1942 年 8 月 6 日。

病员；帮助军属"①。这是对延安妇女参加抗战情形的真实写照。1939 年 7 月 12 日，H. 利亚霍夫在述评中国战局时说："这几天中国广大群众为抗战两周年举行了纪念活动，标志着巨大的民族感情的高涨，这是进一步加强中国军事力量的保证。"② 从此可感知抗战两周年纪念的动员效能。1942 年 7 月 27 日，毛泽东给季米特洛夫的电报指出："我党为纪念民族解放战争 5 周年发表了宣言，给国民党和老百姓留下了很好的印象，有助于调解国共关系。双方代表已开始在重庆会晤。值抗战 5 周年之际，我们发表了《告八路军新四军将士书》，号召他们进行顽强的斗争和克服困难。"③ 应当说，中共借助纪念活动所实施的抗战动员，对于凝聚全民族力量共同抗战，赢得抗战胜利，其作用不可低估。

3. 赢得了国际社会对中国抗战的援助

共产国际存在期间，逢五一纪念、十月革命纪念，往往发表宣言，并对纪念活动作出部署和安排。中共适时举行纪念活动，对于共产国际是一种配合和支持。正因为如此，共产国际在部署纪念活动时，发出了援助中国抗战的倡议。1938 年 11 月 7 日，共产国际执行委员会为纪念十月革命 21 周年发表宣言，号召全世界工人阶级"用武器和贷款支持中国人民，对日本侵略者实行经济制裁，不给日本侵略者任何军事物资，不给他们任何贷款"④。1939 年 5 月 1 日，共产国际发表五一宣言时，要求世界工人为中国争取军援和贷款。⑤ 共产国际力图借助纪念活动，争取国际社会对中国抗战的援助。事实上，中国抗战的胜利，与国际社会的援助密不可分。苏联、美国、英国等盟国给中国抗战以人力、物力的援助，世界许多国家的共产党和进步人士也以各种方式支持中国，成为鼓舞中国人民坚持抗战直至最后胜利的重要因素。

毛泽东曾言："如此伟大的民族革命战争，没有普遍和深入的政治动员，是不能胜利的。"⑥ 纪念活动是中共实施抗战动员的有效途径，它在保存历史记忆的同时，强化了抗战动员效果，实现了历史与现实的有机统一。

【作者简介】

陈金龙，华南师范大学马克思主义学院教授、博士生导师。

---

① 中共中央党史研究室第一研究部译：《共产国际、联共（布）与中国革命档案资料丛书》（第20 卷），第 20 页。

② 中共中央党史研究室第一研究部译：《共产国际、联共（布）与中国革命档案资料丛书》（第20 卷），第 356 页。

③ 中共中央党史研究室第一研究部译：《共产国际、联共（布）与中国革命档案资料丛书》（第19 卷），第 298 页。

④ 中共中央党史研究室第一研究部译：《共产国际、联共（布）与中国革命档案资料丛书》（第21 卷），第 73 页。

⑤ 中共中央党史研究室第一研究部译：《共产国际、联共（布）与中国革命档案资料丛书》（第21 卷），第 77 页。

⑥ 《毛泽东选集》（第 2 卷），北京：人民出版社，1991 年，第 480 页。

革命中的乡村

——土地改革运动与华北乡村权力变迁[*]

李里峰

　　20 世纪中国乡村社会变迁的一条主线，乃是国家权力的下移和国家与乡村社会关系的重构。这一过程发端于清末新政时期，推进于北洋政府和南京国民政府时期，但只有在中国共产党领导的土地改革和集体化运动中，乡村社会才被完全纳入"国家政权建设"（state building）的轨道，成为国家"有计划的社会变迁"的一部分。近年来，一些研究者开始超越生产关系变革和生产力发展的纯粹经济视角，尝试探讨土地改革对于国家与乡村关系、民众政治动员、乡村权力结构、村落政治文化、农民日常生活等所发挥的重要作用。^① 本文试图在既有研究成果的基础上，以华北地区为中心，从基层组织网络的建构、国家功能边界的扩张、村庄权力结构的重塑、运动治理模式的形成等方面，对土地改革运动的政治后果作一宏观分析，以期对共产革命、群众运动与乡村社会之关系有所发明。^②

　　* 本文系国家社科基金项目"集体化时代的乡村社会研究"（项目号：10CZS021）的阶段性成果。承蒙夏明方、刘一皋等教授指教，谨致谢忱。原载于《广东社会科学》2013 年第 3 期。

　　① 例如张鸣：《动员结构与运动模式——华北地区土地改革运动的政治运作（1946—1949）》，《二十一世纪》（网络版）2003 年 6 月号；张小军：《阳村土改中的阶级划分与象征资本》，《中国乡村研究（第二辑）》，北京：商务印书馆，2003 年；李放春：《北方土改中的"翻身"与"生产"——中国革命现代性的一个话语—历史矛盾溯考》，《中国乡村研究（第三辑）》，北京：社会科学文献出版社，2005 年；黄道炫：《洗脸——1946 至 1948 年农村土改中的干部整改》，《历史研究》2007 年第 4 期；李里峰：《土改中的诉苦——一种民众动员技术的微观分析》，《南京大学学报（哲学社会科学版）》2007 年第 5 期。

　　② 1949 年以前中国共产党并非全国执政党，但在其统治区域内的确有效地充当了最高仲裁者，行使终极性权力，故本文在"国家—社会"分析框架的意义上仍以"国家权力"称之。

一、基层组织网络的建构

民国时期，费孝通等学者已经注意到传统乡村社会相对于国家权力的独立性，提出了"上下分治""皇权无为""绅权缓冲""长老统治"等颇具解释力的概念。[①] 此后马若孟（Ramon H. Myers）、黄宗智（Philip C. C. Huang）、杜赞奇（Prasenjit Duara）等西方学者借助日本满铁调查资料对华北乡村所作的实证研究，进一步印证和深化了这些看法，并描述了进入 20 世纪以来国家权力不断下移、乡村社会自主性逐渐被打破的历史进程。他们的研究表明，清末以降的历届政权皆致力于向乡村社会延伸权力、攫取资源，使传统的村庄权力格局和国家—乡村关系被打破。例如，北洋政府和南京国民政府都曾试图将国家行政体系从县级延伸到区级。1915 年袁世凯的宪制改革，使区从民初的地方自治单位变为基层行政组织，区长掌握一定数量的属员和警察，并拥有摊款之权。在军阀统治时期，区制成为榨取钱财的有效工具。南京国民政府时期，区级组织再次经历了从自治单位向县政权分支机构的转变过程，榨取财税仍是其中心任务。然而杜赞奇指出，直至共产党领导的乡村革命之前，国家权力向下延伸的努力都算不上成功，要么国家权力形式上扩张而实际上仍受制于传统乡村权力结构，要么国家权力的扩张破坏了传统文化网络，导致基层精英流失、基层组织恶化的"国家政权内卷化"（state involution）。[②]

中共领导的乡村革命，则从根本上改变了这种状况。共产党统治下的区政权，已经完全成为党政官僚体系的一部分。随着"部门工作制度"在区一级的完善，政权实施统治的每一种重要职能，包括财政、民政、文教、治安等，在各区都有相应的部门负责，保证了区的统治效能。以山东省为例，各县一般管辖 10～15 个区，每区一般包括数十个村。区公所设有正副区长、文书、民政、调解、财粮、教育、生产、卫生等助理员及公安员[③]，其职能范围之广，与民国时期专以征税为能事的区公所不可同日而语。此外，党政双轨的领导体制确保了共产党对区政权的有效控制，区党委对政权各部门负有指导、监督之责，区级财政和人事都受到上级党委和相关部门的严格监督，避免了北洋政府和南京国民政府时期区政权蜕化为"赢利型经纪"的可能。这样，共产党第一

---

① 参见费孝通《论绅士》《论"知识阶级"》，袁方《论天高皇帝远》，胡庆钧《论绅权》，史靖《绅权的本质》，均载吴晗、费孝通等：《皇权与绅权》，天津：天津人民出版社，1988 年；费孝通：《乡土中国生育制度》，北京：北京大学出版社，1998 年。

② 参见［美］杜赞奇著，王福明译：《文化、权力与国家——1900—1942 年的华北农村》，南京：江苏人民出版社，1995 年；［美］马若孟著，史建云译：《中国农民经济——河北和山东的农业发展，1890—1949》，南京：江苏人民出版社，1999 年；［美］黄宗智：《华北的小农经济与社会变迁》，北京：中华书局，2000 年。

③ 《山东革命历史档案资料选编》（第十五辑），济南：山东人民出版社，1984 年，第 541、543 页。

次在真正意义上将国家行政体系从县向下延伸了一级，从而大大拉近了国家与乡村社会之间的距离。在有些村庄，过去的闾仍然存在，但已经不是像保甲、里甲那样的独立赋税单位或防卫单位，而是听命于党支部、村政权、农会等基层组织的执行单位，颇类似于后来的村民小组或生产小队，已成为新型基层权力结构的一部分。[①]

更重要的是，从土地改革时期开始，共产党在基层乡村社会建构起种类繁多、层次分明的组织网络，并以群众运动的方式将绝大多数乡村民众纳入其中。该网络的中心是被统称为"党员干部"的基层政治精英（以党支部、村政权、贫农团、农会、民兵队等组织的领导者为核心，以普通党员为辅助），稍外围是以贫雇农为主的"基本群众"（当村中存在贫农团或贫农小组时，它即是划分基本群众的组织界限），再外围是以中农（自耕农）为主的"普通群众"（或称"农民群众"，一般来说农会可以视为其组织边界），而不属于任何组织者（老弱病残等除外）即属阶级敌人的行列，是人民专政的对象，如地主、富农、特务、反革命分子等。

具有统一领导和统一意识形态的群众组织取代传统的宗族、宗教组织，大大加强了乡村民众的组织水平和国家对民众的控制能力，使民众对国家形成了一种"组织性的依附"[②]。共产党领导下的群众组织，与传统乡村社会的农民结社和现代城市社会的自组织群体都有本质差别：它们是由国家行政力量加诸乡村社会的，是国家权力体系的宣传、动员和行动组织，是外来的而不是内生于村庄社区的。对于国家权力而言，群众组织在任何意义上都不是一种离心力量，相反可以大大降低国家意志贯彻到乡村社会的制度成本，从而使国家权力在乡村社会的运作更有效率。正如论者所说，党对群众组织的领导和控制，实际上取消了后者在政治上和职能上的独立自主。[③] 此外，组织网络的形成也在很大程度上使乡村社会的权力总量发生了增值。在传统乡村社会，地主士绅通过宗族组织和宗教组织控制普通村民，代替国家实施乡村治理之责，普通村民虽然在与自身利益直接相关的问题（主要是赋税和纠纷）上具有一定的主动性，但他们基本属于"无政治"的群体，不仅与国家政治没有直接关联，对于村庄政治也没有多少发言权。而在中共以群众运动为基本形式的乡村社会变革中，农民广泛而直接地卷入政治运动中来，逐渐确立了以阶级观念为核心的政治意识，学会了一定的政治运作规则，获得了监控精英的政治权力，成为村庄政治中不可或缺的重要角色，从而与传统村庄政治格局有了实质性的区别。

行政体系的向下延伸和组织网络的普遍建立，使杜赞奇所描述的"经纪体制"消

---

① 例如土改期间的吴桥县仓上村即是如此，见《吴桥城关区仓上村典型统计调查材料》（1948年3月28日），山东省档案馆藏，档号：G026-01-0054-005。

② 参见孙立平：《改革前后中国大陆国家、民间统治精英及民众间互动关系的演变》，《中国社会科学季刊》1994年2月号。

③ ［新西兰］纪保宁（Pauline Keating）：《组织农民：陕甘宁边区的党、政府与乡村组织》，载冯崇义等编：《华北抗日根据地与社会生态》，北京：当代中国出版社，1998年。

解于无形。传统帝制时代，国家与乡村社会的关系主要发生在赋税征收层面，其中既有代行国家职能从中牟利的吏役，也有保护乡村社区利益的村际合作组织，从而形成了双重"经纪体制"。无论是"赢利型经纪"还是"保护型经纪"，都是既连接同时又离间着国家与乡村社会，而尤以赢利型经纪的危害为甚。一方面，乡村社会的实际负担远远超出国家财政的实际收入，形成财政上的"内卷化"；另一方面，国家权力的实际扩张以基层组织的恶化、劣化为代价，形成行政上的"内卷化"。这些都严重影响着国家财政收入，也极大地限制了国家对乡村社会的实际控制效能。①

而共产党将行政体系延伸到分区一级后，每分区所辖不过十多个甚至数十个村庄，加之村庄内部各种组织的健全和政治精英的忠诚，对乡村社会的治理要便捷、有效得多。国家对乡村社会资源的汲取（征税、征兵、战勤等），都是先自上而下传达任务、指示，然后通过工作队和基层组织进行宣传动员，以群众运动的方式完成任务。国家（通过工作队）、基层精英、普通民众都以不同的方式参加到这一过程之中，保证了国家意志的有效执行。从县到分区再到村庄的各级组织层层延伸，以及共产主义意识形态功能的发挥，使得国家权力体系之外的各种非正式中介组织既无存在之必要，也失去了立足之地，清代以来横亘于国家与乡村之间的经纪体制被消解，"政权内卷化"得以克服，国家对乡村社会实施控制的效能极大增强。

这种基层组织网络的有效运行，还与另外两个因素密切相关。一是工作队（团、组）的普遍运用和制度化。向基层乡村社会派遣工作队，本是为发动和引导群众运动而采取的一种临时举措，但是由于其在监控基层精英、贯彻国家意志方面所发挥的独特效能，这种做法逐渐得到党和国家的青睐而在事实上成为一种惯例，这就在常规的行政渠道之外，为国家与村庄的互动提供了一条更加便捷的途径，从而在很大程度上改变了村庄社区的权力运作格局，重塑了国家与乡村社会之间的关系。作为党和国家的直接代表，工作队在村庄社区拥有至高无上的权力，在必要时可以越过各种基层权力组织，直接对农民群众实施动员和治理，甚至可以借助群众的力量改组或解散这些组织。而本应为党和国家担负乡村治理之责的常规党政组织，却在工作队、贫农团和普通群众的多重制约和监督下，难以发挥效能。工作队制度虽然大大增加了统治成本，却使党—国家可以更准确地传达政策、方针、命令，更迅捷地掌握乡村社会各种重要信息，更广泛地进行乡村民众动员，更有效地对基层政治精英实施监控。②

二是政治贱民群体所发挥的安全阀功能。在绝大多数乡村民众之下确立一个恒定的被剥夺阶级，为民众提供了一个自我认同的参照目标和不满情绪的宣泄对象，从而拉近了他们与党—国家的距离，降低了离心倾向产生的可能。人们对自身社会地位的感知，

① ［美］杜赞奇著，王福明译：《文化、权力与国家——1900—1942 年的华北农村》，南京：江苏人民出版社，1995 年，第二、三章。

② 参见拙文《工作队：一种国家权力的非常规运作机制》，《江苏社会科学》2010 年第 3 期。

总是在与他人的比较中实现的。在传统乡村社会结构中，大多数农民居于社会底层，除税赋、诉讼等少数事务之外与国家没有直接关联，对国家政权只有服从而少有认同。而在土改中形成的新型社会结构，将占乡村人口绝大多数的农民整合到国家权力体系中来，这种整合同时利用了组织手段和意识形态手段。其中不可忽视的一点，即是在乡村社会中设定了一个以地主、富农为主体的最底层，将"我"与"敌"的区分直观、醒目地呈现在每一个乡村社会成员面前。在与国家敌人的鲜明对照中，被纳入"我"方阵营的社会成员会很自然地产生对国家权力的认同感。阶级敌人的长期存在，成了党—国家向乡村社会进行意识形态灌输的一种展示标本，也为运动式乡村治理提供了必要的归罪目标和宣泄对象。在一定意义上，正是这个人数比例极小的政治贱民群体，支撑起了从中央党政机构直到乡村民众的庞大统治体系。

二、国家功能边界的扩张

通过从中央到村庄一整套党、政、军、群组织的设立，中国共产党成功地在广大乡村社会建构了一个组织网络，国家的组织边界得以极度扩张。与此同时，国家对乡村社会事务的管辖领域也在迅速扩大，远远超出了帝制时代以税收和司法为核心的国家—乡村关系格局，从而实现了国家功能边界的扩张。中共土改期间的纠纷调解和文化教育活动，清楚地表明了这一趋势。

对各种纠纷进行仲裁和调解，是传统士绅实现和表达权威的重要场域，这种权威主要来自其社会地位和声望。就国家政权而言，只有当纠纷无法调解而进入诉讼程序的时候，才会充当仲裁者的角色。中国法律史家早已指出，在清代法律制度中，民事纠纷是属于社会本身而非国家的"细事"，被排除在国家法律的关注之外，即便上升到诉讼阶段，县官也应该本着"教谕的调停"的原则来处理这些民事纠纷。黄宗智对这些说法提出了质疑，但他同样承认国家司法与民间调解之间的差异和界限，前者以国法和审判为主，后者则以妥协和调解为主。国家对民事纠纷的介入，只在司法领域和他所称的"第三领域"（即由国家司法制度与民间调解制度相互作用形成的空间）发生，在此之外的调解领域，则是社区精英和宗族领袖发挥作用的地方。[①]

在抗战时期的陕甘宁边区，调解已经在中共司法实践中占据了重要位置，既有正式审判中的调解，又有群众自己进行的和区乡政府进行的调解。区乡政府的调解与民间调解相比具有半强制的色彩，与审判相比具有更大的灵活性，所以老百姓一般"宁愿要求区乡政府解决，而不愿到县司法处"。抗战后期出现的"马锡五审判方式"，则是司法部门直接参与调解的典型形式，其基本做法就是召集当地群众和地方精英来做当事人的

---

① 参见［美］黄宗智：《清代的法律、社会与文化：民法的表达与实践》，上海：上海书店出版社，2001年，"重版代序""导论"。

工作，最后在当事人之间达成妥协。①

随着共产党控制区域的扩大和对乡村社会控制程度的加深，尤其是减租减息、合理负担、土地改革等实质性的社会变革，传统地方精英的权威进一步衰落，共产党的组织力量也进一步向下延伸，地方精英在调解中发挥的作用开始为共产党基层组织和政治精英所取代。到抗战结束，许多老区已经设立专门的调解组织，并逐渐推进到最基层的村庄一级。山东老区在战后初期已有不少区、村设立了调解委员会或说事小组。1945 年底，省政府决定在各县区添设调解助理员，其职责为领导和帮助区村调解委员会开展调解工作、接待处理调解案件，并开始积极整理现有区村调解部门，新建村调解部门，由县司法科长担负对全县调解工作的巡视、帮助、教育之责。② 根据次年的一份指示，"区村调解是群众性的调解组织，既不是政府审判的一级，也更不是政府委员会性质的东西。它纯粹是群众自觉的组织，同时又是司法目前及今后建设的重点，因为它是体现新民主主义司法，扶持群众翻身，提高群众认识这一任务的重要部分"。但指示同时又规定副区长专负调解责任，具体任务为推动村调解工作、处理到区请求调解的案件。③ 无论高层领导者将其定性为政府机构还是群众组织，在基层调解工作中发挥主导作用的无疑是国家行政力量。

从 1945 年底和 1946 年 8 月山东省政府关于调解工作的两份指示中，可以看到中共调解工作的一些基本特征。一是用阶级意识取代传统调解"息事宁人"的目标。调解人员必须"站在为人民服务的立场掌握政策法令去解决问题"，而不能"无条件的息事宁人和私情偏向"，否则就会成为"维持封建、压抑群众"的"赘瘤组织"。二是调解须合于人民群众的要求和习惯，反对手续繁杂、"官僚架子"。三是强调自觉自愿，反对强制调解。四是随时、随级调解，反对严格按级调解（即"县里不受理未经区上调解的案子，区里不受理未经村上调解的案子，或是非有区村调解不成的介绍信，就予以驳斥"）。④

由此不难看到，尽管共产党的调解工作在方式上与传统调解颇为相似（向当事者和知情人了解情况，讲道理、摆事实，最终达成双方妥协），但解决纠纷并非共产党调解目标的全部，更重要的是它负载了阶级立场、群众路线、民主政治等意识形态信息，从而具有重要的政治意义。如何掌握政策法令，则必须结合具体情形来决定。1946 年一份指示举了两个例子加以说明：清算、找工、找负担，是当前切实执行的土地改革政

① 强世功：《权力的组织网络与法律的治理化——马锡五审判方式与中国法律的新传统》，《北大法律评论》2000 年第 3 卷第 2 辑。

② 《山东革命历史档案资料选编》（第十六辑），济南：山东人民出版社，1984 年，第 46 页。

③ 《山东革命历史档案资料选编》（第十七辑），济南：山东人民出版社，1984 年，第 240 页。

④ 参见：《山东革命历史档案资料选编》（第十六辑），济南：山东人民出版社，1984 年，第 46 - 47 页；《山东革命历史档案资料选编》（第十七辑），济南：山东人民出版社，1984 年，第 239 - 242 页。

策，所以在此类纠纷中，即便地主、佃农双方都自愿维持租佃关系，调解机构也不得听其自便，必须立即纠正，重行处理。而如女子自愿放弃自己的继承权，虽然不合乎继承条例，却不必强调立即重新处理，因为"这是一个社会问题，是须要经过一个长期教育过程，这时只须拿这一具体事实材料，进行广泛教育，以提高女子的认识，若当事人了解后，自愿请求重新处理，当然应即重新调解，否则亦无须重新调解"①。

从清代国家司法与民间调解的分离，到抗战期间司法机构对调解的介入，再到国家从县至村逐级设立专门调解机构，国家对民间纠纷解决的介入程度日渐加深，调解纠纷的基本力量由传统乡村精英转变为国家行政机构。由此，国家不仅将其组织边界延伸到乡村社会，并且在村民的日常生活中建构了自己的权威。

如果说共产党的纠纷调解体现了一种国家权力的日常运作，那么党在文化教育方面的变革则在意识形态和政治文化层面进一步巩固了这种权力。与此前历届政权相比，中共乡村治理的一个重要特征是，意识形态因素始终伴随着国家权力扩张和乡村社会变迁的过程，进而以新型阶级话语替代传统道德话语，实现了国家意识形态与乡村文化传统的结合与互动。除了直接的意识形态灌输之外，间接的文化、教育、娱乐等公共活动对于村社话语空间的重塑同样至关重要。

利用冬季农闲时节举办冬学，从抗战时期就成为共产党教育和改造乡村社会的重要手段。冬学是在冬季农闲时节开展的一种"群众性文化翻身运动"。② 据河北、山西、察哈尔等省 1949 年统计，参加冬学的农民达到 360 余万，其中山西一省即建立冬学 20 000 余所，平均每个行政村合两所以上。青年男女参加者尤多，山西黎城、平顺等县 218 村 14 ~ 25 岁的青年共有 28 556 人，其中 27 974 人参加了冬学，比例达到 98% 以上。③ 冬学教育的内容主要包括政治教育、生产教育、文化教育等方面，其中政治教育尤为重要。山东省政府即曾明确规定，在冬学运动中，"一般成年仍以思想政治教育为主，除时事外，新区着重翻身教育，老区着重生产教育"④。

在党和国家的大力推动下，农村的新型文化生活伴随着土改运动的普遍展开而迅速发展起来。1951 年印行的一本小册子，对此作了生动的描述："在山西、河北、平原等地，农民自编、自演、自唱、自乐，以各种各样的娱乐形式，来表达他们欢快的心情。……这些新的群众文艺活动，在大部地区已夺取与代替了封建迷信的文化阵地，使

---

① 《山东革命历史档案资料选编》（第十七辑），济南：山东人民出版社，1984 年，第 241 - 242 页。曾亲身参与与山西张庄土改的美国人韩丁（William Hinton）认为，"在中国农村中，百分之九十九的纠纷一般可以由村干部解决。如果村干部解决不了，由村代表大会解决。只有极少数棘手的纠纷要送到法院解决。"见［美］韩丁著，韩倞等译：《翻身——中国一个村庄的革命纪实》，北京：北京出版社，1980 年，第 627 页。

② 《山东革命历史档案资料选编》（第十七辑），济南：山东人民出版社，1984 年，第 240 页。

③ 《华北老区农村文化生活提高》，《土改后的农村》，北京：十月出版社，1951 年。

④ 《山东革命历史档案资料选编》（第十七辑），济南：山东人民出版社，1984 年，第 320 - 321 页。

农村参与的封建道德与社会舆论，有了显著的改变。传播封建迷信思想的旧戏剧与旧艺术，在这种新的要求下也有了巨大的改造。"①

国家对文化（象征）资源的供给，同时也是对这种资源的进一步控制。在满足农民识字、娱乐、生产等需要的同时，也将阶级斗争、社会主义这样的主流意识形态注入农民脑中，从而在象征层面对农民实现了双重的控制：一方面是对象征资源本身的垄断性占有（乡村社会原有的文化活动、宗教活动已经作为封建迷信被扫除了）；另一方面又借此进行意识形态灌输，进而加强了对农民精神世界的控制，巩固了国家统治的合法性。

从其内容和形式来看，共产党在乡村社会开展的新型文化活动具有如下特征：一是群众性，这些文化活动将绝大多数乡村社会成员纳入其间，既满足了广大农民的基本精神需求（尤其是文化娱乐需求），又借此将他们进一步整合到国家倡导的文化框架中来（与政治、经济、意识形态框架并行）。二是政治性，新型文化活动具有多种政治性功能，如意识形态灌输（既有直接的方针政策宣传，也有以文艺活动为中介的间接宣传）、信息传递渠道（由上至下的政策传递和时事教育）、农民道德重塑（对旧道德伦理的批判清扫和对新道德意识的塑造）等。三是实用性，识字运动、生产竞赛等活动内容和贴近农村实际的各种活动形式，使得这些文化活动可以对农业生产发挥直接助益。正如研究者所指出的，共产党在乡村社会推行的各种文化卫生事业，其实都是增进农民组织程度的一种"集体化治理措施"，这些活动形式本身可以为农民提供一种不同于以往生活的全新体验，进而将他们进一步整合到党和国家构建的意识形态框架中去。②

在传统时代支配村庄人际关系的，一方面是所有成员共同认可的村社伦理（其最低要求是保证村社共同体的延续），另一方面是村民世代相传的一套公共准则和制度性安排。易言之，传统村社话语空间的基本特征是"村规至上"，无论精英还是普通村民都以遵守村规为基本准则，在各种冲突纷争中也以村规为武器。③ 而在土改期间，村社话语空间在群众运动的强大冲击下被重塑，全新的阶级话语取代传统村规，成为弥漫村庄社会生活和支配村民行为的关键因素。

村民日常语言的变化，生动地反映了这一点。随着土地改革运动的普遍展开，划阶级成为与所有村民切身相关的现实，阶级政策、阶级话语（未必等于阶级意识）也很快深入人心，村民们纷纷将自己的情况与阶级划分标准相对照，以便在阶级等级体系中寻找自己的准确位置，并以之指导自己的行为选择。"翻身"也许是土改期间最流行的词汇之一。在韩丁笔下，经过诉苦、斗争和分配果实之后的张庄弥漫着幸福的气氛：

---

① 《华北老区农村文化生活提高》，《土改后的农村》，北京：十月出版社，1951 年。

② 郭于华：《心灵的集体化：陕北骥村农业合作化的女性记忆》，《中国社会科学》2003 年第 4 期。

③ 李怀印：《中国乡村治理之传统形式：河北省获鹿县之实例》，《中国乡村研究》（第一辑），北京：商务印书馆，2003 年。

"许多贫农放弃了过去见面时挂在嘴上的一句客套话——'老乡，吃了吗?'——而互相问道:'同志，翻身了吗?'对于这个问话，大多数人都会回答说:'翻身了。'"① 在各地土改文件中，关于"翻身"的种种形象说法深入人心，如"翻了半个身""翻了个空身""翻透了身"等。这些说法的频繁使用，已足以折射出共产党在乡村社会造成的巨大变化，这种变化不仅体现为村庄经济和政治结构的变迁，也在农民的文化习俗和日常生活中留下了深刻的痕迹。

许多农民用毛主席像代替了多年来供奉的"财神爷"和"灶王爷"，大门上出现了"劳动门第"的横联。甚至年幼的儿童也知道"翻身光荣"，而"剥削""地主""封建"则是耻辱的代名词。② 拜年时的"恭喜发财"变成了"翻身翻身"，订翻身日、吃翻身饭翻身菜随处可见。如果发动群众遇到困难或者出现过激现象，只要提到"毛主席的政策怎样说的"，群众往往"也能立刻相信"。③ 有的地方，农民"杀了地主的猪，一定要割得一块一块的，每人一二两，说是吃地主的肉"④。被动员起来的贫苦农民，在无数个村庄里制造着一幕幕庆祝"翻身"的象征性狂欢场景。土改运动中乡村日常生活的话语变迁，显示了党和国家作为解放者、庇护者的正面形象，已在农民的思维和情感中成功建构起来。

三、村庄权力结构的重塑

在重塑国家与乡村社会关系的同时，土地改革也对乡村社会自身的权力结构产生了巨大影响。国家权力的扩张导致村庄权力的授权来源发生了实质性变化，权力的占有状况和运作方式也随之变动。

首先是权力授权来源的上移。费孝通提出了传统中国社会的"双轨制"假说，认为中国传统政治结构可分为中央集权和地方自治两个层次，乡村事务主要由以士绅为代表的地方权威负责，国家政权很少加以干涉。⑤ 地方权威的权力地位并不是来自国家授权，而主要与财富、学位（"功名"）和在地方事务中的公共身份直接相关。其中学位需要得到国家体制的认可，另两项因素则只与地方社会有关。这几项中究竟何者才是地方权威社会地位的决定性因素，学界存在不同看法，一些历史学者（如何炳棣）强调缙绅地位主要来自科举所得的学位，一些社会学/人类学者（如费孝通）则更强调地方

① ［美］韩丁著，韩倞等译：《翻身——中国一个村庄的革命纪实》，北京：北京出版社，1980年，第177页。

② 《河北土地改革档案史料选编》，石家庄：河北人民出版社，1990年，第201页。

③ 《山东革命历史档案资料选编》（第十五辑），济南：山东人民出版社，1984年，第366页。

④ 《河北土地改革档案史料选编》，石家庄：河北人民出版社，1990年，第141页。

⑤ 参见费孝通：《乡土重建·基层行政的僵化》，《费孝通文集》（第4卷），北京：群言出版社，1999年；吴晗、费孝通等：《皇权与绅权》，天津：天津人民出版社，1988年。

权威对公共事务的介入及因此而获得的公共身份。按照后一种观点，传统中国地方权威的合法性并不来自官府授任，也不能自动地从对私有财富的控制中得到，更无法仅凭学位获得，而是与地方体内部利益关联的建构融为一体，精英公共身份的确立也需要依赖其对建构地方共同利益的贡献。①

而在共产党主导的乡村社会变革中，国家权力空前扩张，传统地主士绅赖以行使权威的经济和象征资源被剥夺殆尽，管理乡村社区的权力转移到由传统边缘人物组成的新型政治精英手中，他们的权力完全来自党和国家的授权。一方面，是党——国家以强力再分配的方式使之得到了土地、财富，提高了经济地位，获得了精英身份；另一方面，除了国家权力所给予的财富和职位之外，他们没有掌握任何稀缺资源可用于和国家交换，因而不具备传统士绅精英那种与官方讨价还价的余地。这些新型政治精英固然仍需以其工作绩效来维持和提升自己的地位，但是绩效的判断标准已经不是对地方公共事务的贡献，而是对国家权力的忠实程度和对国家意志的贯彻程度。

其次是权力占有状况的转化。在传统乡村社会，经济结构、政治结构和象征结构大体上是同构的，拥有较多土地财富的地主、拥有管理地方社区事务权力的宗族领袖、拥有儒家知识和科举功名的士绅往往三位一体。这种同构增强了地方社会的实力，使之可以在涉及乡村社区利益的事务上与国家进行一定程度的抗衡。即便在晚清、民国时期地方社会遭到严重破坏，出现了杜赞奇所描述的乡村精英流失、统治阶层劣化的局面之后，这种同构也只是部分地被打破，那些劣化的乡村统治者不再拥有象征权威，却仍然以敲诈、贪污、欺压的手段将经济和政治优势集于一身。

然而经过了土地改革的巨变，经济、政治和象征层面的同构从制度上被彻底打破，较多的土地财富和较高的文化教育程度，并不能赋予社会成员在乡村权力结构中的较高地位，而且在很多情况下，这些因素事实上处于负相关状态，阶级身份成为决定权力结构的关键因素。这种同构关系被打破，意味着传统乡村社区的团聚力遭到了严重破坏，使原本就很弱小的乡村社会力量更加分散，在面对国家权力时也就更加不堪一击，只能听任其摆布。共产党统治下的基层政治精英没有了传统士绅的经济资本（土地和财富）和象征资本（知识和声望）作为权力的底色，其政治地位直接来自国家权力体系的授权和认可，传统时代基层精英权力来源的多元性被摧毁了。其直接后果，就是基层政治精英对国家权力体系和意识形态的强大依赖性、顺从性，从而与传统精英相比，更像是国家权力的乡村社会的代理人。但是另一方面，权力来源多元性的消解，也使基层精英与乡村民众的关系发生了实质性变化，精英的政治权力不再有财富、知识、威望等内生资源的支撑，传统精英与乡村社区之间的道德责任感和庇护关系也大为削弱，从而失去

---

① 张静：《基层政权——乡村制度诸问题》，杭州：浙江人民出版社，2000 年，第 18－26 页。

了对基层精英的内在约束机制，他们也就更容易走上与乡村治理目标相悖的道路。①

与此密切相关，一种全新的国家、精英与民众间的互动关系逐渐形成。在接连不断的群众运动中，国家以工作队为中介直接面对乡村民众，不仅对他们进行宣传、动员以完成国家意志，而且赋予他们监控基层政治精英的权力，使之参与国家主导的村庄政治生活。这样既可以借助民众的力量对基层政治精英实施有效监控，又可以利用民众的权力感（或如孔飞力所说的"权力幻觉"）将其更深刻地整合到国家权力体系中来。政治精英负有管理村庄日常事务和在村庄贯彻国家意志的职责，群众（尤其是以贫雇农为核心的"基本群众"）则拥有监督政治精英之权，但无论政治精英还是普通群众，其权力都来源于党和国家的授权，精英与民众相互制约，党和国家则是村庄权力结构的最终源泉。过去基层精英在国家与民众之间进行沟通、协调并因此发挥主导作用的线性治理结构，在一定程度上变成了国家、精英、民众在运动中直接互动的三角治理结构，基层政治精英的重要性因此而极大地被削弱了。

最后是权力运作方式的变迁。论者指出，在共产党力量进入以前的华北村庄，存在三种性质不同的权力，其权力资源的来源也各不相同：一是来自处理村庄公共事务需要的行政权力，为村政府掌握；二是来自村庄内部社会结构（宗姓组织）的决策权力，为村庄会首掌握；三是来自传统道德观念的舆论监督权力，为全体村民掌握。在村庄权力的运作中，因为缺乏防止滥用权力的制度性安排，以道德制约权力就成为一个重要的特征。随着 20 世纪前期国家权力的不断扩张，村政府越来越从属于国家权力，并逐步成为其在村庄的代理，进而破坏了村内原有权力结构的平衡，造成一个难以制衡的村行政权力。然而这不意味着村政府对村庄事务的有效控制，相反表征着村庄共同体的日益异化，并最终导致了村庄政治的恶化。②

在土改中建立起来的新型权力结构，建基于以阶级为区分的身份特征、将大多数人纳入其中的群众组织，以及弥漫于乡村社会各个层面的意识形态之上。③ 土地改革运动既在村庄中造成了分裂，又以阶级为坐标实现了新的整合。通过阶级划分和阶级斗争，传统的经济、政治和文化网络被进一步破坏，乡村社会的分裂进一步加剧；但是另一方

① 韩丁在描述了张庄党员干部滥用职权的严重情形之后，接着说道："有钱、有闲、有文化并有一套传统，这是地主阶级的保护色，长期以来掩盖着其暴力统治的本质。现在的干部没有这些保护色，他们的违法乱纪行为赤裸裸地暴露出来，与人民的美好理想是格格不入的。"见韩丁著，韩倞等译：《翻身——中国一个村庄的革命纪实》，北京：北京出版社，1980 年，第 255 页。

② 刘昶：《1900—1940 年华北的乡村政治》，王晴佳等主编：《中西历史论辩集——留美历史学者学术文汇》，上海：学林出版社，1992 年。

③ 美国学者弗里曼（Edward Friedman）等人注意到，中共党内权力网络赖以存在的基础是"共同经历、组织和信任"。见［美］弗里曼著，陶鹤山译：《中国乡村，社会主义国家》，北京：社会科学文献出版社，2002 年，第 80 页。在某种程度上，土改后形成的乡村社会权力结构，也是建立在村民对于群众运动的共同经历和记忆，他们共同参加的各种群众组织，以及由此产生的相互信任和认同的基础之上的。

面，通过国家权力的空前渗透，通过对乡村社会资源的全权控制和分配，通过强有力的意识形态灌输，中共又成功地将每一个个体农民纳入国家轨道，重新建构起了国家政权建设所需的新型乡村社会秩序。在此新型秩序中，乡村权力的运作方式发生了实质性的变化：士绅主导的软性运作为国家主导的硬性运作所替代，内生的文化威权为外来的政治威权所替代，权力运作的道德伦理取向为革命意识形态取向所替代。

四、运动治理模式的形成

土地改革既是国家与乡村社会关系重构的重要转折点，也是日后长期延续的"运动式治理"模式的开端。

从华北地区的土改过程来看，绝大多数村庄都经历了"反奸清算""减租减息""土地改革""土改复查""平分土地""结束土改"等不同名目的运动。按照土改领导者的说法，这些运动属于整个土地制度变革的不同阶段，每一阶段都有其侧重点，并在上一阶段的基础上进一步深入。然而大量基层土改文件却表明，上述运动虽然重点不同、程度有别，但从土地分配的平均程度来看却未必构成一个逐步深入的渐进过程。从村庄层面来看，大多数地区在经过最初一两轮群众运动之后，土地占有情况已经基本平均。例如，十里店经过 1947 年的土改，已有 1/3 的农户上升为新中农，原先的地主和富农已经失去了 5/6 的土地，村中"再没有靠剥削他人为生的人了"。[①] 张桥村土改后，地主、富农、中农、贫农人均占有土地分别为 1.46 亩、1.62 亩、1.67 亩、1.76 亩，土地占有状况已与土改前正好相反，成分越低者占有土地越多。[②] 所以论者指出，从抗日战争时期直到 1947 年，乡村财富与权力已经由"封建势力"转移到"基本群众"手中，旧统治阶级对共产党控制农村已经构不成威胁。[③] 既然如此，各种名目的群众运动为什么还要一轮一轮地不断进行呢？地区差异固然会产生一定的导向作用，但更重要的是，共产党要通过群众运动来实现民众动员、资源汲取、乡村治理等政治和社会目标。

农民的参与和支持是中共政治和军事力量不断壮大的源泉，也是对乡村社会进行治理和变革的前提。利用分配"果实"的物质激励，共产党在运动初期成功地激发了农民的斗争热情，但这种热情很难长期维持。在普遍贫穷的华北乡村，地主和富农的财富很快被剥夺殆尽，人均土地与贫农相差无几甚至犹有不及，其他生产资料也被没收分配，许多地主、富农甚至无法维持基本生活。虽然阶级意识形态已经开始渗入乡村社会并发挥作用，但要维持农民的积极性，最好的办法仍是进行新的群众运动和资源再分

① ［加］柯鲁克等，安强等译：《十里店——中国一个村庄的群众运动》，北京：北京出版社，1982 年，第 11 页。

② 《桓台县索镇区张桥村土改材料》（1949 年 6 月 27 日），山东省档案馆藏，档号：G026 - 01 - 0269 - 001。

③ ［日］田中恭子：《土地与权力：中国の农村革命》，名古屋：名古屋大学出版会，2006 年。

配。而此时已经没有地主、富农等"封建势力"可剥夺，原有的斗争对象往往会在新一轮运动中被重斗一次，称为"割二茬"。[1] 新斗争对象的产生，则势必以放宽阶级敌人的标准为代价。美国政治学家亨廷顿（Samuel P. Huntington）曾根据埃及土地改革的经验指出，土地改革的各种目标之间是相互冲突的，"只要把土地改革交给官僚机器去办理，那么经济和技术性的目标一般总是压倒政治和社会目标。为了使后者始终保持势头，政治领袖就必须一再地通过政治运动给改革重新注入活力"[2]。共产党领导的土地改革，正是由于各种政治和社会目标的重要性压倒了经济目标，才需要不断的群众运动来"重新注入活力"。

考察土改运动的全过程，可以发现一些共同要素：乡村民众的广泛参与，群众运动一旦形成，几乎所有乡村社会成员都会或主动或被动地卷入其间，阶级敌人成为斗争对象，村干部、党员、积极分子成为领导者，普通群众成为参与者；国家（以工作队为媒介）与乡村社区的近距离互动，通过工作队的发动、引导和随时的直接介入，群众运动可以比较顺利地沿着国家规定的轨道运行；财富和权力资源的强力再分配，几乎每一次群众运动都意味着财富的剥夺、权力的调整，这既是运动的重要内容之一，也正是乡村民众广泛参与运动的基本动力。由此不难发现，群众运动为国家意志在乡村社会的实施提供了常规行政手段所无法比拟的有利条件，所以共产党很自然地将其作为乡村治理工具加以运用，由此形成了一种动态社会结构。[3]

土改中的基本程序和动员手段，在此后的历次群众运动中得以延续和发展。在中华人民共和国成立初期的镇压反革命运动中，各个村庄几乎全盘沿袭了土改中的做法：工作队进村；检查村中阶级状况；通过个别访谈和集体开会发动群众；寻找和培养积极分子；确定打击对象并开展诉苦斗争；局部或全面的资源再分配；整顿村支部、改造村政权；工作队离村。土改期间规定各村地主、富农比例的做法，也在部分地区的镇反运动中继续存在，据野珠河的工作报告，该村恶霸、土匪、特务、反动党团、反动会道门都有相应的"计划数"。王栅子村报告对诉苦的评论和对诉苦场景的描述（如"吐苦水"、"挖穷根"、个人苦转化为阶级苦、诉苦会上的高昂情绪等），也与土改期间别无二致。[4]

---

① 李芸生：《区委工作队在莱西谭格庄区崖后村试划阶级总结》（1948年10月4日），山东省档案馆藏，档号：G024 - 01 - 0087 - 005。

② ［美］亨廷顿著，王冠华等译：《变化社会中的政治秩序》，北京：生活·读书·新知三联书店，1989年，第349页。

③ 例如，《一个月来支部民选情况及西山张家村支部民选典型总结》（1949年5月28日），山东省档案馆藏，档号：G024 - 01 - 0346 - 011。

④ 以上描述，参见《承德县六沟区野珠河村镇压反革命改造村政权工作试点初步总结报告》（1951年11月）、《隆化十区王栅子村发动群众镇压反革命改造村政权工作总结》（1952年初）、《黑牛营子村镇反工作总结》（1952年2月）、《（朝阳县）第十九区大车户沟村镇反工作材料》（1952年3月），石家庄：河北省档案馆藏，档号分别为686 - 2 - 23 - 1、684 - 2 - 194 - 2、684 - 2 - 195、684 - 2 - 198。

在广东陈村的许多村民眼中，1964 年的"四清"运动"看起来像土改运动"，因为其基本做法和十多年前的土改极为相似：由外地干部组成的工作组进驻村子，他们住在村里并"扎根"好几个月；找出对现状不满的贫农并从中吸收积极分子；准备告发当地生产小组和生产队的领导干部，最后发动本地农民在愤怒的"斗争会"和"批判会"上谴责那些被发现有罪行的干部。而且，"正如土改摧毁了乡村的旧精英，'四清'到它结束时，也摧毁了新的本地精英"。①

与依靠常规行政渠道实现的治理不同，这种治理方式极大地依赖于国家（通过工作队和基层组织）在乡村社会激起的运动状态，可以称之为"运动式治理"。其特征在于：

国家权力对乡村社区的持续介入。共产党群众运动的基本模式，即是通过对运动目标的宣传、对乡村民众的动员、对基层精英的教育，以及派遣工作队直接进入乡村社区等方式，将国家意志转化为群众的要求和自觉行动，使之得以在乡村社会贯彻实施。以每一次运动的具体目标为媒介，国家力量便可以名正言顺且极为有效地直接介入乡村社会生活，各种有违国家意志的现象便可以在运动中得到有效抑制或消除，乡村治理的目标也就自然得以实现。

对基层政治精英的持续监控。借助群众的力量对基层政治精英实施监控，在短期内极为有效，但只有在国家（以工作队为主要媒介）与群众进行直接交流、沟通的运动状态中，群众才能获得监控乃至罢黜基层政治精英的权力。如果缺乏制度化的监督机制，一旦运动状态结束，基层政治精英就可能再次与国家乡村治理要求背道而驰，形成国家权力的离心力量；而这种情况一旦发生或者国家认为它发生了，最便捷的应对措施就是发起新一轮的群众运动，重新进入运动状态去完成基层精英的监控和更替，以将其重新纳入国家权力轨道中来。

政治合法性的持续塑造和强化。在土改过程中，国家权力以帮助广大农民"翻身做主"的解放者身份出现，通过强力再分配使占乡村人口大多数的普通农民获得土地财产和政治地位，这正是其乡村统治合法性的基本来源。由于小农经济自身的分化特性，强力再分配所形成的平均主义格局难以长期维持，通过一轮轮的群众运动来不断重新分配，可以在平均主义格局的一再确认中有效巩固共产主义意识形态在乡村社会的影响力；与此同时，再分配格局形成之后难免出现新的矛盾、积蓄新的不满，经常性的群众运动可以使这种矛盾和不满得到及时的化解或宣泄，并在此过程中不断强化国家的解放者形象（先从地主恶霸等封建势力手中、后从蜕化变质的基层政治精英手中，将广大农民一次次地解放出来），从而持续塑造和强化其乡村统治的合法性。

这种运动式治理模式的利与弊都是显而易见的：通过削弱行政领域的中介，国家意

---

① ［美］麦克法夸尔（Roderick MacFarquhar）、费正清（John K. Fairbank）主编，金光耀等译：《剑桥中华人民共和国史：中国革命内部的革命（1966—1982）》，上海：上海人民出版社，1992 年，第 685－686 页。

志可能最少扭曲地在乡村社会得到执行；然而行政领域的削弱又大大增加了国家意志执行的成本。共产党已经在基层乡村社会建立了各种类型的权力组织和群众组织，培养了为数众多的政治精英和积极分子，这些组织和个人本该担负起代替国家实施乡村治理的职责，但是在运动式治理模式之下，其功能的发挥不能不大打折扣，常常形成这样的怪圈：每当发起群众运动，都会由工作队和群众联手，进行基层组织的重组和政治精英的整顿；而群众运动结束之后，基层组织和政治精英又会无事可做而变得松散或者僵化，直到下一轮群众运动中再次被重组和整顿。他们在运动状态下无权担负、在常规状态下又无由担负乡村治理之责。此外，以群众运动的方式达致的民众动员，更多的是强大外力干预（包括政治威慑和利益驱动）的结果，虽能调动起农民短暂的积极与狂热，一旦运动中止却很容易故态复萌。

　　传统帝制时代的中国乡村社会是一种"双轨制"结构，即自上而下的官僚行政机构和自下而上的自治性组织并存，乡村社会相对于国家权力而言具有很强的独立性。近代以来国家权力的下沉开始逐步打破这种独立性，但是晚清、民国历届政权并未真正对乡村社会实现全面控制，相反陷入了"政权内卷化"的陷阱。而以土地改革为开端的共产党乡村社会变革，却从根本上改变了这种状况，通过群众运动将广大农民群众纳入国家权力体系，形成了广泛的组织网络并大大提升了对乡村社会的控制程度，使国家权力真正实现了现代意义上的乡村社会治理。

　　20世纪中叶中国共产党所领导的土地改革运动，首先是一场生产关系的重大变革，但其历史意义却远远超出了经济领域。它在变革土地占有制度的同时，也成功地扩张了国家权力的组织边界和功能边界，重塑了国家与乡村社会的关系，改变了乡村权力结构及其运作方式，确立了运动式乡村治理模式，发明了种种动员技术和治理手段，为此后历次群众运动奠定了基础，创造了条件，提供了范例，从而成为20世纪后半期中国乡村"有计划的社会变迁"的宏伟开端。

【作者简介】
李里峰，南京大学政治学系教授、博士生导师。

历史与现实：海洋空间视域下的"海上丝绸之路"*

杨国桢　陈辰立

"海洋空间"，是指广义上的人文物质与自然共同存在体，所包含的不仅有客观的自然主体——海洋，也容纳了生活在海洋世界中作为建构主体的人类的行为范畴——人文活动，亦即海洋空间包括自然海洋空间与人文海洋空间两个不可分割的组成部分。与此同时，海洋空间也是人类生存发展的第二空间，是人类基于自然的海洋空间而开展生产方式、行为模式以及互相交往的场域，是人类构建海洋文化并且践行海洋活动的场所，也是一个与由游牧世界、农耕世界构成的大陆文明空间相并存的空间。在当下"海上丝绸之路"一词使用泛滥的情状下，将其历史与现实置于"海洋空间"的视角下梳理和解析，可为相关的学术课题提供清晰的基础认识与完备的理论支持，同时也能更好地把握海洋史研究领域中一些非相关性的文本和材料，以避免研究过程中学理误区出现的可能性，并于今后之研究有所助益。

一、历史上"海上丝绸之路"的概念与内涵

2013 年，国家主席习近平分别在出访哈萨克斯坦和印度尼西亚之际提出了共同建设"丝绸之路经济带"与"21 世纪海上丝绸之路"的倡议，一经提出，不仅得到了沿线国家及地区的响应，我国沿海各级地方政府也纷纷出台相应的方针政策，以期应对即将到来的全新开放时代。

自建设 21 世纪"海上丝绸之路"这一重要倡议于国家层面上开展并不断实践，随之而来的是其在学界的使用频率也不断攀升。在"知网"中以"海上丝绸之路"为检索词的结果显示，20 世纪 80 年代至 2013 年相关研究成果 3 377 篇，2014 年高达 4 188

* 本文系教育部哲学社会科学研究重大课题攻关项目"中国海洋文明史研究"（项目号 09JZD0015）的阶段性成果。原载于《广东社会科学》2018 年第 2 期。

篇，2015 年更达 8 280 篇，2016 年稍稍有所缓和，为 4 907 篇，近三年的数量是过去 30 余年的 5 倍左右，其中历史研究约占 98%。目前来看，众多的成果反映出"海上丝绸之路"研究的若干问题分歧较大，依旧处于比较混乱的状况。在这样的前提下，对历史上"海上丝绸之路"的概念内涵进行有效的梳理与归纳就显得尤为重要。

"海上丝绸之路"作为学术研究课题，大约形成于 20 世纪初，于八九十年代逐渐开始进入繁荣时期，至今已有百余年历程。最早出现也是目前被最为广泛认知的"海上丝绸之路"这一概念是有所扩大的"丝绸之路"概念，指的是"中国古代由沿海城镇经海路通往今东南亚、南亚以及北非、欧洲的海上贸易通道"①，亦是"中国古代由海上通往东西方各国商路的别称"②。

事实上，传统的"丝绸之路"有沙漠、草原和海洋三种不同环境的贸易通道，而"海上丝绸之路"便是其中之一，系"新大陆"发现以前传统的地域性海路，即所谓"旧大陆"的海路。大体来说有两条，其一是从中国东部沿海港口出发直达朝鲜、日本的东海航路，其二是由中国东南及南部港口启航，经过东南亚、南亚的各沿海国家抵达西亚、北非和印度洋西岸的沿海国家的南海航路。需要特别指出的是，还有一部分学者认为，曾独立存在着一条与"陆上丝绸之路"并行的"南海路"，两者共同存续、互不干涉，但此观点并不为主流学界所认同。20 世纪 80 年代以来，"海上丝绸之路"这一概念早已由所谓"木帆船时代"的海上通道扩大为环球性的海上通道，包含新旧大陆间的海上通道，即主要从福建漳州月港出发，经由"小吕宋"（今菲律宾马尼拉）抵达美洲大陆的太平洋航线，内涵也逐渐从贸易路径扩大为人类文明交流的通道。

厘清"中国"与"海上丝绸之路"两个概念的相互关系，首先必须对"海上丝绸之路"的历史定位有所把握。近来，有学者出于各种目的，将此两者合而述之，提出所谓"中国海上丝绸之路"这个具有浓厚中国中心论的概念，以替代"海上丝绸之路"的研究表述。③ 然而，我们必须清醒认识到，"海上丝绸之路"是东西方互相往来的海洋交通道路，由此之故，所谓"中国海上丝绸之路"的说法是否精准便有待商榷。就字面上看，"中国海上丝绸之路"至少可以解析出两个层次的含义，其一，是指"海上丝绸之路"的中国段；其二，则可理解作"海上丝绸之路"是由中国所营运或主导的。从历史研究的角度审视，这两种含义实际上全都不够精准，均带有很强的片面性。从某种程度上来说，用"中国海上丝绸之路"替代"海上丝绸之路"的表述，是一种自我宣传、自我欣赏的做法，似乎在刻意彰显"中国"对于"海上丝绸之路"的历史贡献，结果很可能是削弱其他"海上丝绸之路"沿线国家的历史作用，是对史实的错误认知。

---

① 周伟洲：《丝绸之路大辞典》，西安：陕西人民出版社，2006 年，第 719 页。

② 天津市国际贸易学会：《国际经济贸易百科全书》，天津：天津科技翻译出版公司，1991 年，第 297 页。

③ 陈支平：《包容与创新是学术的永恒生命力》，《史学月刊》2016 年第 3 期，第 6 页。

　　除此以外，目前仍有很大一部分研究人员热衷于佐证"海上丝绸之路"中国的平台、起点、枢纽和门户等相关问题，在延续以往广州、泉州、明州（宁波）争夺始发港及相关问题的讨论之后，一批东部的沿海城市努力将各自发展战略与传统的"海上丝绸之路"进行对接，挖掘可能存在的历史内涵，以谋求更多政策上的倾斜。目前来看，已有青岛、日照、连云港、福州、汕头等城市明确提出要在未来建成"21 世纪海上丝绸之路"的战略枢纽城市[1]，而希冀成为重要节点或者支点城市为发展目标的还包括烟台、舟山、温州、莆田、厦门、漳州、海口。[2] 此外，一些晚近以来才崛起的现代化港口城市如深圳、上海、天津、大连等[3]，也全都以历史延伸发展地区的身份，加入这个行列里来，而蓬莱[4]、北海[5]也还依然在为起航地的认同地位而努力不懈。

　　在沿海一线持续推进开发海洋的同时，也出现了曲解、滥用"海上丝绸之路"与"海上丝绸之路城市"概念的现象，有人把中国国内沿海港口之间、陆岛之间的航运、贸易、移民、物质以及人文层面上的交流，混淆为"海上丝绸之路"。具体而言：有的论著将"海上丝绸之路"拟于标题，正文却难以寻觅任何相关内容[6]；还有一些文章则打着主旨讨论"海上丝绸之路"旗号，事实上只是对本地沿海地区的历史情况作了叙

　　① 李辉：《青岛市打造"海上丝绸之路"枢纽型城市的战略定位分析》，《中共青岛市委党校青岛行政学院学报》2014 年第 4 期，第 32 - 37 页；安伯平：《山东暨日照参与"一带一路"建设研究》，《山东行政学院学报》2015 年第 1 期，第 87 - 91 页；李平：《连云港：打造"一带一路"战略枢纽》，《中国报道》2015 年第 3 期，第 78 - 81 页；海西周刊：《福州："21 世纪海上丝绸之路"战略枢纽城市》，《人民日报·海外版》，2014 年 11 月 28 日第 3 版；杨玉民：《打造 21 世纪海上丝绸之路重要枢纽城市——基于发挥汕头特区优势的思考》，《中共银川市委党校学报》2016 年第 1 期，第83 - 87 页。

　　② 夏红尧：《"一带一路"烟台成重要节点城市》，《走向世界》2015 年第 18 期，第 32 - 41 页；耿相魁：《舟山群岛新区建设 21 世纪海上丝绸之路重要节点的优势与路径》，《浙江海洋学院学报》2014 年第 5 期，18 - 24；郭建东：《从福建看温州如何融入"海上丝绸之路"》，《浙江经济》2015年第 17 期，第 52 - 53 页；金文亨：《莆田："海上丝绸之路"的一颗明珠》，《湄洲日报》，2015 年 7月 14 日第 3 版；张胜哲：《厦门：21 世纪海上丝绸之路战略支点》，《中国经济导报》，2016 年 5 月 24日第 4 版；李金明：《月港开禁与中国古代海上丝绸之路的发展》，《闽台文化交流》2011 年第 4 期，第 45 - 50 页；叶红玲：《海口将打造"21 世纪海上丝绸之路"重要支点城市》，《中国水运》2015 年第 2 期，第 80 页。

　　③ 刘国斌：《东北亚海上丝绸之路经济带建设研究》，《学习与探索》2015 年第 6 期，第 101 -104 页；王双：《沿海地区借助"一带一路"战略推动海洋经济发展的路径分析——以天津为例》，《经济论坛》2014 年第 11 期，第 35 - 40 页；张晓东：《明清时期的上海地区与海上丝绸之路贸易活动——兼论丝路贸易和殖民贸易的兴替》，《史林》2016 年第 2 期，第 106 - 113 页；王元林：《历史上深圳地区与海上丝绸之路渊源初探》，《深圳大学学报》2016 年第 3 期，第 20 - 24 页。

　　④ 朱永志：《蓬莱：海上丝绸之路起航地》，《中国海洋报》，2014 年 12 月 3 日第 4 版。

　　⑤ 赵明龙：《从中国合浦到斯里兰卡——论合浦（北海）为中国最早最大的海上丝绸之路始发港》，《东南亚纵横》2002 年第 4 期，第 38 - 42 页。

　　⑥ 袁晓春：《海上丝绸之路上的明清福建商人》，《福建文博》2015 年第 1 期，第 24 - 27 页；牟艳旗：《清代的东北妈祖信仰与东北亚海上丝绸之路》，《莆田学院学报》2016 年第 1 期，第 13 - 17 页。

述，读后让人摸不着头脑①；更有甚者，在一些标榜"海上丝绸之路"研究的论文集中②，仅收录涉海史或者海外交通史方面的相关文章，名实严重不符。此外，供应外销产品的内陆城镇，如湖南长沙、江西景德镇、江西赣州、粤东梅州、闽西连城③，甚至仅仅系海上朝贡贡品到达的都市，如河南开封④以及洛阳，也变成了"海上丝绸之路"的起点、支点。可知，把"海上丝绸之路"中国段分解为区域性的历史课题，至少在实际研究效果上看，并不利于加深对"海上丝绸之路"内涵的精准理解。

二、关于"海上丝绸之路"时限讨论的梳理与辨析

就所存续的时间问题，国内学界在"海上丝绸之路"扩大解释后，便出现了多种看法，有的上推到丝绸出现之时，下至今日，长达 25 个世纪，相当于整部世界史。也有部分看法认为在中国古代史范围内考量更为妥当，即始于周代止于鸦片战争；亦有将下限定至 1949 年的说法，把整部中国近代历史也包纳其中。当下，各种说法都有人支持和沿用，只有从汉武帝时代到"郑和下西洋"这个时间段，即"海上丝绸之路"的经典时段、黄金时段，被包含在各种说法之内，得到广泛的认可。

将"海上丝绸之路"的上限推及至远古时期，有一种声音认为，这是对当前"海上丝绸之路"研究对象的补充与发展，属于学术创新。远古百越—南岛语族的海上漂流与文化传播，可以丰富"海上丝绸之路"的研究内涵。另一种意见认为，这不过是概念的偷换，把"海上丝绸之路"研究与涉海研究混为一谈。事实上，发生于文明社会出现以前的"贸易"和"移民"，与进入文明时代后的"东西方文明对话"并无关联，不应将其归于"海上丝绸之路"的讨论范畴。

至于"海上丝绸之路"的下限时段问题，学界争议依旧不小，分歧的根本在于，以时代性质为核心的评判标准。

一种意见认为，自 15 世纪晚期的大航海时代以来，西方世界的殖民者闯入了海洋亚洲，通过暴力攫取、战争手段兴风作浪，极大地冲击了传统亚洲的海洋体系，使其被

---

① 何静彦：《海丝门户——福州海上丝绸之路论文集》，福州：海峡文艺出版社，2014 年。

② 陈支平主编：《海上丝绸之路与泉港海国文明》，厦门：厦门大学出版社，2015 年。

③ 张海军：《海上丝绸之路上的璀璨明珠——长沙窑中外文化交流略谈》，《收藏家》2016 年第 3 期，第 17 - 24 页；中国陶瓷文化研究所：《景德镇陶瓷与"一带一路"战略国际学术研讨会及展览》，《陶瓷学报》2015 年第 10 期，第 563 页；李晓平：《海上丝绸之路与客家民俗体育文化交流》，《赣南师范学院学报》2016 年第 2 期，第 3 - 5 页；刘向明：《广东梅州是海上丝绸之路的重要起点——以唐代梅县水车窑为中心的论述》，《嘉应学院学报》2016 年第 6 期，第 12 - 16 页；钟巨藩：《海上丝绸之路促进客家民系的播迁》，《炎黄春秋》2015 年第 12 期，第 46 - 47 页；陈支平：《福建客家的从商性格与连城海丝之路》，《历史教学》2016 年第 4 期，第 15 页；周雪香：《闽西客家与海上丝绸之路——以四堡雾阁邹氏为例》，《福建论坛》2016 年第 5 期，第 161 页。

④ 龚绍方：《宋代海上丝绸之路源头新探》，《中州学刊》2008 年第 5 期，第 219 页。

迫成为海洋强国进一步攫取霸权的战场。客观上，此时"海上丝绸之路"被融入世界范围内的海洋商贸市场，成为资本主义海洋世界的一个组成部分。这一时期的"海上丝绸之路"，就基本属性来看，已经不再是传统文明交融的道路，而是成了西方殖民者屠戮和扩张的通途，和平友好的商业贸易被商品倾销和暴力掠夺所取代，"海上丝绸之路"已然难觅往昔荣光。由此可见，从历史研究的角度看，将下限定位于明代"郑和下西洋"事件的终结似乎更能体现"海上丝绸之路"的本源精神。

另一种见解提出，"海上丝绸之路"的式微与被西方殖民商业活动所替代的过程也应该包括在内，即从明中叶一直延续至清前期（1840 年以前），传统性质"海上丝绸之路"依旧存续且与西方殖民者利用航海和贸易活动拓展中国市场的功用同时存在。1840年鸦片战争爆发以后，西方侵略者通过签订不平等条约的手段，攫取了中国原本自主的海关管理权，并且还将航海权掠夺，控制了沿线的远洋航行，海上航线的性质发生了根本性改变。如果说，鸦片战争前，从海外输入中国的还主要系昂贵的奢侈品，那么，鸦片战争后，西方的工业制品大规模输入中国，让国人的日常生活发生巨大的转变；如果说，鸦片战争前，中国向海外移民的主体往往是商人，一般在迁入地都享有很高的地位，那么，鸦片战争后，绝大多数像奴隶那样作为苦力，被贩卖到海外。[1] 由此可以得出，即使对"海上丝绸之路"的概念予以扩大，其下限仍然不能突破鸦片战争爆发（1840 年）之前，其时间外延无法再作拓展。如若强行将近代以来因西方列强侵略行径导致的社会变迁，视作两种文明上的交流与融合，将其纳入"海上丝绸之路"的研究范畴中去，是极不合理的做法。

除此以外，还有一种见地则表示，"大航海时代"以降，欧洲人不再一味坚持传统的印度洋海道，而更多地取道大西洋经太平洋再进入亚洲，并且向还处在前工业时期的国家传入不同以往的商品，使得"海上丝绸之路"得到前所未有的延伸，并因此深远影响着整个世界文明。[2] 基于此，"海上丝绸之路"的研究不应只限于古代，而是应该包括近代甚至当代。当然，这种说法似乎在表面上能够自圆其说，事实上经不起仔细推敲，其基本论断也过于片面，本质与当代研究相脱节，因此也就没能为研究者们普遍接受，更不应作为当下我们所借用的历史符号。

三、21 世纪"海上丝绸之路"包纳的区位与空间

顾名思义，"一带一路"包括两个方面的内容，即建设"丝绸之路经济带"与"21

① 龚缨晏：《关于古代"海上丝绸之路"的几个问题》，《海交史研究》2014 年第 2 期，第 4 页；司徒尚纪：《海上丝绸之路概念、内涵、性质和时限之我见》，《新东方》2015 年第 3 期，第 52 页。
② ［日］松浦章：《轮船时代的海上丝绸之路》，《北京论坛·文明的和谐与共同繁荣——不同的道路和共同的责任：缔造和平之路的历史责任与多元记忆专场》，2015 年，第 10 页。

世纪海上丝绸之路"，两者虽联系紧密但却有很大的差异。具体而言，"一带"是陆地发展的简称，"一路"则是海洋发展的缩略，组合成为一个词，其内涵是要突出陆海统筹、陆海之间密不可分，两者互为依托，相互支持，从而构建成为一个完整而不可分割的统一体，体现和平发展、合作共赢的发展模式与核心思想。据当代研究者的整理，"一带一路"包括中国在内的沿线国家到目前为止一共有 65 个，其中属于 21 世纪"海上丝绸之路"范畴的包括东南亚 10 国、南亚 5 国以及西亚北非 16 国。[1]

东南亚诸国，是未来实践"21 世纪海上丝绸之路"倡议的首要之重，同时也是在空间区位上与中国距离最近、联系最为紧密的部分。[2] 这些国家均具有发展空间巨大、前景优渥、经济增长态势迅猛等优势，同时还拥有如新加坡、马尼拉、雅加达等数量颇多的海港城市；另一方面不可忽视的是，在这其中的大部分成员，几乎都是中低收入国家，它们往往拥有经济总量巨大与人口负担较重的双重压力，在一定程度上可说既是机遇也是挑战。在"一带一路"倡议提出并且实施的三年多时间以来，中国与东南亚诸国在围绕共建"21 世纪海上丝绸之路"合作上，取得了积极的发展，可以说是成果卓著。

据相关数据显示，近些年以来全球三分之一的散运、三分之二的石油运输，以及将近二分之一的集装箱货运几乎都要取道印度洋，就地理区位而言，它是东亚与东南亚连接中东、非洲、西欧甚至美洲大陆必由之径，同时也是联结和开展世界水上商贸的黄金要道。位于"21 世纪海上丝绸之路"中段面向印度洋的南亚诸国因此也就有着天然的优势。然而不得不提的是，南亚各国在基础设施的建设上可谓严重不足，而这很可能也是困扰"21 世纪海上丝绸之路"沿线各个发展中国家的普遍问题。因此，完善沿线与周边各国的基础设施建设，成为相互之间发展与合作的基础。而亚洲基础设施投资银行、中巴经济走廊、孟中缅印经济走廊等地区合作倡议的实现，将为解决相互合作的要点、难点问题提供有力的推助与牢固的基础。

位于"21 世纪海上丝绸之路"的最西端地带的主要由阿拉伯国家联盟诸国所构成的西亚及北非诸国是中国实践"一带一路"建设的重要合作伙伴，习近平主席曾于2014 年 6 月提出，中国要与西亚及北非诸国构建以能源合作为主轴，以基础设施建设、贸易和投资便利化为两翼，以航天卫星、新能源、核能三大高新领域为突破口的"123"合作格局[3]，至今已颇有成效。下一步，两者还将在"顶层设计日臻成熟、务实合作显露活力、人文交流丰富多彩"的基础上再接再厉，为深化中阿合作而不断努力。

由此可见，到目前为止，建设"21 世纪海上丝绸之路"所包纳的区位和空间，基

---

[1] 参见：北京大学"一带一路"数据分析平台，http://ydyl.pku.edu.cn。

[2] 黄茂兴等：《"21 世纪海上丝绸之路"的空间范围、战略特征与发展愿景》，《东南学术》2015 年第 4 期，第 74 页。

[3] 高祖贵：《大变局新变化与中国——中东关系新进展》，《和平与发展》2015 年第 1 期，第14 页。

本上是参照和借用宋元明初"海上丝绸之路"繁盛期的历史符号。而在今后的建设实践中，"21世纪海上丝绸之路"的空间势必向全球海洋不断延伸和扩展，要让来自中国的"一带一路"倡议惠及世界，共同繁荣。

四、海洋史学的"海上丝绸之路"

通过以上的讨论，我们对"海上丝绸之路"的前世与今生有了一个大致的把握，厘清了历史发展的来龙去脉，能够让我们更好理解"21世纪海上丝绸之路"的基本概念，同时这也是解开相关海洋史学争议的钥匙。

置身于更为广阔的视域关怀与深远的历史维度来作出客观分析，便不难看出提出并践行"一带一路"的内涵，其更深刻意义在于对古代"陆上丝绸之路"与"海上丝绸之路"基本精神的续写和发扬。可以说，"它基于历史，又高于历史，凝聚了当代中国的智慧与创新"[1]，同时又让全世界距离最长的两条文化大长廊、经济大动脉，从历史的深处走出，展现在全世界人民的眼前。

实现"一带一路"发展模式，并非只是中国一家之大事，于沿线各个国家及地区均大有裨益，坚持各国各地区间共同协商、共同建设、共享成果是实践"一带一路"的有益保障。不仅如此，"把中国梦同沿线各国人民的梦想结合起来"，实现相互战略上的互通对接，正是该战略的根本核心理念。基于历史的渊源，更出于对现实的关怀，强调文化纽带作用，把上层间的隔阂拉近，进而使其民间交往更为顺畅和谐。

"21世纪海上丝绸之路"所涉及国家地区数量颇多，同时彼此间各方各面也差异巨大，要让民众突破地域、民族、政治、经济因素的限制，在文化层面上产生共鸣需要一个艰难漫长的过程，而使历史学家置身其中，或许能够为其提供一剂催化良方。而我们当下以及今后很长一段时间里所致力的，也并非重建历史阶段的国际贸易路线，而是通过细致的学术研究，对历时性的史实进行梳理以及将阶段性的成果进行总结，以期达到理论升华、服务现实的目的。然而，目前困境是，作为中国历史学短板的沿线国家的国别史研究，由于缺乏足够研究资料和研究人才，急需补充，这也是今后努力的重要方向之一。

把握"一带一路"的内涵，要摈弃海洋—陆地两极对立的思维模式，树立"海陆一体"的整体观，改变"中国是大陆国家"的刻板印象，树立"中国是一个大陆国家，又是一个海洋国家"的历史定位。"海陆对立"观所产生的海权论与陆权论，是19、20世纪西方扩张的话语构造。[2] 说当今中国"重建陆权"或者"追求海洋霸权"，都是对"一带一路"的误读与误判。然而，一些带有海洋附属陆地旧思维的个人抑或是组织机

① 朱勤滨：《海洋史学与"一带一路"》，《中国史研究动态》2017年第3期，第48页。
② 杨国桢：《重新认识西方的"海洋国家论"》，《社会科学战线》2012年第2期，第227页。

构，往往不明事理地将"一带一路"倡议混淆为一个"战略"，更有甚者竟然将其曲解为"陆主海从"的战略，呼吁"陆权回归""重建大陆"，完全无视海洋发展的重要性，这样的看法彻底背离了决策者的初衷，是有失偏颇的，也是值得商榷的。

基于海洋史学视角研究"海上丝绸之路"，要特别重视树立自我话语体系。在过去的研究中，在"海上丝绸之路"的基础上，衍生出"陶瓷之路""茶叶之路"等不同的提法，这些历史的公案，究竟是学术的创新，还是学术的干扰，曾经困扰着不只一代的学人。而这种同一时空概念的多种不同表述，正是由于在过往的科研过程中，过分拘泥历史文本，而缺乏现实关怀的写照，从而改变了把握实际状况这一根本目的。如果脱离了这一点，而一味地搜寻典籍中的相关话语来进行阐释，虽然看似能够自圆其说，但却失去了概念提及者们原本的意味，其结果将与研究的初衷背道而驰。放眼未来，"海上丝绸之路"作为一项创举，其概念可以成为时间记载工具，帮助人们从中展望其未来趋势，所以从这个角度来说，它已经不仅流于海洋空间范畴，还是海洋时间维度中的构想，并为未来发展提供参考。

海洋史学是"基于海洋的视野，对与海洋相关的自然、人文、社会所进行的历史研究，就内涵来看，应该包括海洋自然变迁的历史与人类开发利用海洋的历史，以及海洋社会人文发展的历史三个方面。此外，海洋史研究的学术目标在于海洋世界的世界历史体系和结构中的地位，不仅仅是单纯的航海史、海域史、海洋地缘关系史的研究，因此可以说是历史多元化、多样性不可缺席的研究视界"[1]。因此，"海上丝绸之路"无论是从空间范畴还是时间的角度上来评定，都应该隶属于海洋史研究领域内的一个重要组成部分。"海上丝绸之路"是一个观察历史的维度，由于"海上丝绸之路"在时空上的特殊性，因此它所关注的角度也必然需要结合历史与现实。

由此之故，如果将海洋史学作为研究的主体，以"海上丝绸之路"为其研究视域的话，那么海洋史学的研究方向也应该在基于史料整理和理论支持的基础上，更加注重现实层面上的关怀。只有这样，海洋史学的发展才能够真正走好属于它的"海上丝绸之路"。

【作者简介】

杨国桢，厦门大学荣誉教授，厦门大学历史系博士生导师；陈辰立，厦门大学历史系博士研究生。

---

[1] 杨国桢：《海洋世纪与海洋史学》，《东南学术》2004年增刊，第291页。